皮书系列为
“十二五”国家重点图书出版规划项目

2015年
青海经济社会形势分析与预测

ANALYSIS AND FORECAST OF ECONOMY AND SOCIETY OF QINGHAI (2015)

主　　编／赵宗福
副 主 编／孙发平　苏海红
分篇主编／马勇进　丁忠兵　鲁顺元　鄂崇荣　杜青华

社会科学文献出版社
SOCIAL SCIENCES ACADEMIC PRESS (CHINA)

图书在版编目（CIP）数据

2015年青海经济社会形势分析与预测/赵宗福主编. —北京：社会科学文献出版社，2014. 12
（青海蓝皮书）
ISBN 978-7-5097-6787-0

Ⅰ. ①2… Ⅱ. ①赵… Ⅲ. ①区域经济-经济分析-青海省-2014 ②社会分析-青海省-2014 ③区域经济-经济预测-青海省-2015 ④社会预测-青海省-2015 Ⅳ. ①F127.44

中国版本图书馆CIP数据核字（2014）第267330号

青海蓝皮书
2015年青海经济社会形势分析与预测

主　　编 / 赵宗福
副 主 编 / 孙发平　苏海红

出 版 人 / 谢寿光
项目统筹 / 邓泳红　高振华
责任编辑 / 高振华

出　　版 / 社会科学文献出版社 · 皮书出版分社（010）59367127
地址：北京市北三环中路甲29号院华龙大厦　邮编：100029
网址：www. ssap. com. cn
发　　行 / 市场营销中心（010）59367081　59367090
读者服务中心（010）59367028
印　　装 / 北京季蜂印刷有限公司

规　　格 / 开 本：787mm × 1092mm　1/16
印 张：20.5　字 数：311千字
版　　次 / 2014年12月第1版　2014年12月第1次印刷
书　　号 / ISBN 978-7-5097-6787-0
定　　价 / 69.00元

皮书序列号 / B-2012-248

2015 年青海蓝皮书编委会

主要编撰者简介

赵宗福 青海省社会科学院党组书记、院长，民俗学博士，教授；享受国务院特殊津贴专家。兼任中国民俗学会副会长、中国少数民族文学学会副理事长、青海省民间文艺家协会主席、青海省民俗学会会长、青海省昆仑文化研究会会长等职，同时兼任日本爱知大学、西北民族大学等国内外多所大学客座或特聘教授。研究方向为民俗学、民间文艺学以及古典诗歌。长期从事地方文化史和民俗文化学的教学与研究，在中国古典神话、民间文学、西部诗歌史、青海文化史、民俗文化学等方面均有一定建树。近年来致力于昆仑文化的研究与相关学术活动的组织，先后策划主办了“昆仑文化与西王母神话国际学术论坛”、“昆仑神话与世界创世神话国际学术论坛”、“昆仑神话的现实精神与探险之路国际学术论坛”、“昆仑文化与丝绸之路国际学术论坛”、“土文化国际学术研讨会”、“格萨尔与世界史诗国际学术论坛”等国际学术会议，在海内外学界产生较大影响。先后获得“首届钟敬文民俗学奖”、“全国先进工作者”、全国文联“德艺双馨会员”、“青海省优秀教师”、“全国非物质文化遗产保护先进个人”、“青海省劳动模范”等荣誉称号。多年来主著及主编《花儿通论》、《昆仑神话》、《青海多元民俗文化圈研究》、《青海花儿大典》、《青海历史人物传》、“西北民俗文化研究丛书”、“西北文学文献丛书”、“青海非物质文化遗产丛书”等20余部图书，发表《论当代中国文化研究中的原型批评思潮》、《论西北花儿的研究保护与学界的学术责任》、《论昆仑神话与昆仑文化》等100余篇论文。26项成果获省部级以上优秀科研成果奖，基本为独著成果，其中中国青年哲学社会科学优秀奖1项，青海省哲学社会科学优秀成果一等奖3项、二等奖4项，青海省文艺评论奖一等奖1项，青海民间文艺成果一等奖1项。目前主持在研国家社科基金重大项目“昆仑文化与中华文明研究”。

孙发平 青海省社会科学院副院长、研究员，享受国务院特殊津贴专家。兼任日本爱知大学国际中国学研究中心客座研究员、中国城市经济学会理事、青海省委党校和青海省委讲师团特邀教授等职。研究方向为市场经济和区域经济学。主著及主编图书10余部，发表论文90余篇，主持课题30多项。主要成果：《中国三江源区生态价值与补偿机制研究》、《“四个发展”：青海省科学发展模式创新》、《青海转变经济发展方式研究》、《循环经济理论与实践——以柴达木循环经济试验区为例》、《中央支持青海等省藏区经济社会发展政策机遇下青海实现又好又快发展研究》、《青海“十二五”时期“六个走在西部前列”研究报告》等。获青海省哲学社会科学优秀成果一等奖3项，二等奖2项，三等奖5项；获青海省优秀调研报告一等奖3项，二等奖3项，三等奖2项。

苏海红 青海省社会科学院副院长、研究员，青海省级优秀专家。兼任青海省青联副主席、中国生态经济学会理事、中国农牧渔业学会理事、青海省审计学会副会长等职。研究方向为区域经济、农村经济和生态经济。出版学术专著2部，发表论文及调研报告80余篇，主持和参与国家课题4项，主持和参与省部级课题和省市委托课题30余项。主要成果：《中国藏区反贫困战略研究》、《中国西部城镇化发展模式研究》、《三江源国家生态保护综合试验区生态补偿实施方案研究》、《加强和创新青海社会建设与社会管理研究》、《构建青海企业信用制度研究》等。获省级哲学社会科学优秀成果一等奖3项、二等奖3项、三等奖8项。先后被授予全国“三八”红旗手、青海省“三八”红旗手、青海省直机关“十大女杰”等荣誉称号。

摘　要

《2015年青海经济社会形势分析与预测》是集综合性、原创性、前瞻性于一体的研究报告，它以青海省经济、社会、政治、文化和生态等各领域的重大理论和现实问题为研究内容，对青海经济社会发展进行综合分析和科学预测，力求全面、真实地反映青海经济社会发展的动态趋势。本书由青海省社会科学院组织长期从事青海经济社会发展研究方面的专家学者撰写，力求为省委省政府科学决策提供高品质的智力支持，为制定相关政策提供理性参照，同时为各级政府部门、科研机构、企事业单位和社会公众等提供资讯参考。

本书包括总报告、经济篇、社会篇、特色篇、区域篇5个篇目。其中，总报告在对青海省经济和社会发展总体运行情况分别阐述的基础上，针对国内外宏观发展背景下面临的机遇和挑战，结合省情实际对2015年青海经济发展和社会发展趋势分别进行了预测，提出了具有可操作性的对策建议；经济篇以影响青海经济发展的主要行业、领域以及重大现实问题为研究领域，内容涵盖工业经济、财政、税收、金融、保险以及服务业等领域以及区域协调发展等相关热点问题；社会篇以涉及青海社会发展的主要行业、领域及重大现实问题为主要研究领域，内容涵盖社会主义核心价值观、教育、文化以及户籍制度、土地利用、工艺美术等社会热点问题；特色篇立足青海实际，放眼全国，选择具有青海特色并对全国有一定影响力的重大理论和现实问题进行分析，分别就多民族文化和美共荣发展、枸杞产业有机发展、公共外交助推丝绸之路经济带建设、"三基"建设的理论探索与实践创新研究、城镇化进程中的制度变迁、基层公共文化服务设施建设等内容进行了学理性探究和探讨；区域篇以青海现实的区域特色为重点，分别就甘青宁经济税收发展、海西资源型地区产业结构转型升级、海北州创建全国民族团结进步示范州等区域发展中的重大问题进行了全局性和前瞻性的分析研究。

Abstract

Analysis and forecast of economy and society of Qinghai (*2015*) is a collection of comprehensive, original and farsighted research reports concerning major theoretical and practical issues in economic, social, political, cultural and ecological fields of Qinghai province. It offers comprehensive analysis of and scientific forecasts for Qinghai province's socio-economic development, and reflects dynamic trends of Qinghai's socio-economic development in a real and all-around way. This book is contributed by specialists and scholars who have been engaged in studying socio-economic development of Qinghia province for years. It aims at provide high quality intellectual support for the scientific decision – making of the Party and governmental organizations, serves as rational reference for the public and social policy choice, and provides information for government leaders at all levels, enterprises and the public as well.

The book consists of five sections, including general reports, economic reports, social reports, special reports and regional reports. On the basis of overall analyses of the social and economic operation of Qinghai and its opportunities and challenges brought about by the macro-economy, it offers some general forecasts to Qinghai's economic and social development in 2015 and propose feasible suggestions or advice for its future development.

The economic reports comprise of research on the major industries, fields and practical issues that are crucial to the economic development of Qinghai province, in which involved in many hot topics, for instance, industrial economy, finance, taxation, banking, insurance, service industry and other fields. Social reports mainly concludes significant industries, fields and practical issues which are related to social development of Qinghai province, more specifically, socialist core values, education, culture, the household registration system, land use as well as industrial art. Special reports analyze influential theories and practical issues contents from provincial and national perspectives. Issues about common development of multi-nationality cultures, productive layout and regional coordination development, wolfberry industry organic development, public diplomacy promoting construction of Silk Road economic belt, theoretical exploration and practical innovation analysis of " Sanji " construction and mechanism evolution in the process of urbanization are been discussed in this section. Regional reports takes realizing regional specialties of Qinghai province as emphasis, in which makes an overall and prospective research analysis on economic taxation development in Gansu, Qinghai and Ningxia province, resource-based regional industrial restructuring and upgrading of Haixi autonomous state, creating Haibei autonomous state as a model area of national ethnic unity and progressing etc..

目 录

𝔹 Ⅰ 总报告

𝔹 Ⅱ 经济篇

BⅢ　社会篇

BⅣ　特色篇

B V 区域篇

皮书数据库阅读使用指南

CONTENTS

B I General Reports

B II Economic Reports

B Ⅲ Social Reports

𝔹Ⅳ Special Reports

𝔹Ⅴ Regional Reports

总 报 告

General Reports

B.1

2014～2015年青海经济发展形势分析与预测

“青海经济发展形势分析与预测”课题组 *

摘 要： 2014 年，面对复杂的国内外环境，青海经济发展稳中有进，运行质量不断提高，但经济下行压力仍然较大。2015 年，世界经济总体有望趋于回暖，我国全面深化改革将继续扎实推进，青海经济也将处于打造“三区”建设和“三个升级版”的攻坚时期。结合当前青海经济发展的趋势及 2015 年继续全面深化改革的战略机遇，2015 年报告预测青海生产总值增长 10% 左右。为进一步夯实青海经济发展基础，提

* 课题组成员：苏海红，青海省社会科学院副院长、研究员，研究方向：区域经济；丁忠兵，青海省社会科学院经济研究所副所长、研究员，研究方向：农村经济；杜青华，青海省社会科学院副研究员，研究方向：区域经济与农牧区贫困问题；甘晓莹，青海省社会科学院经济研究所研究实习员，研究方向：产业经济、文化产业。

升经济发展质量，应加大基础设施建设，加快经济转型，完善商贸环境，深化体制改革，强化企业管理。

关键词： 青海经济 发展形势 分析预测

2014 年，面对复杂多变的宏观经济形势，青海以全面深化改革为动力，以“丝绸之路”经济带建设为契机，着力优化产业结构，提升发展质量，积极打造经济升级版取得扎实进展。2015 年，国内外经济形势仍将错综复杂，省内工业经济下行压力仍然较大，但随着全面深化改革不断推进，制约经济发展的一些体制机制性矛盾有望得到逐步缓解，改革红利初步显现，全省经济发展的内生活力有望显著增强，经济增长的质量和效益将明显提升。

一 2014年上半年青海经济运行基本态势

根据青海省统计局公布的统计数据，2014 年上半年，青海省完成生产总值 966.47 亿元，按可比价计算，同比增长 10.2%（其中：一季度同比增长 10.1%，二季度同比增长 10.2%，增速与上年同季度持平），较同期全国平均增速高 2.8 个百分点，增速居全国第 5 位。从三次产业的发展情况观察，第一产业增加值 33.80 亿元，增长 4.5%；第二产业增加值 589.13 亿元，增长 11.2%；第三产业增加值 343.54 亿元，增长 8.9%。三次产业结构由 2013 年上半年的 3.5∶61.8∶34.7 调整为 3.5∶61.0∶35.5。同期，全省工业用电量同比增长 9.4%，铁路货运量同比增长 3.6%，银行中长期贷款同比增长 9.6%。整体来看，在当前国内整体经济下行压力持续加大的宏观环境下，2014 年上半年青海经济增速与 2013 年上半年持平，经济运行总体保持平稳增长的基本态势，产业结构呈现第一产业稳定发展、第二产业比重下降、第三产业比重上升的发展态势。

（一）生产走势平稳增长

1. 高效设施农牧业发展迅速，农牧业生产形势良好

2014年上半年，全省主要农区和牧区土地土壤墒情较好，降水比上年同期增多，雨水相对充足，没有出现大面积的自然灾害，为农牧业发展提供了良好的生长环境。据青海省统计局对全省15个国家调查县、1200户农民家庭农作物播种面积意向的调查推算，上半年全省农作物总播种面积意向达到834万亩，同比增长0.04%，呈略增趋势。其中，粮食种植424.88万亩，增长1.2%。另据统计数据显示，上半年全省猪牛羊禽肉产量10.39万吨，同比增长2.5%。奶产量、蛋产量均有不同程度的增长。牛出栏518.05万头，同比增长3.2%；羊出栏100.76万只，下降0.4%；猪出栏65.72万头，增长0.8%；家禽出栏193.01万只，增长3.0%。总体而言，上半年全省牧区生态畜牧业和有机畜牧业、农区标准化规模养殖发展迅速，沿黄冷水鱼经济产业带成效初显，农牧业生产形势良好。

2. 工业转型升级步伐加快，工业经济发展质量持续提升

2014年上半年，全省规模以上工业增加值较上年同期增长11%，增速较上年同期回落0.4个百分点，比全国增速高2.2个百分点，在全国31个省（市、区）中排第10位，在西部12省（市、区）中排第5位。同期，全省规模以上工业单位增加值能耗下降了7.68%。轻工业和制造业占全省规模以上工业增加值的比重呈现稳步上升的态势。全省工业十大特色优势产业上半年完成增加值279.25亿元，较上年同期增长14.4%，占全省规模以上工业增加值比重达到60.6%。其中，新能源产业、生物产业、新材料产业、轻工纺织业增速明显，分别达到了82.9%、30.5%、24.4%、23.2%的增长水平。全省高技术产业和装备工业上半年增加值同比分别增长35.4%和22.0%，高出全省规模以上增加值平均增速24.4个和11.0个百分点。资源类行业和高耗能行业占全省规模以上工业增加值的比重明显下降。上半年，全省资源类行业完成工业增加值114.57亿元，同比增长4.6%，占规模以上工业增加值的比重为24.9%，同比回落2.8个百分点。全省六

大高耗能行业完成工业增加值277.87亿元，同比增长11.2%，占规模以上工业增加值的比重为60.3%，较一季度回落3.0个百分点。上半年青海工业转型升级成效初显，工业经济发展质量明显提升，工业发展仍然是推动青海经济发展的主要动力。

3. 新兴服务业稳步发展，旅游经济方兴未艾

从物流角度观察，2014年上半年，全省完成货物运输量6571.83万吨，比上年同期增长11.8%，其中，铁路货运量增长3.6%，公路货运量增长15.5%，民航货运量增长23.5%。从资金流角度观察，全省金融机构人民币各项存、贷款余额分别比上年同期增长18.5%和24.5%，其中，短期贷款余额增速创2011年7月以来最低水平，中长期贷款余额增速创2011年6月以来最高水平。金融业完成增加值63.58亿元，同比增长19.7%，增速高于全省第三产业增加值10.8个百分点。从客流角度观察，全省完成客运量2478.35万人，比上年同期增长8.9%，其中，铁路客运量增长1.9%，公路客运量增长9.5%，民航客运量增长19.9%；接待国内游客724.79万人次，同比增长12.85%；旅游总收入70.37亿元，同比增长30.2%；旅游外汇收入437.3万美元，同比增长1.1%。旅游经济对全省服务业的带动作用日益明显。

（二）三大需求稳中有进

1. 固定资产投资较快增长

2014年上半年，全省完成全社会固定资产投资1203.86亿元，同比增长24.1%，高于全国平均增速6.8个百分点，增速列贵州之后，居全国第2位。从投资主体观察，国有及国有控股投资655.97亿元，比上年同期增长28.7%；民间投资完成531.55亿元，同比增长19.9%；港澳台及外商投资16.35亿元，同比下降4.1%。民间投资增速虽然有所回落，但占全社会固定资产投资的比重仍然连续多年持续提高达到44.2%。从重点投资领域观察，全省工业十大特色产业投资完成524.13亿元，同比增长38.8%。其中，煤化工产业投资增长3.75倍、生物产业投资增长2.18倍、新能源产业投资增长1.53倍；基础设施投资395.70亿元，同比增长56.6%，增速比上

年同期提高33.2个百分点。其中，公共设施管理业投资增长2.24倍、铁路运输业投资增长1.53倍、信息传输服务业投资增长1.37倍、生态保护和环境治理业投资增长95.6%；房地产开发投资120.92亿元，比上年同期增长41.2%。投资在青海经济增长中的拉动作用仍然十分重要。

2. 消费水平稳步增长

2014年上半年，全省社会消费品零售总额272.72亿元，较上年同期增长13.0%，高于全国增速0.9个百分点，在全国31个省（市、区）中排第5位。从城乡消费观察，全省城镇消费品零售额239.49亿元，同比增长13.2%，增速比上年同期回落0.2个百分点；乡村消费品零售额33.23亿元，增长12.1%，增速比上年同期提高2.0个百分点。从消费规模观察，限额以下企业零售额快速增长。上半年，全省限额以上企业零售额118.70亿元，同比增长10.5%；限额以下企业实现零售额154.02亿元，同比增长15.1%。从分类商品观察，上半年，全省限额以上企业吃、穿、用类商品零售额同比分别增长6.3%、12.3%、12.4%，其中，汽车类增长26.5%、化妆品类增长26.1%、中西药品类增长20.4%、服装类增长16.9%、烟酒类下降6.1%。城乡居民消费需求结构转型升级趋势明显，消费需求对经济增长的基础作用日渐增强。

3. 对外贸易形势好转

2014年上半年，全省完成进出口总额6.04亿美元，较上年同期增长15.7%。其中，出口总值2.47亿美元，同比下降19.6%，降幅较1～5月、一季度分别收窄6.8个和18.1个百分点；进口总额3.57亿美元，同比增长66.0%，增速较1～5月回落16.1个百分点。

综上所述，2014年上半年，从需求角度分析的青海经济保持平稳增长，与从生产角度分析的经济增速表现为基本相同的态势。

（三）经济运行质量不断提高

1. 民生事业持续改善

在工业化和城镇化的带动下，2014年上半年，全省城镇新增就业3.58

万人，较上年同期增长8.30%；农牧区劳动力转移就业90万人（次）；基本建成城镇保障性住房和各类棚户区改造住房3.67万套；农村危房改造和奖励性住房竣工0.98万套。在就业增长带动下，城乡居民收入持续提高，全体居民人均可支配收入6473元，同比增长11.4%。其中，城镇常住居民人均可支配收入10479元，同比增长11.0%；农村常住居民人均可支配收入2999元，同比增长14.0%，增幅高于同期城镇居民人均可支配收入3.0个百分点。民生事业的持续改善，为青海转变经济发展方式、维护社会稳定、提高发展的共享性提供了必要的支撑。

2. 财政收支平稳增长

2014年上半年，全省公共财政预算收入194.57亿元，较上年同期增长0.6%。其中，地方公共财政预算收入127.56亿元，同比增长13.0%；中央公共财政预算收入67.01亿元，同比下降16.8%。全省公共财政预算支出571.16亿元，较上年同期增长12.1%。其中，粮油物资储备支出增长2.48倍，住房保障支出增长63.7%，科学技术支出增长26.4%，城乡社区支出增长15.9%，社会保障与就业支出增长10.3%，医疗卫生与计划生育支出增长8.5%。通过财政收支结构的优化，财政政策导向对青海经济增长起到了明显的杠杆效应。

3. 通胀压力明显缓解

2014年上半年，全省工业生产者出厂价格同比下降5.0%，34个工业大类行业同比呈“十四升十六降四平”态势。其中：涨幅居前3位的行业依次是食品制造业，皮革、毛皮、羽毛及其制品和制鞋业，酒、饮料和精制茶制造业，分别上涨10.0%、6.5%和3.2%；降幅居前3位的行业依次是煤炭开采和洗选业、石油加工炼焦业、化学原料和化学制品制造业，分别下降19.3%、12.6%和8.1%。同期，工业生产者购进价格同比下降2.8%，九大类工业原材料购进价格呈“三升六降”态势。其中，涨幅居前3位的依次是纺织原料类，其他工业原材料及半成品类，燃料、动力类，分别上涨了7.4个、1.0个和0.1个百分点；降幅居前3位的依次是有色金属材料及电线类、建筑材料及非金属类、化工原料类，分别下降了8.1个、4.5个和

1.0个百分点。上半年，全省居民消费价格同比上涨2.3%，涨幅较上年同期收窄2.6个百分点，首次与全国平均涨幅持平。6月CPI上涨2.0%，涨幅较上年同期收窄2.8个百分点。工业生产者出厂价和购进价整体回落和居民消费价格涨幅收窄，既为市场主体对前一阶段经济高速增长进行系统调整提供了有利条件，也为今后全省经济社会平稳较快发展储备了后续动力。

二 2014年上半年青海经济运行中存在的主要问题

当前，青海经济正处于爬坡过坎、攻坚转型的关键时期，经济运行中结构性矛盾和当前市场压力相互交织叠加，经济运行稳中有忧。

（一）部分行业下行压力依然较大

当前，青海电解铝行业产能过剩局面持续加剧，原料价格有潜在上涨风险，受汽车、房地产等下游产业持续低迷影响，企业存货、应收账款等大幅增加，资金紧张，周转困难。全省电解铝企业虽然产能利用率高达96.6%，高出全国24.7个百分点，但经营形势与全国趋同，目前处于全行业亏损状态。全省煤炭市场下行压力加大，焦炭库存过大，在持续打压政策的压力下难以实现价格的上涨。焦炭价格上半年在原料炼焦煤成本持续走弱、加大对原料焦炭的价格打压下，焦炭价格也一直以单边下跌行情为主。青海省有色金属工业高端产品开发能力弱，产业总体形势难言乐观，国内下游需求减弱，上游原料进口困难。受有色金属价格低迷、宏观经济增长减速、进口和环保压力增大等不利因素影响，投资者对产业前景判断不容乐观，在建和新建项目进度明显放缓，一些企业处于维持和观望阶段，开工率大幅下降，或处于停产、转产状态。此外，2014年上半年水电发电量下降17%，电力缺口较大。

（二）财政收入增幅下降

2014年以来，全省财政收入一直处于低位运行，6月份略有增长，但增幅很小。部分行业税收略有好转，但是总体仍呈下降态势，重点地区如海西州减收较多。中央的补助保持了合理增长，到6月底中央补助较上年增长了26.8%。其中，车购税、保障房、森林生态效益补偿等项目增幅较大，分别增长93.1%、73.1%、39.5%，但受中央收入增幅放缓，清理、归并专项转移支付项目，压缩规模等因素影响，争取中央专项的难度日益增大。2014年落实中央和省委、省政府在稳增长、调结构、惠民生、促改革等方面的重大举措，都需要增加大量资金投入，财政支出基数和保障难度越来越大，全年收支矛盾较为突出。

（三）区域发展不平衡

2014年上半年，西宁、海东增长情况较好，但比重较大的海西州增长乏力，预计海西州上半年GDP增长7.8%，其中规模以上工业增长8%，投资增长6.6%，公共财政收入下降20%，完成年度目标任务艰巨，给全省经济平稳增长带来较大的压力。海南州、海北州和黄南州经济发展较为平稳，但在全省经济总量的占比仍然较低，全省区域发展的不平衡性没有明显改善。

（四）丝绸之路经济带建设面临竞争压力

当前，青海在积极建设丝绸之路经济带中，定位为新丝绸之路经济带建设的战略基地和重要支点，但无论是古丝绸之路还是当今的第二亚欧大陆桥，青海都不在主干道上，在国家的相关战略中青海可能被列为间接参与区而不是直接构成区，在西北地区各省区之间存在合作和竞争关系，比如传统能源产业和新型能源产业与新疆的差距，藏药与甘肃竞争，枸杞与宁夏竞争等，这些竞争关系将使青海在丝绸之路经济带建设中面临一定压力，需进一步解放思想，积极开拓发展空间，在共建丝绸之路经济带中寻求发展契机。

三　2014～2015年青海经济发展形势分析与预测

当前，世界经济总体延续缓慢回暖态势，但在缓慢的复苏中仍然呈现多元化态势。发达经济体当前面临的尾部风险已经减弱，美国将保持长期复苏态势，欧元区未来将呈现短期复苏态势，而长期能否继续复苏仍有待观察。新兴市场经济体增长持续下滑的风险较大，各自面临不同的发展困境和“瓶颈”，深化改革成为新兴经济体前进的唯一动力。国际竞争格局的复杂化，使得外部环境对我国经济的利好作用变弱，我国经济正转挡换速进入中速增长阶段，政府正大力推进结构调整和挖潜经济增长活力。党的十八届三中全会后，政府显示出了改革的强烈意愿，并实施了部分结构性改革措施，在去杠杆化过程中，全国经济增速变化的路径有可能是一个“浅 U 形”。2014 ~2015 年，我国经济增长率预计维持在 7% ~8%。这种复杂的国际、国内形势，既给青海经济发展带来了难得机遇，也带了严峻挑战。

（一）机遇

宏观政策取向有力。党的十八届三中全会对全面深化改革进行了重大部署，统筹推进重点领域改革，加快释放改革红利。如国家将继续实施积极的财政政策和稳健的货币政策，推进新型城镇化进程；继续加大对特殊困难地区的扶持和对口支援力度，协调做好新疆以及西藏、青海等省藏区工作，部署开展援疆、援藏“十二五”规划中期评估，起草援藏、援青项目管理办法，研究完善对口支援川、甘、滇三省藏区工作机制；积极开展“十三五”对口支援规划前期研究；加快推进“一路一带”发展规划与具体措施。这些重大改革发展举措的不断推进，将为青海在新的历史条件下实现“三区”建设（即建设全国循环经济发展先行区、生态文明先行区、民族团结进步先进区）创造重大战略机遇。

省内重大改革发展举措持续发力。近年来，青海在积极落实省级取消和调整审批事项的基础上，组织有关部门按照清理和调整的范围对各区县和各部门行政审批项目进行了全面梳理。实行建设工程项目审批改革，通过整合流程、前置服务、统一受理、并联审批、限时办结等方式，削减审批环节，优化审批流程，将审批流程整合为 5 个阶段，审批时限减少为 40 个工作日。财政金融方面，深化预算管理制度改革，积极推进税制改革，完善省对下财政管理体制。另外，实施工商登记制度改革，精简前置审批事项，改革工商登记流程，放宽工商登记条件，规范工商登记服务，强化工商登记后续监管；实行工业投资项目“负面清单”管理，将“负面清单”管理与产业布局、环境和生态保护、节能减排等政策和要求结合起来，进一步健全和完善标准体系，逐步构建全面系统的风险管理体系。随着政府在稳定工业增长、促进服务业发展、盘活存量资金、支持县域经济发展等方面出台的重大举措持续发挥作用，全省经济发展活力将进一步增强。

经济增长有基础支撑。当前，青海正处于转型发展、大有可为的战略机遇期，经济实力持续提升，基础条件不断改善，新的增长点正在形成。虽然近段时期在市场需求不振、化解产能过剩的大背景下，青海电解铝、化工、煤炭等行业遇到一些暂时困难，但在省委省政府出台重大举措和大力支持下，全省经济增长的内生动力进一步增强，总体生产形势趋于稳定，产业链进一步延伸，产品结构不断优化，产品附加值提高，企业应对困难、适应市场、参与竞争的能力不断提高。

丝绸之路经济带战略部署的积极影响。由于青海是贯穿南北丝绸之路的桥梁和纽带，是中国连通南亚国家的重要走廊和通道，丝绸之路经济带建设的实施，使青海处于我国内陆地区与中亚、南亚国家的通衢地位日益显现，在“向西开放”中具有独特的区位优势，为青海发挥自身特色产业优势，加强与中亚、南亚国家的经贸交流，深化与周边省区的经济合作，加快承接国内外产业转移，推动对外开放搭建了新的战略平台。随着丝绸之路经济带建设的深入实施，青海对外开放的深度和广度必将进一步得到拓展，形成“东出、西进、南下”的全方位对外开放格局。

（二）挑战

世界上大国关系日趋复杂化，制衡与反制衡、冲突与合作并存，对抗形式日益多样，网络战将愈演愈烈。焦点地区局势复杂化，政治对经济影响加剧。世界经济仍处在深度调整和缓慢复苏当中，以刺激政策带动的方式趋于结束，发达国家复苏动力弱，新兴经济体普遍面临通胀压力、内生动力不足的影响，外部环境仍不容乐观。

2014～2015年，中国处于经济增长换挡期、结构调整阵痛期、前期刺激政策消化期，稳中有忧，稳中有险，经济下行压力较大，消费偏弱，企业投资意愿不强，产能过剩矛盾突出，资源环境约束明显强化。从现在的情况看，中国经济正处在深化改革的前期，后期还有更加强烈的改革大潮，而且改革、转变经济增长方式不会一蹴而就，需要较长时间。改革期间经济增长速度必然受到影响。旧的经济增长模式中积累的根本性问题仍然存在。中国经济潜在增速下降之际存在的工业产能过剩、潜藏的房地产泡沫以及金融风险等问题都尚未得到深层次解决。中国正努力推动经济增长由投资拉动向消费驱动的转变，这将是一个漫长的过程。由于中国政府未来更注重调整经济结构，未来政策重心转向改革，不会轻易出台大规模经济刺激政策，且国内金融去杠杆化仍会坚持执行；同时，为应对国际资本流出等不利局面，央行可能在未来两年内下调存款准备金率；政府更加重视民生，注重经济发展速度与质量并举。事实已经证明，政府对经济增长速度放缓的容忍度在增加。国家宏观调控政策的变化对青海高度依赖投资的经济增长模式必然形成较大挑战。

（三）主要发展目标预测

据预测，世界经济2015年将增长3.9%。国际货币基金组织（以下简称IMF）在2014年7月24日召开的“世界经济展望最新预测”新闻发布会上指出，全球经济继续经历不均衡复苏，中国今年采取了有限的、有针对性的政策措施来支持经济活动，包括中小企业税收减免、加快财政和基础设施支出以及有针对性地下调准备金率。结果是，2014年增长率预计为7.4%。2015年随着经济过渡到更可持续的增长路径，预计增长将减缓到7.1%。但由于国际经济形势一直以来复杂多变，政治经济学家很难准确地对国际经济发展进行准确的判断。我国经济正处在转型过程中，工作重点将放在提高经济增长的质量和效益上，全国深化改革和推进经济结构调整的步伐必将影响青海的经济发展，因此，我们仅对2015年青海主要经济发展指标做大致预测：生产总值增长10%左右，公共财政预算收入增长12%左右，居民消费价格涨幅控制在3%左右，城镇居民人均可支配收入增长9%，农牧民人均

纯收入增长 11%，投资增速保持在 20% 左右。

随着经济结构转型的不断深入，促消费政策将会加快居民消费结构升级和消费热点的转换，消费增长的空间会进一步扩展。预计青海 2015 年消费增长 12%。同时，刺激消费综合政策的出台，为消费的持续稳定增长注入了新动力。未来一年，我国经济将呈现缓慢发展态势，在出口便利化、减免相关税费和外部环境趋好等因素的作用下，出口将平稳增长，增速在 5% 左右；随着稳增长、促改革、调结构效应的逐渐显现，内需将持续回暖，进口增速有望快速回升，增长 7% 左右。2015 年，随着改革红利的释放，民营部门将成为推动经济增长的主力军，经济结构将加速转型，青海省民营经济增速将稳定在 12% 左右。

在工业领域，青海省通过加快推进柴达木循环经济试验区、西宁经济技术开发区等园区建设，到 2015 年，循环经济工业增加值有望占全省工业增加值的 80% 以上，同时通过优势资源综合利用，青海将建成全国最大的盐湖化工循环产业基地。在农业领域，将重点实施节约型种植业、农作物秸秆综合利用和农田残膜、灌溉器材回收利用，推进农业循环化利用；同时加快转变畜牧业发展方式，以提高生态畜牧业合作社能力建设为核心，建设生态畜牧业实验示范区。到 2015 年，全省农畜产品加工转化率有望达到 50% 以上。

四　政策建议

2014 年下半年及 2015 年是青海实现“十二五”规划目标的关键时期，也是“三区”建设和打造“三个升级版”的攻坚时期。面对当前复杂的国内外经济形势和省内经济发展面临的诸多困难和挑战，全省上下需要进一步创新发展思路，抢抓发展机遇，提升发展质量。

（一）加大基础设施建设力度，发挥投资对全省经济增长的关键带动作用

一是以公路、铁路、民航为重点，加快全省交通基础设施建设，构建

快捷高效的立体综合交通网络。严格按照项目进度要求，明确责任，扎实推进引大济湟、西宁南绕城高速、兰新二线、西宁站改等重点项目建设，推动祁连机场、格库铁路等项目尽快开工建设。二是抓紧水利骨干工程建设。加快拉西瓦、李家峡等灌区以及蓄积峡水库、黄河干流防洪等重点水利工程建设，力争湟水北干渠一期、引大济湟调水总干渠年内全线贯通。继续抓好百万亩土地开发整理，改造中低产田，建成一批农区和草原节水灌溉水利设施。三是加快信息基础设施建设。开展西宁、海东、格尔木4G网络建设试点，抓好西宁、格尔木智慧城市试点建设，推进无线城市、光网城市、宽带农牧区、数字民生等重点工程建设。四是做好项目储备工作。围绕"十二五"规划、国家扩大内需的重点投向和丝绸之路经济带发展战略，重点在铁路、公路、能源、机场等重大基础设施以及城市公共设施、大气污染防治、节能环保、社会事业、民族地区发展等领域谋划一批项目，加快项目前期工作，为争取国家资金构建成熟的后备项目库。加快格成铁路、西成铁路、黄南机场、青海湖机场等项目的前期准备工作，力争早日在项目论证、申报方面取得突破，为全省基础设施建设投资的持续增长奠定基础。

（二）加快转型升级，促进工业经济平稳健康地发展

一是充分发挥市场倒逼机制，淘汰落后企业，以较低成本和风险化解过剩产能。二是着力创造公平有序的竞争环境，政府对落后产能的淘汰要尽可能依法进行，减少行政命令和越俎代庖，让长期亏损企业在市场竞争中自动退出。三是进一步完善企业退出机制，加强对企业的破产保护和资产清算，推动破产企业占有的土地、厂房、设备、技术工人等生产要素尽快流入市场，实现优化配置，政府应在社保、下岗职工再就业等方面给予必要扶持。四是对发展势头良好的新能源产业、新材料产业、轻工纺织业、生物产业等特色优势产业要考虑逐步退出政府给予的特殊扶持政策，促使其在公平的市场环境中进一步提升核心竞争力，确保全省的特色优势产业建立在市场竞争基础上而不是建立在政府扶持的基础上，推动全省特色优势产业持续健康发

展。五是以市场为基础，围绕循环产业链，在盐湖综合利用、有色金属合金材料、环保建筑材料等领域加快打造产业集群，壮大战略性新兴产业，提升全省循环经济发展水平。

（三）完善商贸环境，提升服务业发展层次和水平

一是加强商业网点布局规划，构建覆盖城乡、高效便捷的商业网络，在西宁各区县建设培育区域性商贸中心，避免全市商贸活动过度集中造成的交通拥堵等问题。二是着力加强宾馆、道路等基础设施建设，通过互联网、电视、报纸等多种媒介及时公布相关信息，积极化解夏季西宁及重点旅游景区存在的住宿困难、交通拥堵等问题，提升“夏都西宁”的城市品质。三是大力发展信息消费服务业，增加信息基础设施投放，推进“宽带青海”建设，加快“三网融合”进度，推动下一代互联网城市建设。四是发挥财政支持资金的杠杆作用，引导社会资本投入养老、健康服务业，进一步完善养老服务设施，将西宁、贵德、民和等地建成青藏高原重要的休闲养老中心。五是保持房地产政策的基本稳定，按照国家要求适时启动不动产登记制度，营造更加公开透明的市场环境，让市场机制在普通商品房配置中发挥决定性作用，改变人们对商品房价格“只升不降”的单边预期，引导人们住房消费更加理性，推动全省房地产市场长期平稳健康发展。

（四）深化改革，改善企业发展外部环境

一是继续取消和下放行政审批事项，确需行政审批的事项应形成汇总目录向社会公布，全面清理非行政许可审批事项，减少相关政府部门在土地配置、金融资源、水电路配套等方面的自由裁量权，压缩寻租空间，降低企业面向政府部门的公关成本。二是探索完善“党要管党”、“从严治党”的长效机制，巩固群众路线教育成果，保持对党政官员贪污腐败行为和违反“四风”行为的高压态势，以党风、政风的根本好转带动民风的好转，逐渐改变企业办事求人、商业贿赂、巴结政府官员等不良风气，引导企业围绕市场求生存、谋发展。三是跟进落实“营改增”、资源税等税制改革，全面清

理各类摊派和不合理收费，完善相关监督举报制度，去除企业经营的不合理成本。四是以不动产登记制度的实施为契机，明晰企业及其经营管理者的各项财产权利，加大对企业财产权的保护力度，未经法律许可，各级政府不得侵犯企业的相关权利，确保企业经营者能在生产经营活动中形成稳定预期，提升企业家勇于创新、甘冒风险的内在动力。

（五）强化管理，增强企业核心竞争力

一是加强企业战略管理，增强企业分析研判市场形势的能力，在瞬息万变的市场环境中及时发现各类潜在的机遇与挑战，适时调整企业发展战略。二是加强企业生产经营管理，将产品质量控制、成本控制贯穿于产品生产的全过程，以管理提升企业生产经营效率，增强企业在市场竞争中的软实力。三是加强人力资源管理和研发管理，以科研成果量化考核为核心，建立科研人员激励约束机制，完善职称评定、申报奖励和各类荣誉称号的体制机制，搭建科研人才公平竞争的环境和平台，推动优秀科研人才脱颖而出，为企业产品技术创新提供支撑，构建企业核心竞争力。四是依托优秀传统文化加强企业文化建设，将员工的个人道德品格培养与敬业精神培养结合起来，增强员工的个人成就感和对企业的归属感，增强企业凝聚力，引导员工自觉为企业的发展贡献自己的智慧和力量，形成企业特有的、积极向上的企业文化，增强企业竞争力。

参考文献

骆惠宁、郝鹏：《中共青海省委十二届六次全体会议在西宁召开》，《青海日报》2014 年 8 月 1 日。

青海 2014 年上半年统计公报及主要统计数据月报。

青海省人民政府：《青海省 2014 年上半年国民经济和社会发展计划执行情况的报告》，2014 年 7 月。

《青海上半年经济形势深读：综合施策　砥砺前行》，http：//finance. ifeng. com/a/20140812/12907811_ 0. shtml，2014 年 8 月 12 日。

B.2

2014～2015年青海社会发展形势分析与预测

“青海社会发展形势分析与预测”课题组*

摘　要：2014年，青海省委省政府坚持正确方向，全面落实十八大以来中央做出的各项决策部署，锐意改革，有力地促进了青海的社会稳定与民族团结。民生保障水平持续提升，生态建设不断升级，公共文化服务体系逐渐成熟，民族团结进步先进区建设进一步深化。与此同时，也存在着科技引领和创新驱动作用亟待提升、收入分配体制改革需继续深化等诸多问题。2015年是青海全面推进“三区”建设、顺利完成“十二五”规划等诸多重要任务的一年，有不少促进全面深化改革和改善民生的新机遇和积极因素，预示着“三区”建设、社会治理、生态文明制度建设等各项社会事业将取得新突破、新成效。

关键词：青海　社会发展　形势分析　预测与对策

2014年，面对错综复杂的国内外经济社会形势和国内全面深化改革的艰巨任务，青海省委省政府坚持正确方向，以习近平总书记系列重要讲话

---

* 课题组成员：孙发平，青海省社会科学院副院长、研究员，研究方向：区域经济；拉毛措，青海省社会科学院社会学研究所所长、研究员，研究方向：民族社会学；鄂崇荣，青海省社会科学院民族宗教研究所副所长、研究员，研究方向：宗教人类学；朱学海，青海省社会科学院社会学研究所助理研究员，研究方向：城市社会学。

精神为行动指南，全面落实十八大以来中央做出的各项决策部署，锐意进取，创新工作举措，努力以改革红利弥补区位劣势，以群众关心的热点和难点问题为工作重点，有力地促进了青海的社会稳定与民族团结。2015年，随着全面深化改革，青海在一些重要领域和关键环节的改革取得突破性进展，将以更大的力度加快发展以改善民生和促进社会和谐稳定为重点的各项社会事业，不断提升国家循环经济发展先行区、生态文明先行区和民族团结进步先进区建设水平，大力实施青海与甘川交界地区“平安与振兴工程”，为青海各族人民与全国人民同步建成小康社会奠定更加坚实的基础。

一　2014年青海社会发展形势及亮点

（一）改革开放全面实施，一些重点领域取得突破性进展

2014年，按照“全面推进、重点突破、形成特色、健康运行”的总体要求，青海省坚持以改革促发展的理念，冲破体制机制障碍，努力以改革红利弥补区位劣势，抓住影响经济社会发展的全局性问题和深层次矛盾，从群众最关心的领域着手，从制约经济社会发展最突出的问题改起，相继出台了一系列改革举措，一些重点领域和关键环节取得了一些突破性进展，增大了后发优势，有力地促进了经济社会发展，进一步凝聚了社会共识。一是全面启动经济领域改革，研究下发了22个方面的指导性意见。取消、下放和调整186项行政审批事项，开展“负面清单”制度试点。二是打造阳光政府和服务政府，推进行政服务和公共资源交易平台建设，出台政府向社会力量购买公共服务实施办法。三是在生态文明制度建设总体方案、司法体制改革试点、医疗卫生体制改革、工商登记制度改革等重点领域、重点行业形成突出亮点。四是在牧区改革中生态公益岗位的设立与管理、党建制度改革中加强基层组织、基础工作和基本能力建设等诸项具体改革措施上打造青海特色，形成亮点，走在了全国前列。

（二）民生不断改善，社会保障体系建设继续升级

2014年，青海省委省政府坚持继续改善民生，全面实施民生十项工程，民生支出达449亿元，增长10.1%。一是出台进一步促进就业工作的12项政策措施，加大藏区和基层公开考录力度，大学生初次就业率达到71.6%，牧区劳动力转移就业90万人（次）。二是连续第10次调整企业退休人员基本养老金，月人均增加236元，增幅居全国前列。低保标准、失业保险金标准、最低工资标准、高龄补贴、医保人均筹资标准均有提高，城乡养老保险制度实现统一，建立低保家庭信息核对平台，实现动态管理、应保尽保。三是价格涨幅平稳回落，新建平价商店95家、平价市场3家，上半年CPI同比上涨2.3%，涨幅下降2.6个百分点，首次与全国水平一致。四是继续加大城镇保障性住房建设和各类棚户区住房改造力度。截至2014年6月底，全省新建城镇保障性住房和各类棚户区改造开工5.9万套（户）、基本建成3.67万套（户），分别占年度目标任务的53%和46%。全省农村住房开工43268户，开工率67%。

（三）生态屏障继续筑牢，大美青海内涵与外延不断升级

2014年，青海继续筑牢生态屏障，努力打造大美青海升级版，其内涵与外延不断升级。一是启动实施《主体功能区规划》、《新型城镇化规划》和《生态文明制度建设总体方案》等重大战略部署，三江源二期工程正式启动实施。二是大力引导农牧民向乡镇和中心村集中，加快推进16个美丽城镇和300个美丽乡村建设。三是农村清洁能源、污染治理、垃圾处理等项目得到集中连片整治。青海省“清洁工程”结合三江源生态保护综合试验区建设和二期工程的启动，在三江源国家生态保护综合试验区确定的玉树、果洛、海南、黄南4州21县和格尔木市唐古拉山镇逐步铺开，共有158个乡镇1132个村庄和230个游牧民定居点，106万农牧民人口受益。四是青海清凉气候优势更加凸显，旅游发展基础设施进一步提升，旅游环境和服务不断优化，对外影响不断扩大。2014年，“大美青海”旅游因高原之夏青洽

会、环湖赛、三江源国际摄影节、门源油菜花文化旅游节、祁连山草原风情文化旅游节、西宁“中华梦幻谷杯”国际徒步节、贵德国际抢渡黄河极限挑战赛等不同层级的会展赛事，不断凸显新美、新意、新活力。仅2014年“五一”小长假，青海接待国内外游客92.13万人次，同比增长26.3%；旅游总收入4.1亿元，增长27.3%。五是以大气环境为主的城市环境治理初见成效。2014年，继续推进大气污染防治和湟水河治理，通过全面开展城市扬尘整治、加快淘汰黄标车、加快煤烟污染治理、深化工业源污染防治、调整产业结构、优化工业布局等一系列措施，空气环境得到改善，有效缓解了大气污染的严峻形势。以西宁市为例，空气质量优良天数比2013年上半年增加51天，达标率同比提高28个百分点。启动了青海路域环境综合整治工作，制定出台了《青海省公路局交通沿线路域环境整治实施细则》，明确整治任务、整治期限、整治内容和目标，干线公路路域环境综合整治工作初显成效，为打造大美青海升级版、提升大美青海新形象提供了良好的公路交通环境。

（四）现代公共文化服务体系逐渐成形，文化科普惠民工程建设力度不断加大

2014年，青海文化新闻出版等部门以激发全民文化创造活力为中心，进一步深化文化体制改革，构建现代公共文化服务体系，深入实施文化科技惠民工程。一是大力推进黄南国家级热贡文化生态保护区、喇家考古遗址公园和文化产业园区等建设，实施好省级“三馆”、藏区广播影视建设和全民健身工程，完成5万多场次农村电影放映任务，提升了“三馆一站”免费开放水平。二是继续推进“西新”五期项目建设、高山无线发射台站基础设施改造项目，巩固文化进村入户、广播电视“村村通”、“户户通”和进僧舍成果。向400个行政村文化活动室配发了文化设备器材，完成了5.4万套户户通设备安装任务，广播、电视人口覆盖率分别提高到97%和97.5%。三是大力开展科普知识宣传和农业科技成果推广应用。精心组织科普与新青海建设同行、科普进校园进社区、“科技活动周”和“三下乡”等系列活动，加强农村牧区实用人才培训和科技成果推广，完成农牧民农牧业科技培

训1.2万人次，完善农村信息化建设和服务体系，发挥了农业科技园区与科普教育基地的带动、示范、辐射作用。四是青海各市州县为进一步加快推进“收入倍增计划”，积极协调、多措并举，不断加大农牧民就业技能培训力度。根据市场需求、群众意愿和师资力量，各地就业部门先后开设了唐卡、堆绣、民族歌舞、农家乐、烹饪、电焊等多个培训班。同时，为增强农牧民就业创业意识和自我维权能力，培训班除讲授专业理论与操作课，还加设了就业政策、职业指导、岗位推荐公共课及安全普法常识教育。

（五）社会持续保持稳定，民族团结进步先进区建设进一步深化

2013年以来，青海在创建民族团结进步先进区建设实践中，紧紧抓住思想引导、依法治理、“三基”建设、寺院管理、双语教育、生态建设等关键环节，强化各项措施，集中精力解决突出问题，凝聚起同心同德的思想智慧和强大力量，着力推进民族团结进步先进区创建向全社会、各领域覆盖，形成了各族各界共创、共建、共享的良好氛围，进一步深化了民族团结进步先进区建设。实现了寺院管理与服务并重，由单向管理向综合管理转变；宗教人士由过去作用发挥不够转向积极作为；生态环境保护由单一建设转向制度保障等9个方面的转变。“三个离不开”、“四个认同”、“四个维护”意识不断深入全省各族人民心中。特别值得一提的是，2014年，青海在青甘川边界地区实施“平安与振兴”工程，共投入8.5亿元加快推进青甘川三省交界地区教育基础设施建设。从2014年起，在省际交界地区基础设施投资年均增长20%以上，通过整村推进等项目的实施，不断加大扶贫攻坚力度，大力营造和谐的法治环境，夯实发展的经济基础，促进边界地区长治久安。

（六）社会主义核心价值体系建设进一步深入，促进改革发展稳定的正能量不断凝聚传递

社会主义核心价值体系是兴国之魂，是社会主义文化的精髓，决定着中国特色社会主义的发展方向。2014年，青海坚持以社会主义核心价值体系建设为根本，着力加强思想引领、精神塑造、道德培育，打牢全省各族人民

团结奋斗的共同思想道德基础。一是在工作实践中，坚持主流文化引领多样化社会思潮，深入开展中国梦和中国特色社会主义教育，坚持用中国特色社会主义理论体系武装党员、教育群众，扎实推进学习型党组织建设，增强了各族干部群众的理论自信、道路自信、制度自信。二是强化和丰富了舆论引导、网络引导、文化引导、广告引导等多样化引导手段和方法，发挥了新闻媒体传播社会主义核心价值观的主渠道作用，不断增强网上传播社会主义核心价值观的影响力，进一步发挥优秀传统文化怡情养志、涵育文明的重要作用，强化了公益广告传播社会主流价值、彰显社会文明风尚的重要功能。三是积极培育社会主义核心价值观，深入推进社会公德、职业道德、家庭美德、个人品德建设。四是深入开展民族团结教育和知恩感恩教育，深刻彰显全省各族人民团结和睦、守望相助的美好品格。五是大力加强未成年人道德建设，把培育和践行社会主义核心价值观融入国民教育全过程。充分发挥学校在培育和践行社会主义核心价值观中的教育引导作用，拓展了青少年培育和践行社会主义核心价值观的实践途径，文化环境得到净化，青少年健康成长的环境得到持续改善。六是青海省委印发实施了《青海省关于培育和践行社会主义核心价值观的实施意见》，强调要把培育和践行社会主义核心价值观内化为人们的自觉行为。广泛开展道德实践活动，形成修身律己、崇德向善、礼让宽容的道德风尚；深化学雷锋志愿服务活动，形成“我为人人、人人为我”的社会风气；开展“青海好人、引领风尚”活动，形成好人好报、恩将德报的正向效应；深入开展“文明青海”建设活动，提升公民文明素质和社会文明程度；开展群众性的庆祝和纪念活动，形成社会主流价值。

二　2014年青海社会发展中存在的主要问题与挑战

（一）科技引领和创新驱动作用亟待提升

近年来，青海在科技合作渠道上不断拓展，青海省政府先后与中国社会科学院签订了战略合作协议，并与中国科学院、中国工程院建立了省部会商机制，与美国犹他州建立了“青海—犹他科技创新联盟”，科技创新能力得到显著提升，有效地引领和支撑了全省经济、社会的可持续发展。2013 年以来，青海综合科技水平在全国排位上升到 22 位，科技贡献率提高到 45%。

随着创新型国家战略的实施，国内新一轮区域科技、产业竞争日益激烈。全国各地紧紧围绕提高自主创新能力、培育战略性新兴产业和承接国内外产业转移等关键环节，开展了新的竞争与合作。青海科技发展面临以下诸多困难和问题：一是科技投入比重低于全国的平均水平，全社会科技资源共享机制尚未形成。二是科技设施投入过低，基础性、前瞻性科技研究投入较少。三是企业科研创新能力不足，科研机构研究成果转化不畅；社会公益性科技和行业共性技术创新能力不足，整体科技创新水平提升相对缓慢，科研成果供给不足。四是高层次的科技创新人才明显不足，优秀青年科技骨干流失，经济建设和社会发展急需的学科和技术带头人严重缺乏。

（二）收入分配体制改革亟须深化

近年来，青海省委省政府虽在统筹协调各方面利益关系的基础上，对公务员工资制度和收入分配秩序，事业单位工作人员收入分配制度，机关事业单位离退休人员待遇、机关工人工资制度，离退休人员基本养老金标准、各类优抚对象抚恤补助标准、城市低保对象补助水平等方面进行了改革和调整，收入分配的体制和机制发生了重大变化；但收入分配领域仍存在诸多问题，改革亟须深化。一是一些行业和领域存在分配体制和分配格局不适合市场经济体制要求，成为造成收入差距扩大的潜在因素。一些国有垄断企业和机关事业单位部分资金来源仍不透明，造成同一职业津贴、补贴和福利待遇不同。工资收入的高低仍取决于所供职的单位，而不取决于所从事的职业的现象仍较突出。二是由于收入分配体制改革牵涉每个利益群体，深化改革压力加大。三是政府对社会收入状况的基本监控能力仍须进一步提升，对高收入者进行税收调节及对低收入者实施转移支付等能力需进一步加强。社会群体普遍对现实状况不满，但却自觉不自觉地遵循各种不合理的行为规则。四是一些事业单位绩效工资仍未实际推行，干部职工计划经济体制下形成的思维模式和思想误区仍未彻底消除，缺乏危机意识和竞争意识。

（三）新移民融入城镇社会仍存在困难

一是受户籍制度的屏蔽作用，城镇新移民在就业、教育、住房、社会保障等方面融入困难。二是许多城镇新移民在城镇就业，但户籍和家庭在农村，其社会保障仍在农村。大多数城镇新移民工资水平低于城市职工平均工资，社会保障不健全，身份认同存在模糊、徘徊的现象。三是城镇价值观念和新移民原有生活方式发生冲突，影响城镇新移民开放融入。许多城镇新移民居住环境不容乐观，社会交往模式多以业缘、亲缘为主，依赖于熟人社会。四是生态移民群体随着生存区域发生改变，传统生产生活方式也产生根本变化，部分移民由于个体年龄、文化水平、生存技能、自我发展能力等因素的制约，存在生计难、增收难、融入城镇生活难等问题。

（四）法治青海建设任重道远

法治青海建设是一项全局性的社会系统工程，牵涉经济、政治、文化、社会和生态文明等各个领域。多年来青海加快依法治省进程，大力改善法治环境，深入开展法治青海建设，保障和推动了青海经济政治、文化社会和生态文明等诸方面的发展。但法治青海建设创建依然任重道远，不可能毕其功于一役，而是一个长期的、复杂的、艰巨的和渐进的过程。一是青海各族干部群众的法律意识亟须提高，全社会法律至上的法治精神有待提升。公众“信权不信法”、“信关系不信法”的现象仍普遍存在，以言代法、以权代法、执法不公等破坏法治的现象时有出现。二是传统宗教戒律、民族习惯和社会习俗等对法治建设的影响在偏远地区较为突出。三是少数行政机关及其工作人员滥用行政权力、损害群众利益和乱收乱罚等违法行政行为时有发生；极少数关系案、人情案等司法腐败，导致公众对法律的漠视，损害法律权威和司法公信力。四是一些行政机关和领导干部运用法治思维和法治方式深化改革、推动发展、化解矛盾和维护稳定的能力仍显不足，依法行政能力比较薄弱。五是法律监督机制不够健全，行政监督的整体效能还比较低。

（五）节能减排形势依然严峻

虽然青海工业生产由于全国范围需求不足，煤炭、化工、有色金属等行业生产速度放缓，但节能形势依然十分严峻。国家发改委 2014 年 7 月 28 日公布的 2014 年上半年节能目标完成情况晴雨表中，福建、海南、青海、宁夏、新疆 5 个地区预警等级为一级，节能形势严峻。特别是以西宁为重点的青海东部城市群，污染状况尤为严重。造成青海省大气污染的主要有扬尘污染、尾气污染、煤烟型污染、工业污染等。其中，与居民疾病发病率相关的空气颗粒物污染问题尤为突出。

三　2015年青海经济社会发展态势预测

2015 年是全面深化改革的第二年，也是青海着力推进“三区”建设、顺利完成“十二五”规划的最后一年，尽管国际国内社会环境纷繁复杂，但新的机遇和积极因素仍有不少。青海省在中央各项政策的支持和全省各族人民的不懈努力下，社会各项事业将取得更大成绩。

（一）各项社会改革将取得新突破

2015 年，随着全面深化改革步伐的加快，社会改革也将取得新突破。文化体制改革工作已研究部署，强调要进一步健全工作机制，加强统筹指导，密切协同配合，为文化体制改革发展提供强有力的组织保障。预计 2015 年，在促进和实现基本公共文化服务标准化、均等化，优化结构、推动文化产业发展，有效挖掘特色文化资源、传承和弘扬优秀传统文化等方面将取得新突破。教育体制改革在资源协调均衡发展等方面成效显著，预计 2015 年，在统筹城乡义务教育资源均衡配置、推进考试招生制度改革和完善教育管理体制等工作领域的改革力度增大，稳定和扩大农民工就业。随着科技对经济社会贡献率的提升，科技体制改革将建立主要由市场决定技术创新项目和经费分配、评价成果的机制等。医药卫生体制改革已初显成效，7项医改政策已实现全覆盖，有力地推动了医保医疗医药的“三医联动”协调发展。预计2015年，青海省在巩固完善基本药物制度和基层医疗新机制、完善分级诊疗制度、支持新增医疗卫生资源优先考虑社会资本、实现医保服务“一卡通”、启动实施单独两孩政策等方面将有更大惠民举措，进一步推进事业单位改革等。随着省委全面深化改革工作的推进，预计2015年，青海省促进就业创业的政策措施将得到进一步完善，全省就业形势将保持总体稳定。特别是对高校毕业生的就业创业将加大扶持力度，就业领域将进一步得到拓展，农民工工作将得到规范和加强，农民工就业渠道将增多，就业稳定性将增强，劳动争议专业化预防调解机制等将逐步列入议事日程并得到建立健全。城乡居民基本养老保险与职工养老保险制度衔接办法将制定出台，“五险合一”的经办模式将取得新的探索成效，公共租赁住房和廉租住房制度改革将进一步深化。

（二）“三区”建设将迈上新台阶

2015年是青海省着力推进“三区”建设的关键一年。必须进一步坚定不移地走循环经济发展道路，推动经济提质增效升级，努力在新一轮发展竞争中赢得主动；大力推进生态文明建设，筑牢中华民族生态安全屏障，切实提高可持续发展能力；夯实民族团结进步的根基，确保社会长期和谐稳定，为经济跨越发展和社会长治久安强基固本，为此青海省坚持统一部署、分类指导原则，切实把握相关目标和基本要求，加强顶层设计，完善发展规划，明确相关政策，优化发展环境；积极谋划重大项目，强化产业支撑；创新工作机制，进一步增强发展活力。预计2015年，将在提升凸显青海优势、化解过剩产能，大力推动工业在发展中升级，按照主体功能区定位推动发展，进一步推动循环型工业体系、农牧业体系、服务业体系和循环型社会构建行动；进一步加快制定系统完整的生态文明制度体系，完善体制机制，确保重点生态工程收到实效，环境综合整治力度进一步加大；以着力改善民生为重点，扩大公共服务、推进文化繁荣、强化社会管理和服务、促进社会和谐等各个方面和领域取得显著成绩，建设普惠民生、和谐美好新家园，实现各民族共同团结奋斗、共同繁荣发展的大好局面，进一步巩固和凸显青海资源、生态、稳定在全国的重要战略地位，进一步提升青海省的整体发展水平和区域竞争力。

（三）社会治理将初显成效

2015 年，青海省将进一步创新社会治理方式，全力维护社会大局持续稳定，积极推进甘青川三省交界地区的“平安与振兴工程”，推动矛盾纠纷排查化解向源头治理拓展，推进社会治安综合治理，积极构建具有时代特征、符合青海实际、满足群众需要、科学规范有序的社会治理体系。在有力推进社会治理现代化的基础上，按照青海省委第十二届六次全会审议通过的关于《加强“三基”建设提升执政水平的意见》，将“三基”建设列入青海基层党建工作重要内容，并提出青海基层党建工作力争走在全国前列的奋斗目标，在社会治理创新方式、建构体系、提升效果、群众满意等方面将有新收获，“法治青海”、“平安青海”和公共安全体系建设将得到进一步深化，民族团结进步的根基将得到进一步巩固。特别是许多“三基”方面的突出问题有望予以梳理并逐步得到解决，“三基”建设将成为全局工作的重要内容，关注“三基”、助推“三基”、提升“三基”的强大合力将在全社会形成，从而进一步推动基层党的建设工作。同时，安全生产监管问题将受到更大关注，政府治理和社会自我调节、居民自治良性互动将成为新的治理模式。这些成效将对确保地方稳定、和谐、发展和造福百姓发挥重要作用。

（四）生态文明制度建设将全面推进

2015 年，青海省生态文明建设将着力抓好生态文明制度建设，努力在落实主体功能区制度、完善生态补偿制度等方面先行先试。随着青海省创建生态文明先行区的行动部署，强化生态环境保护与治理的新举措将不断推出。同时，为确保新举措的科学规范有效运行，在生态文明制度建设方面将出台一系列保障制度，如全面落实主体功能区制度、完善资源有偿使用制度、建设符合青海实际的国家公园体制、探索实现“两个统一行使”和解决“九龙治水”的问题、建立和完善生态文明评价和考核制度、资源环境承载能力监测预警机制、源头保护和损害赔偿及责任追究制度、重要生态功能区生态服务价值评估机制、完善生态补偿机制、草原生态补奖政策、探索建立有利于促进绿色低碳循环发展的经济核算体系等等。探索建立这些基本覆盖决策、评价、管理、考核4个方面，具有青海特色的生态文明制度体系，是为了切实推动青海省创建生态文明先行区的系统性工程，为全面深化生态领域改革提供健康有效的制度保障。

（五）民生保障力度将进一步加大

2015年，按照打造民生改善升级版的目标，青海财政用于民生建设的支出力度将进一步加大，有效地促进基本公共服务均等化和社会公平。一是随着新改建农村公路、多层次住房保障体系的基本建立，党政军企共建以及青海省精神文明建设实事项目的实施，青海省“美丽城镇”和“美丽乡村”建设将取得更大成绩。二是通过进一步探索和健全促进就业创业体制机制，切实落实《关于进一步促进高校毕业生就业工作的实施意见》、《实施未就业大中专毕业生专项就业培训工程暨2013年培训工作意见》等一系列政策，开展高校毕业生就业援助和创业扶持专项活动以及制定出台加强农民工工作意见，稳定和扩大农民工就业等举措，青海省就业工作将迎来新局面。三是通过实施精准化扶贫新举措，青海省扶贫工作将在新的开发模式指引下，在大幅减少贫困人口数、进一步提高整村推进项目户、人均收入等方面取得实质性成效。四是通过进一步促进教育事业协调均衡发展，鼓励社会力量兴办教育等措施的实施，青海省教育事业将在教育资源协调均衡发展、研究建构民族地区“双语”教育评估体系、社会力量兴办教育等方面取得新进展。五是通过有效增强医疗卫生服务能力、逐步推进医药卫生体制改革，青海省深化医改举措将在进一步提高医保人均筹资标准和保障水平、统筹城乡居民医保制度等群众“看病难、看病贵”问题方面取得更惠民的成效。六是通过文化体制改革深入推进，青海省将在文化惠民、文化建设、公共文化服务网络建设等方面有更多新举措、新面貌。

（六）东部城市群建设将强力推进

2015 年，东部城市群建设仍将是省委省政府的一项重要工作，同时也是一项改革事业，适逢全面深化改革的有利时机，依靠改革解决东部城市群建设中的主要难题成为大好动力。在良好的发展大背景及科学统筹和精密部署下，青海省在有效破解东部城市群建设发展难题、推动基础设施一体化建设、推动产城融合、加快现代农牧业进程、进一步提高全省城镇化水平、改善民生、缩小城乡差距、生态环境建设等方面将得到强力推进，各项工作将取得新进展和新突破，必将使“一核一带一圈”的面貌焕然一新。

（七）文化与旅游将深度融合发展

2015 年，青海省将进一步认真落实《关于促进青海文化与旅游融合发展的若干意见》、《关于促进旅游与文化融合发展工作方案》等政策措施精神，全省各地在项目建设，特色文化旅游活动品牌的打造，“非遗”项目、书籍、演艺节目进景区及特色旅游商品研发等方面的文化融合工作将呈现深度融合的发展态势。同时，青海省将着力加强对“非遗”在景区的配套设施建设，积极打造品牌活动，继续实施旅游购物提升工程、旅游市场经营效益从数量增长型转向质量增长型，逐步实现在 A 级景区复核和评定中将把文化旅游融合作为重要指标来考核等基础工作，切实使文化与旅游实现深度融合发展，为青海经济社会发展助力添彩。

（八）就业形势将呈现良好局面

2015 年，青海省针对高校毕业生就业压力仍然较大的严峻形势，继续将高校毕业生就业作为民生改善的重要举措，科学把握高校毕业生就业趋势，继续坚持“劳动者自主就业、市场调节就业、政府促进就业和鼓励创业”的新时期就业方针，改革创新，健全促进就业创业体制机制，多措并举，积极应对，努力在完善扶持创业的优惠政策，完善城乡均等的公共就业创业服务体系，增强失业保险制度预防失业，促进就业功能，完善就业失业监测统计制度、职业技能培训、高校毕业生就业创业、农牧区富余劳动力转移就业，缓解社会就业压力，增加农牧民收入等方面将取得新成效，就业形势将呈现平稳运行的良好局面。

四　促进青海社会发展的对策建议

2015 年将是青海省深入推动各项社会改革的一年，为顺利完成各项改革任务，青海省必须加强顶层设计、顶层推动，全面推动社会事业改革创新；认真落实《青海省新型城镇化发展规划》，优化区域城镇规划布局，着力提高全省新型城镇化水平；完善政府就业政策与就业服务体系，努力提升劳动者创业就业能力；通过社会保障“提标扩面”工作，持续健全公共服务均等化与社会保障水平；按照青海省十二次党代会确立的目标，进一步推进民族进步先进区和全国生态文明先行区建设；重视科技与教育对社会发展的支撑作用，为全省经济社会发展储备充足的智力和知识支持；大力加强社会治理体系建设，以开展“三基建设”为契机，着力加强党委政府服务能力建设，促进政府治理、社会自我调节和居民自治良性互动。

（一）全面推动社会事业改革创新

以公平正义为原则，紧紧围绕民生改善这一主题，整合原有改革举措，加强顶层设计、顶层推动，全面推动社会事业改革创新。坚持“小财政办大民生”，加大民生投入力度，推动行政体制改革，着力提升社会保障水平，切实解决好广大人民群众关注的切身利益问题。整合多种社会力量与资源，丰富教育、医疗等公共产品和公共服务产品供给体系，满足人民群众多样化的公共服务需求。通过税收等分配手段调节初次分配，建立健全初次分配公平机制，形成合理有序的收入分配格局。积极发挥社会保障、社会救助等分配机制的作用，建立公平公正的收入分配制度。加快扶贫攻坚进度、保障房建设进度，建立低保与物价联动机制，确保困难群众生活。探索建立政府权力“负面清单”制度，明确政府、市场、社会之间的关系，形成三者之间的良性互动。加快基本公共服务均等化步伐，合理配置公共资源，建立健全城乡一体的公共服务体系，提高社会保障覆盖面与保障水平。改革社会治理结构，提高社会治理水平。加强党委领导，发挥政府主导作用，积极发挥社会组织参与社会治理的作用，人民群众积极参与，建立社会治理结构新格局。

（二）着力提高新型城镇化发展水平

认真落实《青海省新型城镇化发展规划》，优化区域城镇规划布局，按照“四区两带一线”总体思路，以丝绸之路经济带建设为契机，重点推动东部城市群建设，着力提高全省新型城镇化水平。加大城镇间交通等基础设施投入，减小自然环境带来的不利影响，为城镇化整体发展提供物质基础。以经济转型升级和产业培育为基础，协调不同规模城镇功能，走产业与城镇融合发展之路，促进大中小城市和小城镇互补、协同发展，着力提高城镇化质量。以多元民族文化和生态文明先行区建设为背景，积极发展高原绿色、低碳、可持续的新型特色城镇。坚持以人为本，进一步深化户籍制度改革，探索“积分入户”等制度，有序推进农牧业转移人口市民化进程。健全城乡统筹发展体制机制，推进城乡基本公共服务均等化，缩小城乡发展差距。进一步加强城镇公共服务能力建设，探索公共服务供给的市场化机制，培育层次多样的供给主体，满足不同人群对公共服务的不同需求。继续推进“美丽乡村”、“美丽城镇”建设，使城镇化和新农村建设相互促进、协调推进。加大棚户区改造、城中村改造等项目的建设力度，推动具备条件的非农产业区转型为新型城镇社区。

（三）努力提升劳动者创业就业能力

完善政府就业政策与就业服务体系。落实完善相关法规政策，努力消除影响平等就业的制度障碍和就业歧视。建立统一的城乡劳动力市场与就业服务体系，努力消除歧视性就业政策，营造公平就业的社会环境。积极解决弱势群体在就业中的困难问题。实施积极的就业政策，着力提高高校毕业生就业水平，鼓励各级政府购买基层公共管理和社会服务岗位用于吸纳高校毕业生就业。加强就业立法、法律援助及司法监督工作，切实保障劳动者合法权益。大力培育地方特色产业，围绕经济发展方式转型升级，不断增加服务业等第三产业比重，提高就业吸纳水平。在生态移民区及游牧民定居点加大后续产业投入、扶持力度，促进藏区劳动者就业。推进创业带动就业，全面落实鼓励劳动者创业的扶持工作机制。在创业贷款担保、法律咨询、行政审批以及开业服务等方面进一步加大扶持力度，简化各项手续，降低创业门槛，努力促进创业。加大教育投入力度，努力提高劳动者科学文化水平。按照分类指导原则，加大就业培训力度，针对不同素质的劳动者，构建多层次的职业培训体系，以提高劳动者就业能力。

（四）持续健全公共服务均等化与社会保障水平

通过社会保障“提标扩面”，逐步提高各项社会保障政策保障民生的层次与能力。建立统一的城乡基层公共服务平台，使人民群众能获得更加高效、便捷的民生服务。提高政府补助标准，逐步缩小城乡差距。提高基本社会保险统筹层次，完善社会保障待遇确定和正常调整机制，建立公平可持续的社会保障体系。全面推进城镇居民社会养老保险和新型农村社会养老保险制度的整合，以及城镇居民基本医疗保险和新型农村合作医疗制度体系的整合。健全合理兼顾城乡居民的低保待遇确定和政策调整机制，完善低保标准与物价联动机制，保障好困难地区和困难群众的生产生活。加强基层医疗卫生服务网络建设，完善突发公共卫生事件应急和重大疾病防控机制。随着社会老龄化加剧，养老问题逐渐凸显，应探索建立多样化的社会养老服务供给体系。加强以居家为基础、社区为依托、养老机构为支撑的社会养老服务体系建设。支持公益性养老服务设施建设，支持社区养老，探索互助养老模式，构建多层次的养老服务体系。进一步完善城乡社会救助工作，解决好特

困家庭生活困难问题。健全农牧区留守儿童、留守妇女、留守老人关爱服务体系。

（五）进一步推进民族团结进步先进区和全国生态文明先行区建设

青海省十二次党代会确立了建设民族团结进步先进区、全国生态文明先行区的战略部署，为青海的经济社会发展指明了方向。青海是典型的多民族、多宗教地区，做好民族团结工作是实现青海乃至全国长治久安的基本要求。加强宣传，营造氛围，充分调动各族人民的积极性，大力弘扬以爱国主义为核心的民族精神，积极培育社会主义核心价值体系，使民族团结观念深入人心。明确民族团结责任考核，加强考评体系建设，严格落实责任，民族团结进步工作形成层层抓落实、人人担责任的长效机制。拓宽民族团结工作路径，做好青海省和青川甘交界地区“平安与振兴工程”，深入开展“两反一防”活动，保持社会稳定大局。生态文明先行区建设体现了青海在全国的重要生态地位，应借助三江源二期工程着力加强生态文明制度建设。建立国土空间开发保护制度，按照主体功能区划分，合理利用自然资源，限制人类活动与资源开发带来的环境破坏，实现经济社会可持续发展。实施严格的环境保护制度，注重绿色 GDP 考核，避免走“先污染，后治理”的老路，建设环境友好型社会。突出民生建设重要性，建立健全生态补偿制度，协调生态系统服务的提供者与受益者的利益关系，建立公平合理的生态收益机制，促进民生事业与环境改善协调发展。

（六）重视科技与教育对社会发展的支撑作用

现代世界史表明，科学技术不仅是促进经济发展的重要因素，也是现代社会发展的重要动力之一。必须加大科普宣传力度，在全社会普及基本科学知识，提高人民群众反对伪科学、反对邪教的能力。将科普工作纳入公共文化服务体系，加大对科技馆、图书馆等基础文化设施的投入，提高它们“传播知识，服务社会”的水平和能力，推动知识型社会的建设。健全和创新科技研发投入制度，调动广大科研工作者的工作积极性。加强信息化基础设施建设，消除数字鸿沟，推动全省社会事业信息化。加强信息社会法制建设，保障信息社会的建设走上法制化轨道。教育是文明传承和社会发展的重要源泉，必须在“两基”攻坚的基础上，改革教育体制，优化教育布局，支持教育欠发达农牧区发展远程教育，促进优质教育资源人人共享。加强青海省少数民族地区双语教学及人才培养，为少数民族社会发展奠定良好基础。重视人才队伍建设，为全省经济社会发展储备智力和知识资源。

（七）大力加强社会治理体系建设

党的十八届三中全会首次提出要创新社会治理方式。青海省十二届六次全会强调，以开展“三基建设”为契机，着力加强党委政府服务能力建设，深化改革和法制建设，逐步实现社会治理体系现代化。因此，加强社会治理体系建设就要着力提高基层党委政府的工作能力，充分发挥党委政府的主导作用。鼓励和支持社会各方面参与，促进政府治理、社会自我调节和居民自治良性互动。坚持源头治理、系统治理、综合治理、依法治理，改进社会治理方式，提高社会治理水平。大力发展社会组织，激发社会组织活力，创新有效预防和化解社会矛盾体制，健全公共安全体系。正确处理政府和社会的关系，逐步实现政社分开，强化改革和法制建设，明确各部门职责功能，推进社会组织明确权责、依法自治。依法依规培育商会、科技、公益慈善、社区志愿性团体等社会自治组织。探索建立社会组织参与社会治理的渠道。鼓励有资质的社会组织向政府提供各类公共服务，建立具体服务指标、人员配备、服务要求等标准，对购买服务项目的数量、质量和资金使用绩效等进行考核评价。完善基层综合服务信息管理平台，提高社区治理服务水平。持续开展社会矛盾大排查大调解工作，深入对社会治安重点地区和突出治安问题进行排查整治。持续推进“平安青海”建设，加强社会治安综合治理。实施甘青川平安工程建设，促进边界社会和谐稳定。提升政府应对网络事件能力，加强网络安全。建立健全信息发布公开机制，增强信息透明度，强化舆论引导能力。

参考文献

《中共中央关于全面深化改革若干重大问题的决定》，新华网，2013 年 11 月 15 日。

骆惠宁、郝鹏：《中共青海省委十二届六次全体会议在西宁召开》，《青海日报》2014 年 8 月 1 日。

郝鹏：《青海省人民政府工作报告》，http：//leaders. people. com. cn/n/2014/0207/c58278 –24289179. html。

经 济 篇

Economic Reports

B.3 2014～2015年青海工业形势分析及预测

贠红卫*

摘　要： 工业是青海经济社会发展的重要拉动力量。近年来，青海工业积极应对经济下行压力持续加大、发展环境复杂多变的局面，多策并举，在实现工业平稳较快增长中，产业结构进一步优化，现代新型工业体系正在形成。当前，青海工业正处于转型升级的关键时期，既要积极应对稳增长的巨大压力，又要担负建设国家循环经济发展先行区的历史责任，同时也面临着丝绸之路经济带建设、建设制造业强国的重大机遇，需要正确研判当前发展形势，不断创新发展理念，完善政策、精准发力、实现青

* 贠红卫，青海省经济和信息化委员会政策法规研究室主任，研究方向：产业经济。

海工业的赶超发展。

关键词： 青海工业　形势分析　预测对策

近年来，青海工业经济发展较快，2014 年初规模以上工业增加值和工业投资跨上千亿台阶，工业占 GDP 比重为 48.5%，工业投资占全社会固定资产投资的 45%，工业领域贡献税收 65%。当前青海工业正处于转型升级的关键时期，既要稳增长，又要调结构，正确处理好两者的关系，对于实现青海工业持续稳定较快增长、建设国家循环经济发展先行区十分重要。

一　2014年上半年青海工业经济运行的特点

2014 年上半年，青海工业经济由年初明显放缓逐步转向缓中趋稳态势，各项指标保持了基本稳定。

一是工业运行平稳。1～6 月青海省规模以上工业增长 11%，增速列全国第 10 位，环比上升 0.2 个百分点。其中，轻工业增长 26.6%，重工业增长 9.4%；国有及国有控股企业增长 6.2%，私营企业增长 16.1%；非公有经济工业增长 15.2%，占规模以上工业比重 42.9%。

二是结构不断优化。重工业比重下降至 87.9%，轻工业比重上升至 12.1%。制造业增长 20%，比重为 60.8%，同比提高 3.4 个百分点；高技术产业、装备工业分别增长 35.4%、22%，分别高出规模以上工业增加值增速 24.4%、11%，占规模以上工业增加值分别为 4.6%、3.3%；资源类行业同比增长 4.6%，比重为 24.9%，同比下降 2.8 个百分点；高耗能产业同比增长 11.2%，占比为 60.3%，同比下降 3 个百分点。

三是投资拉动力强。完成一般性工业投资 413.6 亿元，同比增长 16.6%，十大特色产业投资同比增长 38.8%，比重占一般性工业投资的 87.9%，占全社会投资的 43.5%；其中新能源产业投资增长 1.53 倍，生物产业投资增长2.18倍，装备制造投资增长22.1%，钢铁产业投资增长1.8倍，有色金属产业投资增长90.4%，煤化工产业投资增长3.75倍。210个重点项目开复工率为88%，50个技术创新项目完成投资11.3亿元。65个重点投资项目有42个投产或达产，新增产值47.3亿元，拉动工业增长3.65个百分点。

四是节能成效显著。累计改造电解槽489台，吨铝电耗降低500度以上；强力推进铁合金、水泥余热利用技术，吨硅铁发电700度以上，电解铝、铁合金、水泥3个行业能源消耗、污染物排放等技术指标国内领先；鼓励开展铝水直供等工作，电解铝就地转化率达71%，其中高附加值产品产能占50.1%；省内32.5复合水泥产量下降38%。1～5月，青海省规模以上工业单位增加值能耗同比下降6.66%，降幅同比扩大1.81个百分点。

五是信息消费加快。实施数字青海，支持下一代互联网示范城市、东部城市群信息通信一体化建设。青海省完成信息化投资48.05亿元，其中通信业26.33亿元、信息制造及软件服务业21.72亿元，信息消费规模达到53.57亿元。

青海工业经济在2014年上半年保持两位数的增长，主要是年初企业复工早，增速达到12.5%。但进入4月份后，煤炭开采和洗选业、黑色金属矿采选业、非金属矿采选业、有色金属矿采选业等行业增速大幅回落，当月青海省规模以上工业生产仅增长7%，将1～4月增速拉到10.8%。到了6月底各项指标稳定回升，铁路货运同比增长4%，工业用电同比增长9.4%，工业企业贷款余额同比增长17.5%，遏制了工业下滑，5月当月工业增长10.5%，6月当月增长11.6%，将上半年增速拉升到11%。

二　当前青海工业经济发展面临的挑战

2014年上半年，受全国经济下行压力持续加大、市场需求持续低迷、产品价格持续下滑、原材料价格持续上涨等影响，青海以重化工业、矿产资源开发为主体的产业体系运行异常困难。

从全国形势看，在“稳增长”政策作用下，国内工业生产在二季度实现企稳。与工业生产企稳相对应的是工业品价格跌幅收窄，6 月 PPI 同比下降 1.1%，连续 3 个月出现反弹，价格跌幅的收窄依然显示出工业生产正在恢复动力。与上年同期及历史相比，工业经济仍处于长周期的调整之中，产能过剩情况依然严重，甚至出现了趁“稳增长”继续上马的迹象，这种情况表明，工业生产的企稳可能只是暂时的，中长期仍将承受局部产业产能过剩的压力，结构调整的完成仍需时日。分行业看，受固定资产投资增速下滑影响，与投资关联度较高的采掘业、冶金、建材、化工等行业增速放缓较明显，许多行业产能利用率不足 75%，负债率上升，利润水平下降。令人关注的是对重化工依赖较重的河北、黑龙江两省 GDP 增速明显下滑至 4.2%、4.1%，这些地区的经济结构调整都难以在短期内完成，经济增速的滑坡或许还将持续。此外，随着房地产市场的转向，那些经济发展过度依赖房地产的省份也将面临失速风险，地区经济增长承受更大的压力。

从青海的情况看，受市场持续低迷影响，青海工业产品价格已连续 29 个月下降，2014 年 6 月份工业生产者出厂价格同比下降 4.4%，购进价格同比下降 3.1%，继续呈现“高进低出”的格局。13 种重点产品中，电解铝、钢材、铁合金、碳化硅、电石、钾肥等产品降幅在 3% ~ 34.9%，其中钾肥、钢材价格降幅居前，降幅达 34.9% 和 12.2%。产品销售仍然受滞，产销率仅为 94.03%。到 5 月底，有 233 个企业亏损，亏损面为 46.5%。从行业发展看，可以说有喜有忧，其中，化学原料和化学制品制造业同比增长 18.6%，农副食品加工业增长 28.7%，医药制造业增长 29.1%，有色金属冶炼和压延加工业增长 14.9%，非金属矿物制品业增长 28.4%；而电力、热力生产供应业仅增长 2.1%，黑色金属冶炼压延加工业仅增长 5.5%，有色金属矿采选业下降 17.5%。从项目建设情况看，由于市场低迷，一些企业投资信心不足，部分项目进度放缓；同时受政策、土地、资源配置等制约，部分已签约项目尚未落地，加之企业资本金不足、抵押能力不足、担保费用高、银行贷款利率上浮比例高，影响了项目进度。

从外部环境看，融资难、融资贵依然困扰着企业发展。据调查，青海省企业反映流动资金紧张的企业占72.9%，资金严重紧张和明显紧张的分别占23.4%和34.2%；有融资需求而贷不到款的企业占44.1%。而同期企业应收账款增长39.3%。金融机构对企业贷款利率下浮的仅占5%，主要面向大型企业；75%左右的企业贷款利率不同程度地上浮，利率普遍上浮10%～30%，有的上浮达50%以上。同时，企业税费负担相对较重、不合理收费较多等，以及个别部门乱摊派、乱罚款现象仍然存在；一些部门对出台的有关政策不细化、不分解、不落实，一定程度上使政策落实打了折扣。

当前，制约青海工业经济发展的产业结构矛盾突出，以海西为例，工业经济总量占90%以上的支柱产业总体上仍然以资源开采和初级加工为主，而海西州占青海省工业比重的40.9%，上半年海西工业增长8%，是造成青海省工业增速回落至11%左右的主要原因。而同期西宁市、海东市工业分别增长16.2%、17.3%，主要是资源精深加工、生物医药、设备制造、电子信息、轻工纺织等行业发展势头较好，支撑了地区发展。

三　青海工业经济发展形势分析

从2014年上半年经济运行态势分析，一个显著的特点就是，随着经济持续下行，国内GDP、固定资产投资等多项经济指标回落，尤其是规模以上工业增速8.8%，资源性、传统型行业需求增长空间还在收窄，表明全国经济中高速增长成为新常态。一是经济增长由高速进入中高速，更加注重发展质量和效益，加快转型升级成为新常态；二是国内外市场不确定因素增多，竞争压力加大，影响增长的困难与制约长期存在成为新常态；三是宏观政策保持定力，以微调预调为主，精准发力，更加注重稳控风险成为新常态。从发展态势看，国家推出了一揽子“稳增长”措施，以守住“7.5%左右”的增长目标，预计2014年下半年至2015年工业发展环境将会有所宽松。如何处理好经济转型与“稳增长”之间的关系是当前需要高度关注的，必须在“稳增长”的同时，为经济转型腾挪出更多的空间。

2014年下半年和2015年，青海工业要把握好3个机遇，在“稳增长”

的同时，加快推进转型升级。机遇一：抓住国家大力扶持实体经济发展的机遇，尤其是即将启动实施的《中国制造 2025 规划纲要》，认真领会落实“创新驱动、质量为先、绿色发展、结构优化”发展战略，打造制造业升级版。机遇二：抓住丝绸之路经济带建设机遇，发挥青海“东联西进”的作用，把青海打造成为国家产业布局的重要节点，使青海成为向西开放的前沿，以开放发展优化产业布局，推动产业转型。机遇三：抓住两化深度融合发展的机遇，在扩大工业经济总量、构建核心竞争能力突出产业集群的同时，以制造业数字化、“网络化”、智能化推进工业转型升级，实现做优做强。

四　政策建议

根据青海现阶段工业经济发展水平，要想实现工业经济稳定健康发展，必须结合实际情况，审时度势，抢抓机遇，促进经济结构转型，稳定工业经济发展，进一步促成和推动青海经济跨越式发展。

（一）以稳增长为转型升级预留空间

强化分类指导、分业施策，一企一策帮助稳市场、拓销售，千方百计稳定工业增长。继续加大服务企业力度，保障要素供给，做好平衡运输、公铁分流、异地仓储建设等，统筹安排水电、火电和外购电，继续做好重点项目、中小微企业银企对接活动，缓解企业资金供需矛盾。开展上下游产业对接等活动，鼓励支持省内企业构建稳定的产销对接机制，稳定省内市场，拓展省外市场，延长产业链条。

（二）以企业技术改造提升工业发展质量

做好化解过剩产能违规项目备案、环评、用地审查等工作，出台差别化电价政策，加快淘汰落后产能和技术改造升级，通过政策引导、法律约束、行政手段督促等，完成 27 万吨淘汰落后产能，省内 32. 5 复合水泥产品比例下降 50% 以上，完成 1196 台电解槽技术改造。推进铝水直供，电解铝产能就地转化比例70%以上，高附加值产品比例45%以上。改造升级钢铁、有色、装备制造等行业，倒逼企业完成余热余压技术改造，使技术装备水平和产品质量、原材料消耗、能耗、水耗、污染物排放等指标达到国内先进水平。加快整合重组，在水泥、铁合金、光伏等行业形成一批企业集团。

（三）以重点项目建设构筑特色产业集群

以15个重大产业基地建设为载体，突出龙头带动和填平补齐项目建设，构建完整产业链条。培育战略性新兴产业，支持多晶硅、单晶硅、切片、光伏组件规模化、一体化建设，拉长产业链条，建设全国重要光伏产业基地。支持盐湖碳酸锂、磷酸铁锂正极材料、锂电池负极材料、储能电池等项目建设，打造千亿锂电池产业集群。支持金属镁一体化、盐湖资源综合利用等项目，加快形成盐湖化工产业集群。支持煤制烯烃项目，加快形成煤焦化及精深加工、甲醇、烯烃产业集群。以铬盐清洁生产技术为切入点，形成铬铁合金、铬盐、铬系不锈钢、新型建材为一体的产业集群。支持高档电解铜箔、蓝宝石、光纤预制棒、LED显示屏等项目建设，加快形成信息产业集群。支持铝板带箔、铝合金轮毂、镁铝合金等项目建设，加快形成金属合金产业集群。通过努力，尽快建成一批抢占制高点、扩大优势规模、带动产业升级的关键项目，促进多产业融合发展。

（四）以企业为主体大力推进科技创新

以100个重大技术进步、50个技术创新项目为载体，发挥企业主体作用，开展产学研结合，建设铜箔、锂电极材料、中藏药等技术研究中心，到年底硅材料工程技术研究重点实验室、锂电池工程技术研究中心投入使用。实施铝精深加工、蓝宝石、碳材料、生物资源提取及分离等技术攻关，突破一批有色金属采、选、冶、化、深加工以及共伴生矿深度利用等关键核心技术。

（五）以两化深度融合创新工业发展模式

加大基础设施投入，2014年完成信息通信基础设施投入105亿元；到

2015 年城市、农村宽带接入能力基本达到 20Mbps、4Mbps，3G/4G 用户普及率达到 40%。在盐湖化工、油气化工、冶金有色、装备制造、轻工纺织、食品医药等行业选择代表性企业，建立以信息技术应用和服务为主要内容的两化深度融合评估体系，支持一批效益显著、成长性好、示范推广效应突出的项目。围绕工业、农业、交通、医疗、环保、电网、旅游、城管、物流、家居 10 个重点领域，实施 35 项物联网应用示范工程，推进物联网在青海省经济和社会发展重点领域的渗透和融合。培育发展信息产业，支持软件企业参与企业生产过程控制、工艺设计制造、管理信息化等软件研发应用，加快电子级晶硅片、蓝宝石外延片、集成电路、电子元器件等电子信息制造业发展。

（六）以简政放权营造良好的发展环境

继续简政放权，在西宁、海西开展收费清单模式管理试点，推行网上行政审批。出台《减轻企业负担工作的意见》、《贯彻落实〈国务院关于进一步优化企业兼并重组市场环境意见〉的实施方案》，为企业减负松绑、优化环境。关注国家财税、金融、科技、资源性产品价格等领域改革，稳妥推进工业领域各项改革。坚持问题导向，帮助企业做好市场开拓、人才培训、产品开发，协调解决项目建设、企业发展、要素保障等方面的问题，细化落实有关政策，提升企业发展信心。

B.4

2014年青海地税税收收入运行情况分析及2015年税收形势预判

杨菱芳　杨素珍　张之发*

摘　要：近年来，受全球经济运行复杂多变的影响，青海省以资源开采为主导、以投资为主要拉动力的较为单一的经济结构受到较大冲击，经济税收阶段性显现下行趋势，全省税收收入趋向一改连续高增长态势，税收增幅出现回落，地方财政预算收入形势较为严峻。如何凭借阶段性经济发展趋势及未来地方税源变化，科学研判地方税收发展，不仅是税务部门探究地方税收可持续发展的主要内容，也是税收规划和决策过程中不可或缺的重要环节。

关键词：青海经济　地税收入　重点税源　可持续发展

自2012年下半年以来，全球经济发展开始趋缓，市场需求严重不足，特别是主要工业品价格跌至低位徘徊，企业经营困难，利润大幅下降，为税收增长带来了压力。青海省全年税收增长了20%，增速较2011年下滑了14.9个百分点。2013年经济形势延续了回落态势，全省主要经济指标较上年均有所下滑，如生产总值增长10.8%，固定资产投资增长25.2%，规模以上工业增

* 杨菱芳，青海省地方税务局副局长，研究方向：财税经济；杨素珍，青海省地方税务局计划财务处副处长，研究方向：财税经济；张之发：青海省地方税务局计划财务处主任科员，研究方向：财税经济。

加值增长了12.6%，增速分别比上年回落了1.5个、8.7个和2.4个百分点，工业企业实现利润比上年下降8.9%。在异常严峻的收入形势下，全省地税税收收入152.5亿元，同比增长23.7%，为全省经济社会发展做出了贡献。2014年，青海省政府下达省地税局税收计划增幅为15%。上半年，在经济发展继续下行、税收任务增大、结构性减税等减收因素增多的不利条件下，全省地税收入保持稳定增长，总体呈现平稳有升的显著特点。至6月底，全省地税实现税收收入90.93亿元，同比增长16.8%，完成年计划的52.56%，超收4.43亿元，实现了时间、任务“双过半”。

一 2014年上半年地税税收收入运行特点及主要增长因素

（一）多项税收指标位于全国前列，有力拉动了地方财政收入增长

2014年上半年，青海省税收延续了上年在全国排名靠前的良好态势，以16.8%的增幅在全国地税35个省（区、市）排第4位，在西部12省（区、市）排第1位，比全国总税收增幅高8.6个百分点，比全国地税增幅高6.9个百分点（见图1）。上半年，全省完成地方级税收收入79.92亿元，同比增收13.32亿元，增长20%，占全省地方财政收入（完成127.6亿元，增长13%）比重的62.7%，同比提高了3.7个百分点，对其增长贡献了90.6%，拉动增长11.8个百分点，是青海省地方财政收入增长的主要拉动力。

（二）税收超经济增长，非即期收入因素抬高了税收增幅

2014年上半年，青海省完成地区生产总值966.47亿元，按可比价增长10.2%，由此计算宏观税负为9.41%，税收弹性为1.91，已处于历史高位，剔除非即期收入后，税收弹性为1.05，实际宏观税负达8.79%，比上年全年宏观税负提高了1.53个百分点。税收超经济增长，非即期收入是增长主因。各地采取多种增收措施，如清理缓征欠税、对部分行业进行专项检查

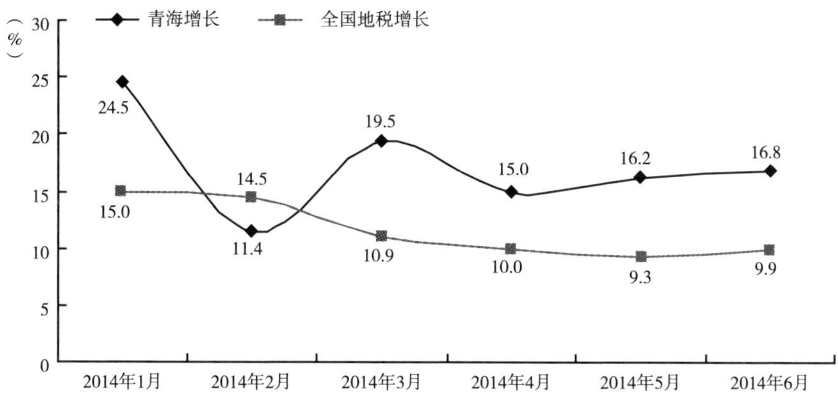

图1　2014 年 1～6 月份青海与全国地税增幅比较

等，使非即期收入接近 6 亿元，贡献了 45.4% 的税收增量，拉动上半年税收增长 7.62 个百分点。剔除此因素后，全省税收实际增幅只有 9.2%。

（三）主体税种有增有减，地方小税种增势强劲

从 2014 年上半年青海地税收入运行情况看，12 个税种呈现“一降十一升”的总体态势。除企业所得税下降 13.7% 外，其他税种均呈现增长趋势。其中，主体税种营业税、个人所得税、资源税和城市维护建设税分别增长了 15.8%、17.8%、19.1% 和 27.6%，共计增收 9.81 亿元，对税收增长贡献 75.1%，拉动税收增长 12.6 个百分点。营业税建筑安装、金融保险、房地产课征环节共增收 7.48 亿元，拉动营业税增长 21.9%；个人所得税主要是工资薪金所得增长 30.3%，有力地支撑了税收增长；资源税中原油、天然气、原盐、天然卤水资源税共增收 1.96 亿元，拉动资源税增长 21.6 个百分点；城市维护建设税累计入库 6.85 亿元，同比增收 1.48 亿元，增长 27.6%，对税收总增长贡献 11.3 个百分点；其他各地方小税种以小补缺，阶段性再度呈现强劲的增长态势。其中，耕地占用税、土地增值税、土地使用税、房产税、车船税、契税增幅达 51.9%，对税收增长贡献了 36.3%。特别是耕地占用税入库 2.61 亿元，同比增收 1.84 亿元，增长了 2.39 倍，对税收增长贡献率达到 14.1%。

（四）部分地区税收增收带动全省增长明显，重点行业和重点企业贡献突出

近年来，税收重点地区海西州由于主要依赖资源型工业的发展支撑，受市场需求不足、重点产成品价格下滑等因素影响，税源严重不足，税收收入持续下降。2014 年上半年降幅为 10.8%，只完成年度计划的 42.26%。全省地税能够达到时间任务“双过半”，主要依靠西宁、海东和省局直属局 3 局增收的支撑，3 个地区共计实现税收增收 12 亿元，贡献了全省税收增长额的 91.9%，带动税收增长 15.4 个百分点。从重点行业和企业看，工业、建筑业、房地产业和金融保险业四大行业共入库税款 75.91 亿元，占全省税收的比重为 83.5%，共计增收 13.6 亿元，对全省税收增长贡献了 104.1%。上半年，全省税收缴纳千万元以上重点企业达到了 83 户，缴纳税款 31.07 亿元，比 2013 年全年增收 4.07 亿元，占税收总收入的 34.17%，拉动税收增长 5.23 个百分点，对全省税收增长贡献了 31.16%。同时，政策调整显现效应，涉及“营改增”的交通运输业下降了 61.7%，住宿餐饮业在当前社会大环境影响下持续减收，下降了 2%。

（五）多措并举堵塞漏洞促增收

一是凭借完善项目税收管理台账、加强大企业专业化管理、开展数据分析和风险排序、强化纳税评估和各单项税种管理，进一步夯实了征管基础，增强了堵漏能力；二是开展城镇土地使用税“以地控税”工作，城镇土地使用税增长了 38.1%；三是通过“存量房交易系统”，实现房地产税收“一体化”以及加强“二手房交易”税收有效控管，房地产营业税、契税分别增长了 27.9%、40.3%；四是坚实推广“个人所得税管理系统”，通过网上申报，方便了纳税人，从源头规范了个人所得税代征和扣缴单位的报税行为，提高了申报的全面性和准确性，使得工资薪金所得收入增长 30.3%；五是通过对房地产业、建安业实施税收专项检查，开展重点专项整治，上半年共查补税款 2.08 亿元，入库税款 1.93 亿元，同比增长 2.37 倍，占税收

收入的2.13%。其中，开展房地产企业自查专项活动，查补各项税款1.61亿元，已入库1.51亿元。

从地税部门多措并举、堵塞漏洞、狠抓收入工作绩效结果分析，收入总体增长首先得益于全省经济总体平稳发展的态势。2014年上半年，首先，全省地区生产总值、固定资产投资、社会消费品零售总额、工业增加值分别增长了10.2%、24.1%、13%、11%，增幅均位居全国前列。全省经济平稳发展的态势，为组织收入工作创造了良好环境，支撑着各项税费收入的稳步增加。其次，得益于准确预测经济形势，提出切实可行的目标任务。按照地区、税源、税种分类，在开展了大量扎实有效的前期工作的基础上，确定全年全盘税收任务，并根据各地区经济税收形势，统筹合理分解税收计划，实现了“以丰补歉，以小补大，以强补弱，以多补少”，为顺利完成上半年收入任务奠定了坚实的基础。最后，得益于各项有力措施坚决落实。一是抓好“三个重点”即重点地区、重点税源、重点企业征管工作。二是抓清欠，查违法。三是挖潜增收，注重小税种征管工作。四是积极落实改革举措，向改革要税收，从改革提质量。五是加大纳税服务工作，提升纳税服务水平。始终坚持纳税服务“全局、全体、全过程”的工作原则，通过深入开展“便民办税春风行动”，提升了工作软实力，服务工作上了一个新台阶。六是抓征管质量工作，将经济形势的不利因素变为检验和改进税收征管质量的机遇，通过加强调研摸底，开展征管质量交叉检查，发现工作问题，找出解决对策。

二　2014年下半年及2015年税收收入形势展望

（一）2014年全年收入形势展望

2014年要完成全年173亿元的税收任务还存在诸多不确定性因素。全省收入龙头地区海西州缺口达10多亿元，玉树州由于灾后重建项目基本完工将比上年减收1个多亿，其余地区难以弥补，这是1994年机构分设以来首次出现任务缺口现象；加之地税部门落实“营改增”政策，全年产生了7.2亿元任务缺口，全省整体税收任务增长率提升到19%；另外，结构性减税力度加大，落实优惠政策与保增长的矛盾突出。综合考虑地区、税种、行业间收入情况，预计全年能够实现税收收入169亿元，比上年增长10.9%，相比于税收任务仍存在4亿元的硬缺口。

（二）2015年税收收入增长预期及因素分析

在对2015年收入预判过程中，我们选用时间序列分析模型对2015年青海省地税收入进行增长趋势分析。

利用时间序列分析模型进行税收预测主要优点在于：它不依赖于任何经济指标，只使用历史税收收入即可进行预测；但是它也有一定的局限，即假定历史上没有发生大的税制变动及政策调整，经济发展不发生大的变动且能够保持稳定增长的前提下进行预测。

依据2007～2014年青海省地税收入进行趋势预测，直线趋势方程的一般形式为（主要使用最小二乘法）：

$$\hat{Y}t = a + bt$$

测算结果显示：2015年税收收入预测值为186.6257亿元，税收增长率为10.4%。2015年税收收入增长预期仍不容乐观。目前，全球经济发展回暖迹象不明显，国际国内形势复杂多变。2014年全省诸如地区生产总值、工业企业利润、全社会固定资产投资等重要经济指标预期均比往年有所回落，特别是市场需求严重不足，主要工业品价格连续29个月下降，跌至历史低位，工业企业经营困难、利润下滑、亏损面扩大，为2014年乃至2015年的税收增长带来了困难。

1. 税收增长宏观动力不足

当前全球经济运行形势依然严峻，我国经济发展正处于增长速度换挡期、结构调整阵痛期和前期刺激政策消化期的“三期叠加”阶段，面临的经济发展局面依然复杂。青海经济特别是海西经济受国内上下游相关产业发展影响较大，在当前和今后一段时间内中低速发展将是常态。受经济发展的影响，短期内税源增长基础不够稳固，税收增长动力不足。从产业发展看，上半年青海省地税二、三产业收入比重为57.1∶42.8，与全国地税同期30.3∶69.4的结构对比，第二产业比重之高在全国地税居于首位，第三产业比重偏低，发展尤显不足，抗风险能力较小，在经济下行压力较大的宏观环境下，严重影响了后续税收的增长。

2. 投资带动税收增长效应减弱

多年来，支撑青海省地方税收增长的主要拉动力——固定资产投资虽然仍保持了高增长，但增速已逐渐放缓，从2012年的33.9%下滑到2013年的25.2%，2014年上半年增幅下降到24.1%（见图2）。同时，随着投资结构和方向的调整，投资与税收的关联度已大大减弱。据综合测算，设备投资、免税投资等非税投资约占投资总额的40%，并有继续增加的趋势，特别是工业投资、光伏电站、农网改造等项目应税投资比重仅占总投资的10%～20%，投资对税收增长的贡献力已明显减弱。

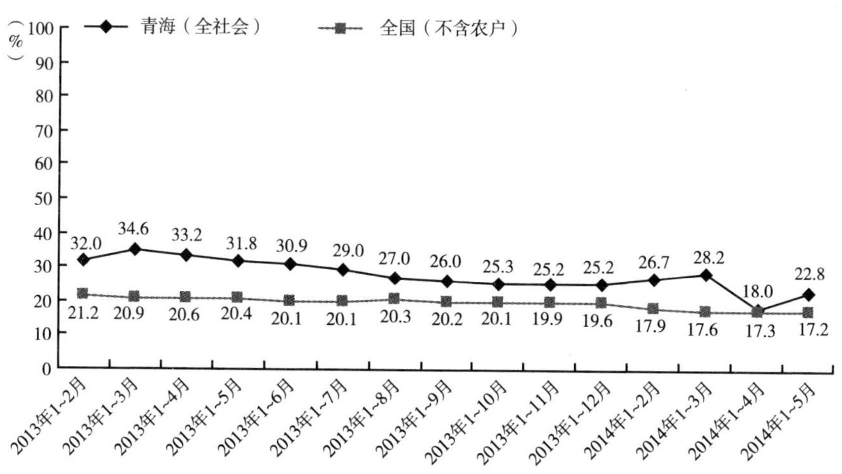

图2　固定资产投资累计增速（2013年1～2月至2014年1～5月）

3. 企业效益下滑造成企业所得税减收

全省工业企业发展质量不高、创税能力不强，工业品价格连续29个月下滑，直接影响到企业所得税、城市维护建设税等征收工作，特别是企业所得税占比较大的海西州组织收入工作难度加大。2014 年 1 ~5 月，全省 500 户规模以上工业企业实现工业增加值 365. 63 亿元，同比增长 10. 8%；而亏损企业户数达 248 户，亏损面达 49. 6%，利润总额为 25. 06 亿元，同比下降 33. 8%，导致上半年企业所得税同比减收 1. 64 亿元，拉低税收增幅 2 个百分点。2014 年下半年和 2015 年，若全省主要工业企业效益未出现改观，将严重削弱企业创税能力，直接影响税收增长。

4. “营改增”扩围造成收入缺口大

我国营业税改征增值税工作采取分步实施的办法，条件成熟一批推行一批。按照国家税务总局的统一安排，青海省已将交通运输业（含铁路运输）、部分现代服务业、邮政服务业、电信服务业纳入了“营改增”范围，目前向省国税部门移交了 3057 户纳税人基本信息，2014 年减收税收收入 7. 2 亿元。如果按国家税务总局“十二五”规划要求，至“十二五”末期将金融保险、建筑安装等纳入“营改增”政策范围，那么地税所辖第一大税种营业税将消亡，预计地税部门将减少 45% 左右的税收收入。

5. 落实结构性减税相应减少税收

落实税收优惠政策加大了短期内保持税收增长的难度。新一轮西部大开发、支持小微企业发展、提高个体户起征点、支持就业创业等结构性减税优惠政策的落实，使 2013 年共计减免税收 24. 2 亿元，占税收比重的 15. 9%。2014 年以来，为促进经济社会发展，国务院相继出台多项“微刺激”政策，结构性减税政策力度进一步加大（如小微企业所得税减半征收），短期内势必会加大税收增长的难度，落实优惠与保增长的矛盾在今后将更为突出。

6. 海西、玉树减收制约全省收入增长

2014 年上半年，海西、玉树两地受工业经济持续下行、灾后重建主要项目结束的影响，税源严重不足，收入均出现下降。海西州主要以资源型工业为主，其企业所得税约占全省企业所得税的 70%，资源税占到

全省的96%以上。经2013年多次税源调查，当前海西州主要工业品产品如钾肥、有色金属、煤炭等价格均处于历史低位，加之上年清理缓征等非即期税款较大，造成基数过高，2014年海西州企业所得税增长乏力，缺口主要体现在该税种上，上半年累计入库4亿元，同比下降52.62%，减收4.45亿元。其重点企业青海盐湖工业股份有限公司、格尔木藏格钾肥有限公司减收额均在1亿元以上。海西州收入规模自2008年超过西宁市后一直稳居全省首位，而2014年上半年入库税款25.98亿元，同比减收3.12亿元，收入规模落在西宁之后，降到第二位，同比下降10.8%，歉收近5亿元；玉树州上半年税收同比下降了24.9%，两地区共减收3.52亿元。由于当前海西经济回暖迹象不明显、玉树州灾后重建项目结束，预计2015年仍会延续收入下降的趋势，从而制约着全省税收收入的增长。

三 政策建议

2014年、2015年在税收政策保持稳定的前提下，要使年增幅均保持在两位数以上，全省地税部门要始终坚持“目标任务不动摇，征收管理不懈怠，依法征收不折腾，坚决不收过头税”的基本原则，做好统筹安排，既要看到严峻的形势，增强危机感、紧迫感、责任感，又要看到经济税收运行中出现的积极变化，坚定完成收入目标的必胜信心。

（一）坚持组织收入原则

各级税务机关必须一如既往地坚持组织收入原则，要牢牢把握以人为本、统筹兼顾的征税思路，紧紧抓住实事求是的工作关键点，贯穿科学发展观的税收理念和做好本职工作的责任理念，要遵循经济税收发展的客观规律，既要防止有税不收，又要坚决制止收过头税、不落实税收优惠政策等虚收行为。在当前经济税收严峻复杂的形势下，更要不折不扣地落实好国家出台的各项税收优惠政策，特别是支持小微企业发展壮大的税收政策。坚决制止收过头税行为，严禁空转、虚收等行为，积极向党委政府及财政部门汇报经济税收情况，争取理解和支持，为全省经济社会的持续稳定发展做出积极贡献。

（二）深化税收分析预测

继续坚持在税收分析中按照分地区、分税种、分行业进行科学分析的手段，准确研判，摸清底数，做到心中有数，把握组织收入的主动权。各级税务机关要研究建立完善的税收风险分析机制，充分挖掘数据价值，在宏观、中观和微观 3 个层面，加强分析，深入查找薄弱环节和风险点；要紧紧抓住几个重点，即重点税种、地区、行业和企业的监控和分析，重点地区、重点税源、重点企业的征管工作。针对海西州、西宁市和其他地区税收占总收入比重的三分格局，重点抓住海西等缺口较大地区的收入工作。同时，狠抓营业税、企业所得税、个人所得税、资源税、城市维护建设税 5 个重点税种和年纳税款超过 1000 万元的 130 个重点企业、14 个重点项目的税收监控，做到“以丰补歉，以大补小，以强补弱，以多补少”。通过税收分析发现和查找征管工作中的异常点和薄弱点，指引税收征管工作方向；运用科学方法准确预测收入走势，掌握组织收入的主动权，制定组织收入应对预案，统筹规划组织收入工作，努力实现收入目标。

（三）提升税源管理水平

认真落实好各项征收管理措施，要善于抓特点、找原因、定措施、抓落实、堵塞税收漏洞。要充分发挥现代科技手段的作用，积极推进部门信息共享，大力实施管理创新，不断挖掘新的增长点，依靠打击违法增收、堵塞漏洞增收、科技管理增收，努力减少税收流失，实现税收收入稳定增长。强化税收征收管理，抓征管质量工作。积极落实总局部署的各项堵漏增收措施，如推进农产品增值税进项税额核定扣除办法，加大土地增值税清算力度，加强企业所得税预缴工作，强化非居民税收管理，加强对高收入者的个人所得税征管。把经济形势的不利因素变为检验和改进税收征管质量的机遇，通过加强调研摸底，开展征管质量交叉检查，发现工作问题，找出解决对策。特别是针对收入异常地区征管质量薄弱的问题，督促整改，有力促进全省征管质量的总体提升，为使地税收入保持稳定增长做好保障。要加大税务稽查力度，严厉打击各种涉税违法行为等，稽查局加大稽查力度，查处涉税违法案件，发挥规范税收秩序、促进征收管理、增加税收收入的积极作用。

（四）加强调研，关注改革

紧跟改革步伐，密切关注改革措施推进，做到提前着手、及早准备、积极应对，顺应税制改革工作的总体要求，积极落实改革举措，向改革要税收，以改革提质量。一方面，认真落实国家层面改革政策，紧紧关注“营改增”推进工作、煤炭资源税计税从价改革工作。另一方面，积极探索青海省相关改革措施，根据国家税目改革，对光伏产业征收矿产企业土地使用税和地表固体盐征收资源税工作向省政府提出意见建议。通过“以地控税”推广实施，取消、下放、公开行政审批项目等手段，有效提升税收管理工作水平，实现征收管理工作的现代化，体现科学化、精细化、规范化的工作理念和服务理念。要加强与当地党委、政府、相关部门的沟通协调，取得地方政府支持，获得相关部门协助，形成协税、护税、助税的良好工作格局。提高征管质量和纳税服务水平，提升工作软实力。

（五）认真落实税收优惠政策

要高度重视结构性减税政策的落实，各项税收优惠政策对区域经济和地方社会的持续稳定和和谐发展更有着极其深远的现实意义。从近几年落实情况看，诸如西部大开发等促进区域发展政策、鼓励高新技术、支持小微企业发展、改善民生政策（如提高工资扣除标准、再就业、社会保障、提高起征点、下调个体工商户附征率、支持农业、游牧民定居）等每年减免税收约占税收收入的15%。虽然从抓收入的角度分析，诸多的税收优惠政策直接减少了税收收入，潜在影响着全省一段时间地方税收收入的增长空间，但从地方经济可持续性和税收长远发展来看，“放水养鱼”、“培植地方税源”、“保稳定、促民生”，对支持地方经济又好又快发展发挥了不可替代的作用，也为未来青海经济发展孕育了潜在的税收活力。

B.5

包容性金融支持青海发展的总体思路及对策建议

郑 锋 韩涌泉 龚剑锋*

摘 要： 在中共青海省委十二届五次全体委员会上，青海省委对今后一段时间的金融工作明确做出“健全金融市场体系，发展包容性金融”的工作部署，为全省金融工作指明了发展方向和目标要求，发展包容性金融有助于进一步加强金融支持青海实体经济和改善民生。本文尝试明确包容性金融支持青海经济社会发展的总体思路，分析2014年包容性金融支持青海经济社会发展的现状，提出相关对策建议，并初步预测了2015年包容性金融支持青海经济社会发展的有关情况。

关键词： 包容性金融 青海发展 总体思路 对策建议

包容性金融是联合国在2005年宣传国际小额信贷年时率先使用的名词，是指通过完善金融基础设施，以可负担的成本将金融服务扩展到欠发达地区和社会低收入人群，向他们提供价格合理、方便快捷的金融服务，不断提高金融服务的可获得性。

---

* 郑锋，人民银行西宁中心支行行长、高级会计师；韩涌泉，人民银行西宁中心支行办公室主任、高级经济师；龚剑锋，人民银行西宁中心支行办公室副主任、经济师。

一 包容性金融支持青海发展的总体思路

当前，青海正处于经济转型升级的关键时期，需要进一步强化金融的支撑能力，优化金融资源配置。在这种背景下，大力推动包容性金融促进青海经济社会发展，通过设立清晰、合理、有效的包容性金融战略目标，使金融改革与发展成果更多惠及广大人民群众和经济社会发展薄弱环节，是贯彻落实十八届三中全会、青海省委十二届五次全会和2014年青海省金融工作会议精神的具体措施，既有利于实现当前稳增长、保就业、调结构、促改革的总体任务，也有利于促进社会公平正义，具有积极的现实意义。

（一）指导思想

按照“坚持正确方向、全面深化改革、奋力打造三区、建设全面小康”的战略目标，坚持市场配置金融资源的改革导向，牢牢把握金融服务实体经济的要求，将包容性金融作为青海经济转型升级的重要引擎，让广大人民群众共享金融改革和发展的成果，为全省经济社会全面协调可持续发展提供充分的金融支持。

（二）基本原则

一是市场化原则。坚持市场配置金融资源的改革导向，运用市场化手段解决金融运行中的深层次矛盾，提升金融运行效率和服务实体经济水平。二是包容性原则。构建全方位的金融服务网络，将金融服务扩展到欠发达地区和社会低收入人群，促进城乡金融服务均等化，让包容性金融的阳光惠及广大群众。三是服务性原则。加大对“三农”、中小微企业等领域的金融支持，全面提升包容性金融水平，进一步强化金融的支撑能力。四是可持续原则。坚持包容性金融与风险防控相结合，坚持市场化运作与履行社会责任相结合，金融业实现可持续发展，确保长期提供金融服务。

（三）总体目标

坚持市场配置金融资源的改革导向，以经济转型升级为主线，以发展包容性金融为目标，推动全省金融业改革发展，以此构建更具竞争性和包容性的金融服务，使广大人民群众共享改革和发展的成果。一是稳步扩大社会融资规模，不断满足经济社会日益增长的多样化金融需求，实现间接融资和直接融资“两条腿走路”的格局。二是发展普惠金融，构建多层次金融服务体系，以可负担的成本使广大人民群众尤其是边远地区农牧民享受到便捷、高效、安全的金融服务。三是激发金融机构的市场主体活力，形成市场配置资金的良好机制和环境。引导和规范民间资本进入金融服务领域，提升金融支持地方经济发展的能力。四是增强金融业抗风险能力，切实维护金融消费者的合法权益，牢牢守住不发生系统性和区域性金融风险的底线。

二　2014年包容性金融支持青海发展的现状分析

（一）快速增长的社会融资规模为青海发展提供了较为充裕的资金总量供给

2014 年上半年，全省社会融资规模 915.5 亿元，较上年同期多增 335.1 亿元，同比增长 57.7%。其中：人民币贷款 457.2 亿元，占 49.9%；信托贷款 302.1 亿元，占 33.0%；债券融资 74.7 亿元，占 8.2%。青海省社会融资规模增速高于全国平均水平（上半年全国社会融资规模 10.6 万亿元，同比增长 4.8%）52.9 个百分点。其中，各项贷款余额 3995.3 亿元，比年初增加 476.2 亿元，同比多增加 161.6 亿元，增长 25.4%；1～6 月，全省保险市场实现原保费收入 26 亿元，同比增长 19.5%，增速同比回落 8.3 个百分点；辖区 10 家上市公司总股本 75.8 万股，同比下降 15.6%，总市值 693.7 亿元，同比下降 3.6%；辖区证券经营机构累计代理交易额 429.5 亿元，同比增长 6.2%，客户数 17 万户，同比增长 3.6%；全省企业利用债务

融资工具在银行间市场实现直接融资 52.7 亿元，发行企业债 22 亿元，累计实现直接融资 74.7 亿元。

（二）不断加大的信贷结构调整为青海薄弱环节和民生领域提供了切实的资金保障

2014 年上半年，青海各银行业金融机构积极调整信贷结构，准确把握信贷投放重点、难点，进一步加大了对薄弱环节和民生领域的支持力度。一是对薄弱环节的资金保障方面，涉农贷款余额 1465.7 亿元，在各项贷款中占比近四成（37.8%），较年初增加 140.8 亿元，同比多增 11.4 亿元，同比增长 28.2%，高于全省平均贷款增速 3.7 个百分点。金融支农、惠农、助农和强农措施落到实处，较好地满足了春耕备耕生产和特色经济、有机畜牧业、生态旅游等农牧业经济发展的信贷资金需求。小型企业贷款余额 520.8 亿元，同比增长 26.6%；微型企业贷款余额 75.8 亿元，同比增长 25.1%，均高于全省平均贷款增速，有力地支持了小微企业发展。全省民贸贴息贷款余额 11.1 亿元，贴息 731.9 万元，同比增长 68.6%，民贸企业得到有效扶持。二是对民生领域的资金保障方面，全省个人消费贷款余额 226.7 亿元，同比增长 24.3%；各类助学贷款余额 4.8 亿元，同比增长 19.1%；下岗失业人员小额担保贷款余额 3.4 亿元，同比增长 45.5%，其中微利担保贷款余额 2.8 亿元，占 82%。累计发放妇女小额担保贷款 1.2 亿元，支持了近千个妇女创业项目。信贷支持助学、就业、再就业工作深入推进，服务民生的理念得到较好体现。此外，全省保障性住房开发贷款余额 134.6 亿元，同比增长 236.4%，是贷款增长最为迅速的领域，为青海保障房建设特别是棚户区改造提供了有力的资金支持。

（三）国家政策扶持强化青海扶贫开发金融服务工作

2014 年 3 月 25 日，人民银行等七部委共同下发了《关于全面做好扶贫开发金融服务工作的指导意见》，明确“对贫困地区县内一定比例存款用于当地贷款考核达标的、贷款投向主要用于‘三农’等符合一定条件的金融机构，其新增支农再贷款额度，可在现行优惠支农再贷款利率上再降1个百分点”。2014年上半年，青海省22个达标县享受此项优惠政策，有效降低了县域法人金融机构涉农资金成本，增加金融惠农空间。全省人民银行发放支农再贷款52.2亿元，同比增长30%；累计发放流动性再贷款50.5亿元，同比增长258%；发放支小再贷款3.5亿元；累计办理再贴现19.4亿元，同比增长330%。上半年，全省人民银行按照人民银行总行“定向降准”的政策安排，对青海省内6家符合条件的地方法人金融机构进行了定向降准，两次定向降准累计释放资金近2亿元，增加了可用资金；更重要的是扩大了金融机构乘数效应，增强了金融服务“三农”和中小微企业的能力。

（四）多层次金融服务体系提高了青海农牧民享受金融服务的可获得性

一是金融消费权益保护逐步强化。在边远落后地区设立“金融消费权益保护工作点”，推动辖区金融机构盲点区域金融消费权益保护工作的开展，在全省范围内开通了“12363”投诉咨询电话，为金融消费者的权益保护提供了有效的平台和途径。

二是农牧区支付环境建设不断改善，为农牧民倾力打造“家门口的银行”。2014年上半年，青海省批准新设“代理商户+银行卡+POS机”模式的金融服务点410个，其中9个设在海拔4000米以上的藏区，实现了153个银行网点空白乡镇基础金融服务全覆盖，使边远地区农牧民享受到了安全、便捷的金融服务。推动票据、银行卡等非现金支付工具的普及运用，严格落实银行账户实名制，二代支付系统正式上线，为青海经济社会发展提供了安全、稳定的支付结算环境。

三是社会信用体系建设持续深化。按照青海省委全面深化改革领导小组的工作部署，进一步推进金融生态环境建设。截至2014年6月底，征信系统共为全省21330户企业和371.8万个自然人建立了信用档案。全省累计纳入中小企业信用档案4099户，全省60.8%的农户有了信用档案，较年初增长了6.5%，各地涉农金融机构对6.8万户信用户让利3768万元。

四是国库业务服务水平显著提升。人民银行西宁中心支行针对少数民族群众手中持有的长时间（最长近30年）未兑付的沉淀国债问题，深入到全省边远农牧区开展清查兑付活动，全部兑付了青海省大金额“冬眠”国债。会同省国税部门解决玉树州横向联网上线测试工作，实现了全省财税库银横向联网全覆盖。突出国债投资服务农牧民的公益性，国债下乡得到有效推动，不断提高青海农牧民享受金融服务的可获得性。

五是金融信息化服务逐步推广。截至2014年6月底，全省发行金融IC卡223.7万张，占全省银行卡的比重超过20%。全省市州银行卡发卡工作推进顺利，电子商务汇票、手机银行试点推进顺利。将海西州格尔木市、海南州、海北州确立为全国金融IC卡在公共服务领域应用的试点城市。

六是现金流通环境显著改善。坚持假币“零容忍”，在各地尤其是边远落后地区设立反假货币工作站，为广大牧区营造安全可靠的现金使用环境。加快冠字号码查询工作，在全省藏区取款机全部实现冠字号码可查询。

七是金融服务涉外经济发展快捷便利。全面落实货物贸易、服务贸易外汇管理等重点领域改革措施，简化企业贸易收支业务流程，将原来20个工作日内完成的行政许可审批业务缩短至1天办结。积极推进跨境人民币业务，有效组织并积极推动省内银行以及进出口企业开展跨境人民币结算业务，为企业较好地规避汇率风险、节约汇兑成本、拓宽结算和融资渠道发挥了积极作用。2014年上半年，全省累计办理跨境人民币结算业务63.8亿元，同比增长84%。

（五）金融消费成本逐渐下降

2014年上半年，监督部门开展银行业收费专项检查，责成有关银行清退了多收误收的不合理收费。指导银行业机构执行“惠企减负”、“让利于企”的政策，减轻财务负担。2014 年以来，各机构通过利率适当下浮等措施，降低企业融资成本，优惠减息额达 4.01 亿元。从监测的人民币贷款加权平均利率来看，1 ~6 月贷款利率整体平稳，各期限贷款利率较上年同期和年初略有上升，但二季度贷款利率较一季度环比略有下降。与全国相比，青海省贷款加权平均利率水平低于全国 30 ~50 个基点[①]（见图 1）。

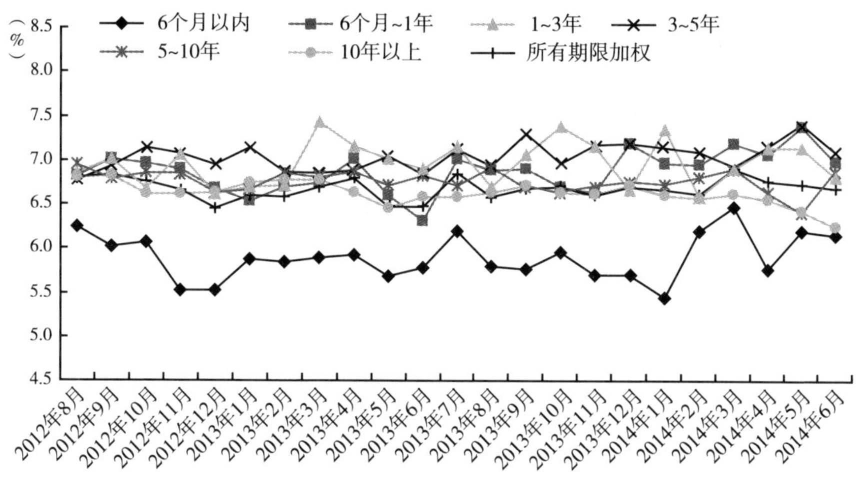

图 1　2012 年 8 月至 2014 年 6 月各月人民币各期限贷款利率走势

（六）金融机构稳健运行

2014 年上半年，青海省金融体系整体保持稳健。从宏观经济看，虽然全省主要经济指标增速全面、连续回落，但仍高于全国平均水平，部门民生指标相对稳定且有所改善，经济增长内生性提高，发展的协调性、均衡性增强，为区域金融运行提供了良好环境。从银行方面看，银行业金融机构资产规模和赢利水平较快增长，不良贷款实现双降；证券期货机构经营稳健，上市公司业绩提升，直接融资比例扩大；保险业发展态势良好，市场成熟度稳步提高。

① 基点：利率监测常用单位，1 个基点为 0.01%，用 bp 表示。

三　2015年包容性金融支持青海经济社会发展的初步预测

（一）青海省金融服务的可获得性增大

随着青海省全面深化改革的不断推进，2014 年 4 月省政府出台了《关于印发〈青海省深入推动金融改革发展的若干政策措施〉的通知》，提出提升农牧区金融服务水平、金融扶贫开发试点工作的具体政策措施，充分发挥财政资金对金融业发展的杠杆撬动作用。并将出台《青海省社会信用体系建设规划纲要（2014～2020 年）》，建立市场主体信用信息公示平台，青海省金融基础环境将极大改善。

（二）金融服务的多样性增加

随着惠农金融服务点、手机银行、互联网金融、金融 IC 卡多应用等现代服务手段在广大农牧区的推广使用，农牧民获得金融服务的途径增多。随着林权抵押贷款、土地流转经营权抵押贷款、农房抵押贷款等金融创新产品在青海的试点推广，全省农牧民将获得更多的金融服务支持。

（三）银行基础服务费用呈下降趋势

2014 年 8 月，全国银行业金融机构将执行《商业银行服务价格管理办法》和《商业银行服务政府指导价政府定价目录》，涉及个人跨行柜台转账汇款手续费等 13 项客户普遍使用的银行基础服务将实行政府指导价，广大农牧民享受银行服务的成本进一步下降。

（四）部分中小企业存在融资成本上升的问题

据人民银行西宁中心支行利率监测，从贷款利率浮动区间看，截至 2014 年 6 月末，大型企业获得下浮利率、基准利率、上浮利率的贷款占比分别为17.7%、56.5%、25.8%；中型企业为5%、27%、68%；小型企业为8.5%、28.7%、62.9%。由此看出，利率上浮幅度与企业规模成负相关，并且大型企业获得下浮利率贷款的比例逐年上升，中、小型企业获得下浮利率贷款的比例在逐年下降。因此，尽管青海省总体利率水平低于全国，但仍有部分中小企业会面临融资成本高的问题。

（五）维护金融稳定任务艰巨

受宏观经济形势变化、调控政策效应显现等因素叠加影响，银行业机构信用风险“双控”压力趋增，市场风险、操作风险呈增加态势；证券期货机构业务结构单一、创新能力不足问题仍然存在；保险业务非均衡发展问题依旧突出；金融市场利率上升且波动性增加，银行机构流动性管理难度加大，银行表外业务快速发展，跨市场、跨机构的交叉性风险逐渐显现，维护金融稳定的任务依然十分艰巨。

四　包容性金融支持青海发展的对策建议

当前和今后一个时期，金融部门要继续适应经济增速放缓的步伐，落实货币政策，深化金融改革，加大对薄弱环节和重点领域的支持，为经济发展破解难题，做好包容性金融支持实体经济的各项工作。

（一）贯彻落实稳健货币政策，推动地方经济持续健康发展

认真贯彻落实稳健货币政策，在“用好增量、盘活存量”方针指引下，通过改善和优化融资结构和信贷结构，增强金融服务实体经济能力，为经济结构调整和转型升级创造稳定的货币金融环境。银行业金融机构要加大对农牧业科技创新、节能环保、中小微企业、民生、就业等方面的信贷支持。同时，力争直接融资取得新突破，探索渠道多元化。支持符合条件的中小微企业发行短期融资券、中期票据和中小企业集合票据等新型债务融资工具。支持符合条件的农村合作金融机构加入银行间同业拆借市场和银行间债券市

场，吸引更多的金融市场资源服务青海社会薄弱环节。进一步规范民间融资发展，促进民间资本有序进入金融业，发挥好民间融资在扩大中小企业融资来源中的作用。

（二）不断深化金融改革，发挥市场在金融资源配置中的作用

一是深化金融改革，支持金融机构发展。认真贯彻落实党的十八大关于加快发展民营金融机构的决策部署，鼓励具备条件的民间资本依法发起设立民营银行，为实体经济提供必要的竞争性金融供给，解决部分基层地区和小微企业金融服务供给不足的问题。进一步提升金融机构公司治理水平，实现金融业可持续发展，确保长期提供金融服务。稳步培育村镇银行、农村资金互助社等新型金融机构，规范小额贷款公司、典当行、融资性担保公司等具有融资功能的非金融机构发展。二是创新金融产品和服务方式。鼓励金融机构运用现代科技手段，采用网络银行、手机银行等改进存款类产品、理财产品、支付结算等基础型金融服务。同时，按照“一县一品”的总体要求，继续推动农村金融产品和服务方式创新，开展农牧区流转土地草场承包经营权、收益权质押贷款试点，积极探索牛、羊、猪等活畜作为有效抵押资源。深化林牧业金融合作，深入推进林权、草场等抵押贷款业务，不断扩大农村贷款抵押担保物范围。

（三）落实外汇重点领域改革，进一步推进贸易便利化

一是提升金融外汇服务水平。进一步深化贸易投资便利化改革，优化业务流程，通过取消行政许可、简化单证审核等措施大力推进贸易便利化。鼓励外债投向“三农”、民生、基础设施建设领域，鼓励企业“走出去”，培育壮大“两个市场”，为“走出去”的企业提供综合性的金融服务，做好“环湖赛”、“藏毯会”等外汇服务指导工作。加大外币自动存取款机的市场投放，提升个人用汇便利化程度。二是推动金融机构全面开展跨境人民币结算业务。进一步简化跨境贸易和投资人民币结算业务流程，开展个人跨境贸易人民币结算业务，支持银行业金融机构与支付机构合作开展跨境人民币结

算业务，扩大跨境人民币结算总量，提高人民币结算在青海省跨境收付中的比重，为企业开展进出口业务规避汇率风险。

（四）发展包容性金融，鼓励和引导金融机构加大对经济社会发展薄弱环节的信贷投入

一是进一步加大对“三农”的金融支持力度。金融机构要进一步增加涉农信贷投放，推动高原特色农牧业的发展，改善农牧民的生产生活，拓宽农村抵押担保物范围，满足种养大户、家庭农场等新型农村生产经营主体的融资需求。二是进一步完善小微企业金融服务。各银行业金融机构对符合国家产业政策要求、有发展前景的小微企业，积极开展信贷支持，优化业务流程，提高服务效率，积极探索开发符合小微企业发展需要的专利产权、仓储货单、合同订单、动产、应收账款等新的贷款品种，鼓励政策性银行依托地方商业银行和担保机构，开展以小微企业为服务对象的转贷款、担保贷款业务。三是做好“民生”领域金融服务工作。金融机构要不断完善小额担保贷款管理模式，建立健全“小额担保贷款 + 创业培训 + 信用社区”的长效联动机制；积极探索高校毕业生、复转军人、返乡农民工自主或联合创办劳动密集型小企业的金融支持措施，逐步实现小额担保贷款向个人创业贷款的过渡。四是加大金融扶贫开发力度。各金融机构要研究制定金融支持贫困地区发展和扶贫攻坚的政策措施，探索建立适合青海特点的金融支持贫困地区发展模式，加大对贫困地区家庭农场、种养大户、农民合作社、农业产业化龙头企业等新型农村生产经营主体的金融服务力度，并充分发挥连片特困地区扶贫开发金融服务联动协调机制作用。

（五）完善金融服务体系，满足人民群众日益增长的金融需求

一是优化金融生态环境。制定并启动《青海省社会信用体系建设规划纲要》，将信用创建向个体工商户、国家公职人员等领域延伸，提高社会整体信用意识。持续推进农村信用体系建设，以信用创建为抓手，扶持联户经营、专业大户、家庭农场，鼓励农民兴办专业合作和股份合作等多类型、多

元化的农村经济组织。建立中小微企业信用培植长效机制，引导金融机构加大对信用较好的中小企业支持力度。全面推动实施《征信业管理条例》；实现信用报告多渠道查询，构建守信受益、失信惩戒的激励约束机制。二是加强金融消费者权益保护。加强对金融消费者权益保护的宣传教育，开展金融知识进企业、进社区、进校园、进家庭等公众教育服务活动，不断提高金融消费者金融素养。严格规范金融服务收费行为，加大信息披露和透明度建设，加快推进监管升级，将消费者权益保护作为常态化工作。三是持续改善农村支付服务环境。重视市场功能，逐步放开支付结算政策制度约束。实现玉树、果洛等高海拔藏区所有有需求的金融服务空白乡镇“银行卡助农取款”服务全覆盖。积极推动银行卡等非现金支付工具在农牧区的普及应用，提高农牧区银行卡使用率。优化银行卡受理环境，少数民族地区自助设备增加藏汉英三语提示功能，方便农牧民操作使用。四是提升国库服务效率。优化国库业务处理环节和流程，有效提升预算资金的汇划速度，积极协调解决玉树州横向联网系统上线困难问题，实现将电子缴税延伸到欠发达地区，切实提升金融服务现代化水平。五是全力推进金融 IC 卡在公共服务领域的应用。稳步推进金融 IC 卡发行，形成增量发行的银行卡以金融 IC 卡为主的应用局面，加快实现金融 IC 卡与公共服务的广泛融合，并逐步向州地、县城、乡镇、农村延伸。六是提高人民币发行管理水平。进一步优化券别结构和整洁度，保证现金供应，满足市场不同现金需求。全面推进银行业金融机构人民币冠字号码查询纠纷解决工作，逐步实现取款业务冠字号码在存取款一体机查询、每一笔存取款业务查询以及全省市区金融机构间跨行查询，维护金融消费者权益。

（六）牢牢守住不发生系统性和区域性金融风险的底线

不断完善银行业、证券业、保险业日常风险监测指标体系和评估方法，推动金融机构改善经营，消除风险隐患。强化对地方法人金融机构，地方政府性债务，大型有问题企业以及跨行业、跨市场金融活动等重点领域的风险监测和排查，及时有效地防范和化解系统性、区域性金融风险。树立全面风险管理意识，适时开展金融风险压力测试，严格落实金融风险报告制度，对各类风险事件努力做到早发现、早报告，推动风险早处置。防范跨行业、跨市场风险，防范非正规金融及其他相关领域风险向金融体系传导。

参考文献

周小川：《践行党的群众路线　推进包容性金融发展》，《求是》2013 年第 18 期。

B.6

青海省政府购买公共服务现状及趋势分析

刘怀文 吴世文*

摘 要： 推进政府购买公共服务是近年来特别是十八大以来国家部署的一项重要工作，有利于转变政府职能，有利于提高公共服务水平。本文对青海省政府购买公共服务现状进行了阐述，对前景做了分析展望，并提出了顺利推进青海省政府购买服务的措施建议。

关键词： 购买公共服务 现状 前景 青海

政府购买公共服务是供给方式上的重大变革和创新，其核心是发挥市场机制作用，按照一定的方式和程序，将政府可以直接提供的部分公共服务，交给具备条件的社会组织或企业来承担，并根据服务质量和数量向其支付一定的服务费用。

党中央、国务院高度重视政府购买服务工作，十七届五中全会以来先后做出一系列部署和要求。党的十八大强调要改进政府提供公共服务方式，十八届三中全会明确提出，推广政府购买服务，凡属事务性管理服务，原则上都要引入竞争机制，通过合同、委托等方式向社会购买。2013 年 9 月，国务院下发文件要求各地在“十二五”时期逐步推进该项工作，到 2020 年基

* 刘怀文，青海省财政厅办公室副主任，研究方向：财政经济；吴世文，青海省财政厅社会保障处处长，研究方向：预算管理。

本建立比较完善的购买服务制度，形成高效合理的公共服务资源配置和供给体系，以符合当前经济社会发展。

建设服务型政府、转变政府职能、推进国家治理体系和治理能力现代化在客观上要求推进政府购买公共服务。政府购买公共服务不仅是创新公共服务供给模式，构建多层次、多方式的公共服务供给体系，提高公共服务供给水平的迫切需要，也是培育和引导社会组织、扩大服务业开放、加快服务业发展的重要途径。政府购买公共服务对于深化社会改革，整合社会资源，增强公众参与意识，激发社会活力，提供更加优质的公共服务具有重要的现实意义。

一 2014年青海省政府购买公共服务的改革举措及成效

青海省财政部门从2012年就着手前期准备工作，将政府购买服务作为当年的重点调研课题，深入部分事业单位和社区了解情况，初步摸清了青海省的公共服务现状。之后，派人赴北京、上海、四川等地学习经验，了解和掌握了外省市的一些基本做法。2014年，青海省在政府购买公共服务方面已先后开展了以下工作并取得一定成效。

（一）出台了总体指导意见

为了推进政府购买公共服务工作，更好地满足人民群众日益增长的公共服务需求，2014年初，青海省出台了向社会力量购买公共服务《实施办法》和《指导目录》，就政府购买公共服务的基本原则、购买范围、主体责任、购买方式和程序、购买资金安排及管理做出了具体规定。

一是明确了购买范围。规定青海省政府购买公共服务的范围，主要包括基本公共教育、劳动就业服务、基本住房保障、社会工作、医疗卫生服务、社会保障服务、法律援助、公共文化体育服务、残疾人服务、公共基础设施管护服务、公共环境卫生服务、公共交通服务和其他公共服务13个领域。

围绕这些领域，《指导目录》列出了115项具体服务项目，由各地、各部门结合实际自主选择项目开展购买服务工作。二是明确了购买主体和承接主体。政府购买服务主体分为购买主体和承接主体。购买主体是指承担社会管理与公共服务职能，并对政府购买服务活动负有组织协调和监管责任的各类机构。主要包括各级行政机关和参照公务员法管理、具有行政管理职能的事业单位，以及纳入行政编制管理的群团组织。承接主体是指具备《实施办法》规定的6项条件，并能够提供公共服务的社会组织、机构、企业等社会力量，包括在民政部门登记或经省政府批准免予登记的社会组织，以及依法在工商管理或行业主管部门登记成立的企业和机构等。三是规范了购买方式和程序。购买方式有购买服务项目、购买服务岗位、公建民营、民办公助4种，具体按照购买主体编报年度购买计划、向社会公开相关信息、通过政府采购确定承接主体、签订购买合同、承接主体组织实施、验收评价、结算资金等程序进行。四是确定了购买资金来源。即从购买主体部门预算安排的公用经费或经批准使用的专项经费等既有预算中统筹安排，主要通过盘活财政存量资金解决，逐步实现财政资金由“花钱养人”向“花钱办事”转变。随着公共服务的发展，新增服务项目所需资金，均按照预算管理的要求列入财政预算。五是明确了职责分工。按照“政府主导、部门负责、社会参与、共同监督”的要求，明确各方的职责分工。财政部门主要负责协同相关部门研究制定政府购买服务相关制度办法，指导编制政府购买服务项目预算，组织开展绩效评价。购买主体主要负责编报政府购买服务项目预算，组织实施购买服务，建立健全内部监管制度，制定政府购买服务项目具体操作办法，包括服务标准、质量、条件、方式等；与承接主体签订购买服务合同，向社会及时公开政府购买服务事项，研究制定政府购买服务项目绩效评价标准及绩效目标，对绩效目标实施跟踪管理，组织绩效考评等。承接主体主要负责提供购买服务项目申报材料，按合同规定提供相应的服务，健全财务报告制度，按有关规定及时编报财务报表，自觉接受财政、审计部门的监督检查。民政工商及行业主管部门主要负责将承接政府购买服务行为纳入年检、评估、执法等监管体系，参与承接主体资格（等级）认定。

（二）制定了两个具体实施办法

一是《政府向社会力量购买残疾人服务实施办法》。2014 年 8 月中旬，省民政厅、省财政厅、省残联 3 家单位联合制定印发了《政府向社会力量购买残疾人服务实施办法》，政府购买残疾人服务项目包括残疾人康复、基本生活照料、无障碍设施改造、残疾人就业、法律服务、文化体育与残疾人生活息息相关的 6 个方面的内容。购买主体为各级残联及所属事业单位，承接主体为在民政部门登记或经省政府批准免予登记的具备一定资质且能够提供残疾人服务的社会组织、机构、企业等社会力量，符合条件的残联所属事业单位也可承接服务项目。政府购买残疾人服务所需资金，主要从各级财政既有预算中统筹安排，不足部分由上级财政给予适当补助。二是《政府向社会力量购买养老服务实施办法》。为有效动员社会力量构建多层次、多方式的社会养老服务体系，提高养老服务质量水平，2014 年 8 月底省民政厅、省财政厅制定印发了《政府向社会力量购买养老服务实施办法》，政府购买养老服务主要包括居家养老和机构养老两个方面。居家养老就是依托城乡社区为居家老年人提供餐饮、就医、保洁、精神慰藉等日常生活照料服务，具体包括社区日间照料服务、老年人服务需求评估、养老信息服务等。机构养老就是依托各类城乡养老机构为城乡“三无”、“五保”老人和其他老年人提供食宿、起居护理、医疗康复、文化娱乐、精神慰藉等日常生活照料服务，以及为入住老人提供综合责任保险服务。购买主体是负责管理养老服务工作的各级民政部门及所属事业单位。承接主体是具备一定条件、能够提供养老服务的社会组织、机构、企业等社会力量，包括依法在工商管理或行业主管部门登记成立的企业，以及通过民政部门登记或经省政府批准免予登记的社会组织等。政府购买养老服务所需资金，主要从财政既有预算中统筹安排，不足部分由上级财政给予适当补助。支付标准根据所提供的养老服务不同项目、对象及人数确定，具体由民政部门协商同级财政部门确定。

另外，青海近期还将出台《政府向社会力量购买法律援助服务工作实施办法》，拟开展法律援助方面的政府购买服务。

（三）部分地区积极跟进

推进政府购买公共服务改革是西宁市政府2014年深化改革的重要内容之一，市政府出台《西宁市政府购买服务工作实施方案》（以下简称《方案》），并编制了《西宁市政府购买服务指导目录》。《方案》确定在基本公共教育、劳动就业服务、社会工作、社会保障服务等11个领域15项具体事务中实施购买服务。明确了政府购买服务的工作目标、购买范围、购买服务方式、资金来源、实施步骤、组织保障等内容，强调要加强购买项目绩效评价工作，评价结果将作为今后政府购买服务预算和选择承接主体的重要参考依据。

西宁市在公布政府购买服务目录的基础上，还对能够采取政府购买服务方式的项目进行了梳理，以不断扩大政府购买服务范围，加大政府购买服务力度，提高财政资金使用效益。西宁市城北区科技文体旅游局在报纸上公示，通过政府购买服务方式，拟对朝阳市民图书馆委托社会组织管理运行，实行公益性免费开放，进一步推进公共文化服务，保障群众基本公共文化权益。

二　青海省政府购买公共服务存在的问题及趋势分析

政府购买公共服务是一项长期的和系统性的创新工作，涉及改革和政府职能转变等内容。青海省委、省政府近年来不断探索推进，取得了一些成效，但仍然存在诸多问题。随着改革的深入推进和公共服务均等化步伐的加快，青海政府购买公共服务的总体思路和重点任务趋势已明确。

（一）存在的问题

目前，青海省在政府购买公共服务方面主要存在以下问题。一是购买主体的主动性不强。多年来，青海省乃至全国大部分公共服务事项都由政府部门或者事业单位提供，推行购买公共服务，意味着政府部门及事业单位可支配资源和权力的减少，这必然使既得利益者的利益受损，形成工作中的阻力。二是承接主体发育不充分。社会组织是世界大多数国家公共服务的主要提供者，由于历史及体制原因，青海省社会组织发育程度较低，主要是机构规模小、资金紧张、人才不足，而且相对依附于政府，自身组织能力弱，服务水平普遍不高。三是购买服务资金缺乏“刚性”。《政府向社会力量购买养老服务实施办法》中规定政府购买养老服务所需资金主要从各级财政既有预算中统筹安排，但各级财政安排多少、比例如何，目前没有衡量的标准，造成购买服务资金的不确定。

（二）趋势分析

当前，国家及青海省对政府购买公共服务的总要求是：准确把握方向，凡属事务性管理服务，原则上都要引入竞争机制，通过合同、委托等方式向社会购买。牢固树立花钱买机制的理念，有针对性地推进政府购买服务改革，促进政府职能加快转变。做好政策衔接，切实与现行政府采购、预算编制、事业单位分类等制度相衔接，逐步建立健全政府购买服务准入资格认定、预算管理、组织采购、项目监管、绩效评价等机制，推动公办事业单位与主管部门理顺关系和去行政化。要防止将应当由政府直接提供、不适合社会力量承担的事项推向市场。基于以上要求，青海省将在以下几个方面重点推进购买公共服务。

1. 社会保障服务

从长远看，涉及就业、医疗、社会福利救济中政府目前直接举办的服务应逐步改革，有效利用市场配置资源功能让社会组织更多地承担服务功能，特别是公办孤儿福利院、残疾人服务中心应采取公私合建、公建民营的方式实现政府购买行为；城镇职工基本医疗保险、城乡居民养老保险、工伤保险和失业保险、生育保险、企业职工养老金支付、公共职业介绍、红十字博爱家园等服务中的某些环节和服务内容应逐步推向社会，减轻政府直接承办的服务量和成本负担，实现政府高效和社会组织服务高效的目标。近几年，青海省可由民政等部门负责，依托现有机构和设施，通过政府资助或补贴方式，开展孤儿、残疾人等特殊人群服务，不断提高基本保障水平；可由人力资源和社会保障部门负责，采取招投标方式选择有资质的培训机构，建立契约关系，开展就业培训服务工作，为进城务工人员、4045 人员等特殊群体就业提供服务。

2. 养老服务项目

近年来，青海省积极应对人口老龄化的挑战，坚持从青海实际出发，本着量力而行、尽力而为的原则，积极兴办养老服务机构，加快老年福利设施建设，不断提高机构供养能力和养老服务水平。同时，创新养老模式，探索建立政府购买养老服务政策，出台了《青海省民办养老服务机构资助管理办法》和《政府向社会力量购买养老服务实施办法》。基于这些外部环境和条件，可依托现有养老机构和设施，通过政府的支持和培育，开展适合不同老人群体的服务，身体较好的在老年大学进行学习交流型养老，身体状况欠佳的在养老院养老，向其提供老年生活照顾、家政服务、心理咨询、康复服务、紧急救援等服务；或在老年人集中的社区里建立社区居家养老服务站，由经过培训的社区居家养老服务员为老年人提供买菜、做饭、打扫卫生、陪老人看病、外出购物、散步等服务，帮助老人解决生活中遇到的各类问题。

3. 公共交通服务项目

城市交通与人们的生产、生活紧密相关，属于重要的公共服务项目，是政府购买服务的重要内容。可在现有老年人免费乘车或学生、市民优惠乘车服务的基础上，由交通主管部门向城市公交企业和其他机构购买服务，包括公交线路的有效设置、公交站台的合理设点及维护、人车交叉点及换乘点的人性化安排、信号灯设置、道路指示牌、公交车车内环境等，以及开辟偏远公交线路等，使市民的出行更加方便快捷。

4. 公共文化服务项目

在继续支持博物馆、科技馆、图书馆等文化场馆免费开放，支持文艺院团下基层演出的同时，采用项目补贴、定向资助等方式，购买公共演出服务，包括党委、政府组织深入农村、企业、高校、部队等基层单位的慰问性演出，重要节假日安排的惠民演出等公共演出活动，省直院团赴基层特别是贫困县开展的公益性演出，政府举办的对外文化交流合作与推广以及政府委托的其他文艺演出。根据演出场次、演出规模等实际演出完成情况，给予一定的补贴或补助。

5. 公共环境服务项目

公共环境影响着人们的生存质量和生活质量，是大家最为关心的公共服务项目。由政府城建部门通过政府购买方式，向有资质的企业或机构购买公共设施维护、环境卫生维护、公共绿地和河道管理等服务；也可采取合同制的模式，通过政府购买，将群众广场、路灯路井、路旁绿地、小区卫生环境、健身器材的管护等由现有的社区服务机构承包给个人或公司，政府给予支持，以此满足居民对公共环境的要求。

6. 学前教育项目

财政部、教育部《关于加大财政投入支持学前教育发展的通知》中提出，要积极扶持民办幼儿园发展，采取政府购买服务、减免租金、以奖代补、派驻公办教师等多种方式引导和支持民办幼儿园发展，为其提供普惠性、低收费服务。可通过政府扶持，将现有幼儿园转变为民办公助的学前教育学校，扩大教育范围，提高服务层次，降低服务收费，满足国家要求和群众要求。

7. 法律服务项目

一是法律援助服务。由司法主管部门负责，通过政府购买服务方式，招聘法律援助工作者，对符合条件的低收入及无力聘请律师的群体参与法律诉讼提供援助，财政部门根据服务量给予补助。二是社区矫正服务。由司法部门通过购买服务方式，聘用有资质的专业机构和人员，对需要帮助的人员进行心理评估、咨询和辅导，改善其心理状况，财政部门按一定标准支付费用。

三　青海省进一步推进政府购买公共服务的对策建议

政府购买公共服务在青海是一项新事物，在推进的过程中也遇到了各种各样的问题。各地区、各部门要提高认识，统一思想，从实际出发，本着先易后难、积极稳妥的原则，结合公众需求和市场发育程度，积极探索创新，推进工作开展。

（一）加强组织领导，形成推进合力

各地、各部门要把推进政府购买服务工作摆在财政改革发展的重要位置，进一步增强紧迫感和使命感，及早谋划，抓紧研究制定落实方案，建立健全工作机制，各部门明确分工，相互配合，共同推进。各级财政部门要充分发挥牵头作用，协同相关部门抓紧研究制定本地区政府购买服务办法，拟定购买服务目录，督导业务主管部门研究制定购买公共服务项目的实施办法，尽早启动实施购买公共服务。省级主管部门要充分发挥自身优势，主动作为，选准项目，大胆试点。同时，各地区、各部门要利用广播、电视、网络、报刊等媒体，加大政府购买公共服务相关政策宣传力度，做到家喻户晓，充分调动社会力量参与公共服务建设的积极性，为推进工作营造良好的舆论环境。

（二）强化预算管理，确保资金需求

购买公共服务不是政府在提供公共服务方面“卸包袱”，而是通过创新和转变提供方式，实现财政资金使用效益最大、提供的公共服务质量最优、效率最高。目前，青海省在公共服务方面已有投入，而且量也不少，只是没有和购买服务挂在一起，因此，现在主要是规范理顺的问题。首先，财政部门要对各单位预算基础数据进行分析，分别归类整理，统计出用于公共服务的数额；其次，继续将现有用于公共服务的资金，冠以“购买公共服务资金”的名称，明确资金数额及公共服务项目后，按原渠道安排下达给原单位，由单位以购买服务的方式组织开展公共服务；再次，进行服务后的绩效考核，视完成情况决定第二年的安排意见。在此基础上，根据公共服务需求形势的变化，对购买服务资金进行存量动态调整，总量有所递增。

（三）积极创造条件，培育社会组织发展

按照社会组织成立的条件要求和应具备的相应的公共服务能力，财政建立一次性补助制度，按照服务场所和服务能力给予资助，有计划、有重点地支持一批社会组织的发展，扩大社会组织数量和在城乡基层的覆盖范围。对社会组织开展的公共服务进行绩效评价，并将评价结果作为项目资金结算和社会组织服务等级评定的重要依据，促进竞争激励机制的形成，确保政府购买公共服务的健康发展。同时，财政、金融、税收等方面也要制定措施支持社会组织的发展。

（四）利用现有优势，充分发挥社区作用

近年来，青海省委、省政府着眼于加强和创新社会管理，建成了覆盖城区的社区工作机构，并建立了社区工作经费、人员报酬和基础设施建设等奖补机制，加强了社区的基础设施改造，形成了较为完善的基层机构，并开展了相应的公共服务工作。在推进政府购买公共服务的过程中，要依托社区现有优势，建立社区承接政府购买服务运行机制，通过政府购买方式，推行社区工作人员职业化，完善购买政府服务事项。

（五）严格绩效考评，提高公共服务效果

出台绩效评审办法，建立由购买主体、服务对象及监督方组成的评审机制，从综合全面的角度对购买服务的数量、质量和资金使用等指标进行考核评价，将评价结果通过各类媒介公布给社会公众，并将其作为以后年度编制政府购买服务预算的重要依据。

参考文献

《青海省政府购买公共服务调研报告》。

青海省人民政府办公厅《关于向社会力量购买公共服务实施办法》。

B.7
2014年青海保险业发展状况及2015年展望

谢磊　李春明*

摘　要：2014年，青海保险业总体发展平稳，风险防范能力进一步增强，消费者权益保护力度持续加大，服务经济社会发展成效明显。2015年青海保险业面临的经济金融形势将更加复杂，保险业必须坚持市场化导向，努力提升自身服务能力和专业化水平，实现行业的平稳健康发展。

关键词：保险业　发展状况　形势展望　青海

2013年，青海保险业快速健康发展，全省原保险保费收入为39.02亿元，同比增长20.42%，增速列全国第3位；保险赔付支出15.28亿元，同比增长40.73%。全省保险密度675.3元/人，同比增加110元；保险深度1.77%，同比增加0.05个百分点。

2014年，面对复杂的宏观经济金融形势，青海保险业牢牢把握"稳中求进"工作总基调，积极进取，开拓创新，行业发展平稳，服务质量不断提升。

一　2014年青海保险业发展状况及特点

（一）2014年青海保险业发展状况

2014年，青海保险业继续保持良好的增长态势，保险业务平稳增长，

* 谢磊，青海保监局党委书记、局长；李春明，青海保监局统计研究处。

风险防范能力进一步增强，服务水平继续提高。

1. 青海保险机构及从业人员情况

截至2014年6月底，青海辖内共有保险机构252家，其中，按机构层级划分：保险公司省级分公司14家，中心支公司20家，支公司137家，营业部7家，营销服务部74家；按机构类型划分为：财产保险分支机构149家，人身保险公司分支机构103家。2014年6月底，共有保险专业中介机构11家，其中专业保险代理机构3家，保险经纪机构7家，保险公估机构1家；保险兼业代理机构770家，其中银邮类兼业代理机构659家，车商类兼业代理机构54家，航空类兼业代理机构23家，其他类兼业代理机构34家。保险从业人员8010人，保险公司共有销售从业人员5278人，其中寿险公司销售从业人员4691人，产险公司销售从业人员587人。

2. 青海保险市场运行状况

2014年上半年，青海保险市场累计实现原保险保费收入26.00亿元，同比增长19.48%，增幅列全国第21位。其中，财产险原保险保费收入11.43亿元，同比增长19.03%；寿险原保险保费收入14.57亿元，同比增长19.84%；健康险原保险保费收入3.51亿元，同比增长11.44%；意外险原保险保费收入0.85亿元，同比增长20.38%。全省各项保险赔付支出8.64亿元，同比增长29.68%。其中，财产险赔付4.80亿元，同比增长22.58%；寿险赔付2.04亿元，同比增长44.88%；健康险赔付1.57亿元，同比增长32.40%；意外险赔付0.22亿元，同比增长51.66%。

3. 保险业承担的风险总额

2014年上半年，青海保险业累计承担的风险总额为2.80万亿元，同比增长6.98%。其中，财产险业务的保险金额（或责任限额）为2674.20亿元，同比增长15.16%；人身险业务保险金额为25354.21亿元，同比增长6.18%。

（二）2014年青海保险业发展的主要特点

1. 市场增速有所回落

与上年同期相比，青海保险市场原保险保费收入增速回落了8.33个百分点。其中，财产险公司增速同比回落了15个百分点，人身险公司增速同比回落了1.69个百分点。财产险业务中占比较高的企业财产保险、责任保险、工程保险业务增速分别回落3.27个、4.53个、30.7个百分点，其中工程保险出现负增长，为-13.92%。健康险增速为11.44%，增速下降了212.78个百分点。

2. 人身险市场业务结构有所调整

一是保障型业务发展态势良好，寿险业务增速大幅提升，普通寿险在寿险业务中的比重大幅提高，分红寿险比重下降。2014年上半年，寿险增速为22.98%，同比提高11.84个百分点。普通寿险同比增长242.86%，占寿险业务比重由上年同期的11.40%提高至2014年的31.79%，提高了20.39个百分点；分红保险占寿险业务比重为66.09%，同比下降19.99个百分点。二是银保渠道业务快速增长，总量大幅增加，2014年上半年同比增长95.84%，而2013年上半年银保业务为负增长。

3. 消费者权益保护进一步加强

一是制定了行业机动车承保服务标准，对2014年未决赔案进行了清理，研究制定了保险公司无分支机构地区理赔服务指导意见，加强偏远地区的车险理赔服务管理，车险理赔服务质量进一步提高。二是开展了寿险“无损失退保”政策研究，健全了销售误导考核办法和行业内通报机制，寿险销售误导治理力度进一步加强。三是加大了保险专业中介机构基本服务标准的落实力度，强化从业人员的职业行为规范教育，中介机构的服务水平得到有效提升。四是将12378保险消费者投诉维权热线、局长信箱、保险公司一把手接待制度等消费者维权渠道有效链接，搭建保险消费者表达诉求和建言献策的平台，消费者维权渠道得到进一步拓展。五是组织订购《小保学保险》保险知识普及系列手册，利用报纸、书刊等载体进行消费者风险提示，加大了保险法律法规和保险知识的宣传力度。六是对辖内保险机构法律事务负责人员及西宁市保险纠纷调解委员会委员开展了专项培训，提高了各单位保险合同纠纷调解的工作能力；与格尔木市人民法院联合研究制定了《格尔木市保险合同纠纷诉讼与调解对接工作实施细则》，推动海西州建立保险纠纷诉讼与调解对接机制，保险合同纠纷诉调对接机制进一步健全。

二　2014年青海保险业服务经济社会情况

（一）农业保险切实发挥了支农惠农作用

2014 年，青海省农业保险总计划补贴 6877.53 万元，同比提高 18%。大田作物财政补贴 5175.22 万元，同比提高 10%；大田作物保险计划承保 229.31 万亩，同比增长了 9%，其中马铃薯同比提高 22%，玉米同比提高 101%。同时，新增了冷水养殖鱼保险，计划承保 33.2 万立方米；生猪保险计划承保数量同比提高了 233%。2014 年上半年，全省农业保险累计赔付 2774.2 万元，2.1 万户农牧户从中受益。开展了农房保险试点的前期准备性研究，对农房保险的相关数据进行了测算，为下半年农村住房保险及附加地震保险在青海部分县的试点做好准备。

（二）大病保险有效降低了城乡居民医疗费用

2014 年上半年，青海城乡居民大病医疗保险承保人数为 438.94 万人，保费收入 2.23 亿元。截至 2014 年 6 月底，青海大病保险报销金额 9706.31 万元，赔付 17152 笔数，件均结报金额 5658.99 元。大病保险报销金额占全年保费收入的比例约为 43.47%，基本医保与大病保险报销金额合计占总费用的比例约为 72.44%，城乡居民医疗费用负担得到了有效降低。

（三）保险服务领域进一步拓宽

2014 年上半年，青海保险市场责任保险、保证保险快速增长，增速分别为 18.57%、189.61%。自 2013 年 9 月试点以来，全省环境污染强制责任保险实现保费收入148.78万元，承担风险保障4900万元。青海保监局草拟了《青海省加强医疗纠纷人民调解和医疗责任保险工作方案》，征求有关方面意见，推动保险业参与化解医患矛盾。青海保险业积极致力于青海省商业养老保险的推动发展，并积极参与青海省养老服务业建设实施方案的制定工作。

三　2014～2015年青海保险业发展形势展望

（一）发展形势研判

2014年，青海保险业所处的发展形势已经发生了深刻变化，宏观经济形势更加复杂，影响保险业发展的各种因素也发生了变化，社会对保险的认知程度、公众对保险的要求也在渐渐改变。同时，保险业自身也正在发生着变化，行业的发展理念、监管理念、经营模式都在发生着或大或小、或明或暗的改变，可以说2014年是保险业开始变革的重要一年。

2015年，我国经济转型将会进一步深化，社会和宏观经济的不确定因素必然进一步增多，保险增长影响因素的变动将会更加难以预测。面对着复杂和多变的形势，不排除青海保险市场增速可能会出现一定程度的下滑。但从长期来看，改革和转型是必由之路，青海保险业的改革和转型也同样不可避免。在改革发展中，保险业面临的发展机遇远远大于可能的风险。保险业最大的挑战不是来自于外部，而是来自于自身，如何顺应发展潮流，紧紧抓住发展机遇，加强人才队伍建设，不断提高服务能力和专业化水平，是青海保险业当前应该思考的重大问题。

（二）发展状况预测

根据青海保险业过去5年的发展情况，整体保险市场半年保费收入与全年保费收入之间具有一定的规律性，过去5年青海保险业半年保费收入/全年保费收入在52.55%～58.43%，取其算术平均值55.34%，推算2014年保费收入约为46.99亿元，同比增长20.43%。运用过去5年青海保险业发展数据，使用线性最小二乘法预测，2014年保费收入约为47.66亿元，同比增长22.15%。因此，初步预计2014年青海省保费收入为47亿元左右，增速为21%左右。以2013年末青海省人口数577.79万人为基础，按8‰的年增长率计算，预计2014年底青海保险密度为804.2元/人。根据青海省2010～2014年全年及半年GDP数据，使用线性最小二乘法预测，2014年青海省GDP约为2303.76亿元，因此，预计2014年底青海保险深度约为2.04%。

四　政策建议

2014年下半年至2015年，青海保险业面临着许多难题，既有需要立即解决的短期问题，也有不少需要克服的长期性、基础性难题，要想实现保险业平稳健康发展，必须坚持稳中求进的总原则，多管齐下、重点突出，处理好各种复杂情况。结合青海保险业的发展实际，应从以下几方面入手开展具体工作。

（一）继续抓好服务，保护好保险消费者合法利益

一是在以往工作的基础上进一步完善理赔服务标准，加强机动车险承保环节的风险管控，加大对公司履行服务承诺和标准的监督力度；充分发挥机动车辆快处快赔中心的积极作用，加强车险理赔服务质量测评工作，集中力量解决难点问题，把治理车险理赔难进一步推向深入。二是变被动为主动，采取有效措施，不断提升服务质量，把提高理赔服务质量逐渐转变为保险从业人员的自觉行为。三是针对人身保险失效保单开展专项清理工作，持续关注和监督理赔程序公示制度、投保提示制度及投保风险短信提示制度等的贯彻落实，不断提升保险公司客户服务水平。

（二）做好风险防范，保障市场稳定运行

一是高度关注保险中介市场动向，及时化解可能出现的风险，维护辖内保险中介市场稳定运行，防止系统性、区域性风险的发生。二是加强对保险公司经营情况的风险监测，进一步完善分类监管制度，制定相应的监管措施。三是加强对退保风险和满期给付风险排查、监测和预警，对可能出现的系统性、区域性风险和影响社会的群体性事件做到及时处理。四是加强对监管规定执行情况的检查和巡查力度，严厉处理各种违法违规和执行不力问题。

（三）促进农业保险发展，切实服务“三农”发展

一是进一步加强农业保险的承保工作，可研究建立农业保险方案实施阶段性巡查制度，督促公司实施进度、考核机制、承保理赔服务流程执行情况等，确保方案有效落实。二是要不断完善农业保险巨灾风险保障体系，做好巨灾风险防范工作，探索建立青海省农业保险巨灾风险保障基金制度。三是结合青海省实际情况，有效探索巨灾保险制度，以农村住房保险附加地震保险为突破口，积极探索建立青海省巨灾保险制度的机制和形式。四是进一步推动藏系羊、牦牛保险的扩面工作，继续推进林业保险工作，探索开展林木种苗试点，进一步扩大青海省农业保险的保障范围，提高服务水平。

（四）参与保障体系建设，增强服务社会能力

一是进一步完善大病保险相关制度及流程，制定大病保险信息系统管理制度，提升保险公司大病医疗保险服务专业化水平和效率。二是保险机构发挥好专业优势，切实开展好城乡居民基本医保经办服务扩面工作，协助政府转变医保公共服务提供方式，深度介入全民医保体系建设。三是认真总结环境污染强制责任保险试点工作，为试点扩面奠定基础；确定医责险实施范围及逐步推行时间计划，积极推动医疗责任保险发展；切实推进食品安全责任

等与公众利益密切相关的责任保险发展，进一步提高其覆盖面和渗透度。四是始终把保险业改革创新贯穿于保险发展的各个环节，以改革创新促科学发展、促转型升级、促服务提升。

参考文献

《2010～2013年青海省统计公报》，青海统计信息网，http：//www. qhtjj. gov. cn。

B.8

新形势下青海生产力布局与区域协调发展研究*

苏海红**

摘 要： 近年来，青海生产力布局的合理性得到增强，但仍然存在着制约效率和可持续增进的问题。新形势下，青海应以丝绸之路经济带、长江经济带以及未来黄河经济带建设为契机，以区域经济间的产业联动、功能互补、错位竞争为方向，加快推进“四区两带一线”区域分工，形成城乡结合、集散合理、优势互补、层次分明、生态平衡的区域生产力新格局，努力使青海成为西部地区以及国家向西开放的新经济增长极。

关键词： 青海 生产力布局 区域协调发展

在当前深化改革和产业加快转型的新形势下，生产力优化布局和区域协调发展有利于突出区域间的产业联动、错位竞争和功能互补，有利于实现生产要素最优配置和经济效益最大化，有利于带动青海经济实现新的发展和突破，是未来新一轮经济增长和打造经济升级版的着力点。青海生产要素呈现区域差异大、空间分布广、配置效率弱等特点，在当前青海全面建成小康社

* 国家社科基金项目“基于生态环境约束的青藏地区转变发展方式实证研究”（项目号：10XJL0016）的阶段成果。

** 苏海红，青海省社会科学院副院长、研究员，研究方向：区域经济、生态经济。

会和“三区”建设的关键时期，进一步优化生产力布局和推进区域协调发展有利于保障这些目标的顺利实现。

一 青海生产力布局与区域协调发展的现状及面临形势

随着发展要素在全球范围内的自由流动，以及青海区域发展政策的进一步细化、实化和差别化，省域内部和外部之间合作的深度与广度不断扩大，区域合作关系日益紧密，加速了区域分工的形成和演进，特别是近年来，在区域协调发展总体战略和一系列区域性发展规划的引导和支持下，青海生产力布局的合理性得到增强，资源的空间配置效率得到一定优化和提高。但由于促进生产力布局和区域协调发展的体制机制尚不完善，区域特色竞争力尚不显著，产业结构日趋同构化问题以及区域之间的无序竞争现象等，影响了全省区域与生产力的发展效率和发展潜质，使得青海生产力布局和区域发展方面尚面临诸多挑战。

（一）现状特点

“十一五”时期青海省委、省政府提出了加快构建分工合理、各具特色、优势互补、良性互动的“四区两带一线”发展格局。随着区域经济发展的实践推进，东部地区和柴达木地区得到重点发展，环青海湖地区取得特色发展优势，三江源地区得到充分保护和治理，黄河、湟水河和青藏铁路沿线地区发展取得丰硕成果，全省区域发展逐步形成经济与人口、资源环境相协调的发展格局。通过多年的探索与实践，青海区域发展思路日益明晰，布局不断优化，特色优势显现，呈现以下特点。

1. 区域布局特色初步显现，产业共生链日益完善

截至 2013 年底，西宁市生产值占全省的 46.6%，其中，第二产业增加值占全省的 42.7%；第三产业增加值占全省的 62.1%。而以资源开发和循环经济为主的柴达木地区聚集了全省 29% 的生产总值；以现代设施农业、

新型工业为主的海东市聚集了全省16%的生产总值，区域发展特色进一步增强（见图1）。

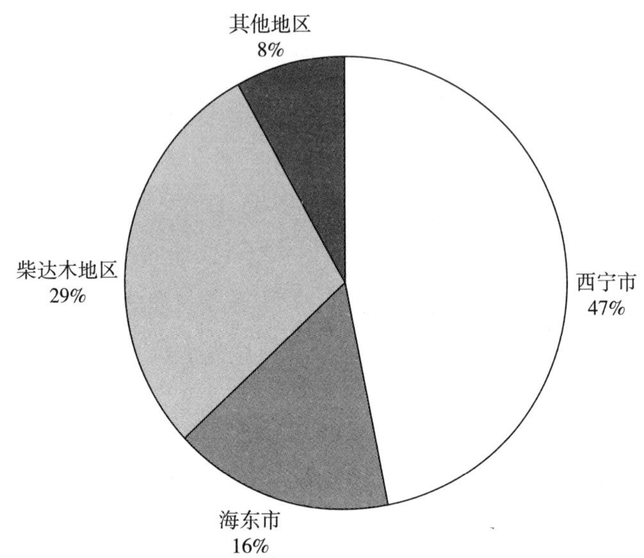

图1　2013年青海省生产总值分布

2. 生产力水平明显增强，特色优势产业体系初具规模

高原特色农牧业向区域化、规模化、产业化方向发展，农牧业综合生产能力显著提升；以循环经济理念推动工业转型升级，优势工业不断壮大，循环经济取得实效，新型工业化进程明显加快；以旅游为主导推进服务业发展，现代服务业蓬勃发展，高原旅游名省建设取得长足进步。

3. 区域资源优势较为突出，新的区域经济增长极拓展形成

把园区经济作为推进区域发展的重要抓手，大力培育区域优势产业园区，经济聚集度迅速提高，一批骨干企业和特色产业聚集区在各区域快速成长，各类区域产业园区生产总值比重已占到全省经济总量的80%以上，加速了生产力布局优化和产业结构升级，也使区域整体建设取得实质性进展，全省产业布局的资源和区位特征凸显。

4. 技术创新能力明显增强，产业技术创新体系初步形成

注重建设国家高新技术产业开发区、国家可持续发展实验区、国家高新

技术产业化基地等一批近20个国家级科技平台、144家科研机构和33个省级工程技术研究中心、50个省级重点实验室、2个博士后科研流动站、1家院士企业工作站。认定47家高新技术企业、93家科技型企业、28家创新型企业等企业创新平台，成为最具创新优势的市场主体和支撑经济社会发展的重要力量。

尽管近年来青海生产力布局不断优化，区域日益呈现协调发展的态势，但全省生产力空间布局的非均衡性仍然较为凸显，生产要素配置效率有待进一步提高。由于青海省域国土空间广阔，生产力空间布局分散，资源和人口分布的区域非均衡性、区域产业体系间的疏散性，以及自然环境和生态因素直接影响了全省的生产要素配置效率，要素过度在东部地区聚集；产业集聚度不高，区域特色不显著，市场配置资源的决定性作用不够，区域发展内生活力不足；产业间相互带动和融合发展能力弱，区域经济关联度不高，区域的产业分工合作与新增长极难形成；区域和城乡之间经济发展、公共服务和人民生活水平差距较大，地区间人均财政支出相差3.5倍，城乡间居民人均收入相差3.8倍；生态任务重，发展环境容量十分有限。

（二）面临的形势

面对工业化、城镇化、信息化和农业现代化，青海生产力发展的增长极以及产业分工的优化布局正发生着深刻变化，区域和产业将呈现良性互动和集群发展的新阶段，将面临外向发展、联动互补、集群发展、生态转型、产业转移承接等新态势。

1. 外向发展态势

世界经济结构当前进入调整期，经济治理机制进入变革期，全球科技革命和产业革命正在孕育新的重大突破，为积极培育新的发展优势，我国着力优化经济结构，重点扶持发展战略性新兴产业。而青海在新能源、新材料等战略性新兴产业发展方面具有独特的资源优势，借助现代科技成果，推进经济外向发展，特别是新兴产业的培育，市场参与能力得到进一步增强。

2. 加快发展的倒逼态势

为进一步优化全国生产力布局结构，国家实施了针对藏区发展的各项扶持政策，提出了加快推进基础设施建设、民生改善、特色产业培育、生态保护与环境建设等诸多发展目标，使全省经济发展呈现增强整体实力、优化生产力布局等跨越发展的倒逼态势。

3. 产业转移的承接态势

随着国际国内产业分工的深刻调整，我国东部沿海地区产业向中西部地区转移步伐加快，产业转移成为优化生产力空间布局、形成合理产业分工体系的有效途径。对青海而言，随着资源丰富、要素成本低、市场潜力大等优势的发挥，新型工业化和城镇化进程加速，各区域形成了在协调发展中积极承接国内外的电子、化工、装备制造、生物医药等产业转移的态势。

4. 加快生态转型的态势

面对全球范围内形成的绿色浪潮，生态型发展不仅成为未来文明的主要标志，也是我国生态文明建设的重要内容。面对不可代替的生态地位、生态功能，青海依托柴达木和西宁市两个国家级循环经济试验区的发展，坚持以人为本、生态为先的发展原则，大力推进转型发展，创新发展模式，积极发展生态经济，呈现绿色转型的发展态势。

二　新形势下青海优化生产力布局和推进区域协调的总体思路

面对发展新形势，进一步优化生产力布局已成为区域协调发展的关键举措，需要合理利用区位、资源、产业和政策叠加优势，培育区域经济的重点核心区和新区域增长极，实现最优的经济效益和生产要素配置。

（一）主要思路

针对青海省情和“三区”建设的基本要求，以邓小平理论、“三个代表”重要思想和科学发展观为指导，以国家丝绸之路经济带、长江经济带及未来黄河经济带等建设为契机，以转变发展方式为主线，以新型工业化、城镇化、信息化和农业现代化融合发展为重点，以区域经济间的产业联动、功能互补、错位竞争为方向，加快推进“四区两带一线”区域分工协作和良性互动，细化区域分类推进的产业互补和要素配置，增强区域发展特色，培育新的发展增长极，在加快发展中拓展产业空间，在优化布局中创新产业路径，在分工协作中提升产业层次，形成城乡结合、集散合理、优势互补、层次分明、生态平衡的区域生产力布局新格局，努力把青海建设成为国家循环经济发展先行区、生态文明先行区、民族团结进步示范区，力争使青海成为西部地区以及国家向西开放的新经济增长极。

（二）战略取向

面向未来，青海省各区域生产力开发强度、资源环境承载能力和发展潜力进一步提升，功能分区更趋合理，经济区布局优化，工业化、城镇化、信息化和现代农业化进程加速推进，以园区经济为载体的产业集聚效益明显提高，城乡发展布局不断优化，城乡间生产要素加速流动。在“四区两带一线”基础上，青海总体区域生产力布局应逐步形成由面到块、由散到聚、由线带面的分类推进格局。

1. 由面到块

四大经济区功能完善—要素配置优化—示范区。以东部地区、柴达木地区、环青海湖地区和三江源地区为生产力布局的 4 个经济区块，推进工业化与规模化、园区化、集群化同步发展，产业结构逐步优化，经济和技术优势互补，市场主体互利合作，结合“三区”建设促进区块产业体系特色优势更加突出、创新驱动更加明显和竞争实力更为显著，基本形成分工整合、绩效提高、各具特色、优势互补、良性互动的区域发展示范区新格局。

2. 由散到聚

产业集聚度提高—经济加速增长—增长极。不断提高各区域园区企业入驻率，注重园区产业集聚发展，加强产业链的配套和企业间的合作，提升规模效益，通过集聚经济和资源的高效配置，促进园区经济由散到整，着力提升三大园区对周边地区的资源和要素整合能力，实现区域内和周边地区的资源和生产要素优化整合，不断提高对周边地区资源和要素的整合能力，进一步拓展新增长极及其布点，使青海成为引领区域经济增长的重要增长极。

3. 由线带面

两带一线物流成本降低—市场化程度提升—经济连片发展的区域新增长点。着力推进两带一线城镇化和城乡一体化发展，加快产业结构调整和土地资源的有效整合，大力发展现代农牧业和第三产业，积极开拓新领域，不断完善产业链条，促进企业集聚化发展，着力提高产业配套能力，建立长链条、多元化、集聚型的现代产业体系，以合理有效的市场推进机制和对外开放程度，以线带面形成更多新增长区域。

三　新形势下青海优化生产力布局和推进区域协调发展的主要路径

新形势下，青海的生产力布局和区域协调发展首先应积极争取并融入全国区域发展总体战略中，如丝绸之路经济带、长江经济带、黄河经济带、兰西格经济带等建设，依托青海“四区两带一线”区域发展实践，在综合评价全省区域自然条件、资源禀赋、环境容量和经济社会发展基础及潜力的基础上，以“集聚发展、提升效益，优势互补、优化布局”战略为导向，按照有利于统筹协调、分类指导、发挥比较优势的原则，结合工业化、城镇化、信息化和农业现代化的协调推进，依托重大项目和主导产业，进一步整合空间资源和生产力要素，增强区域物流、产业等方面的协作、功能互补，构建既与全省区域和城镇发展格局相适应的产业分工和布局体系，又充分发挥增长极的集聚辐射和综合承载力，体现区域特色和发展潜力的产业互补的生产力新格局。

（一）优化生产力布局与产业发展

依托不同区块资源优势和发展特点，以城镇为载体，以产业调整为重点，分别以循环经济先进区、生态文明先行区和民族团结进步示范区建设为目标，实施区域分类发展和错位发展。

1. 东部生产力集中区

主要包括地处青海东部河湟谷地和黄河沿岸的西宁市、海东市及所辖大通县、湟中县、湟源县、平安县、乐都县、民和县，辐射带动贵德县、化隆县、循化县、同仁县、尖扎县，国土面积3.04万平方公里，是青海经济、社会和文化发展重要区域和第一大经济区块。该区域以中心城市、县城和中心镇为节点，以交通、信息、市政公用设施等为网络，以要素和功能各具特色、有机联系、优势互补为纽带，以积极建设丝绸之路经济带和国家黄河经济带为目标，加快兰西经济区建设步伐，多主体互动、多空间扩展，加大区域城乡统筹，加强区域生产要素有序流动，加快公共资源配置均衡。依托城市群建设合理的产业布局和人口布局，加速产业集聚，提高民生水平，使其成为国家黄河经济带建设的先导区，青藏高原区域践行科学发展观的示范区，引领全省经济社会发展的综合经济区和最具特色魅力、适宜人居创业的和谐区，承接国内外生产要素转移、参与国内外市场竞争的重要平台。

2. 柴达木资源型生产力领先区

主要包括地处柴达木盆地的海西州德令哈市、格尔木市和都兰县、乌兰县、大柴旦行委、冷湖行委、茫崖行委，国土面积24.22万平方公里，是青海除西宁市之外的第二大经济区块。该区域紧紧依托丝绸之路经济带建设，围绕新型城镇化的推进，加快工业化和城乡一体化进程，打造立足青藏地区面向亚欧的青海统筹城乡一体化示范区和国家级循环经济发展先行区两大区域品牌。格尔木市将成为青藏高原地区重要交通枢纽、电力枢纽和资源加工转换中心，德令哈市将成为新型高原绿洲城市和资源加工基地。构建集群发展、循环开放的城乡产业格局，宜业宜居、和谐共荣的城乡空间格局，协调发展、安全持续的城乡生态格局，内部高效、外部通达的城乡交通体系，健全统一、公平均衡的城乡服务保障体系，因地制宜、集约配置的城乡基础支撑体系。加快国家级柴达木循环经济试验区建设，建成国内重要的镁锂深加工生产基地和区域性石油天然气化工基地，建成全国最大的盐湖化工基地、太阳能发电基地和钾肥生产基地。

3. 环青海湖生产力特色区

主要包括地处青海湖周边的海南州共和县、贵南县，海西州天峻县，海北州祁连县、刚察县、海晏县、门源县，国土面积 8.58 万平方公里。该区域需要围绕交通干线、旅游干线，紧紧依托丝绸之路经济带和新型城镇化建设，把西海等 20 个重点小城镇发展成为资源开发服务型、交通物流型、旅游商贸型和农牧业服务型精品城镇。充分挖掘民族文化内涵，汇集原生态文化、游牧文化、诗歌音乐文化和红色文化等元素，构建环青海湖民族文化旅游体育圈，打造具有世界品牌和重要影响力的旅游景区，环青海湖人与自然和谐相处示范区。加强基础设施和技术装备建设，优化资源配置和生产布局，强化标准化和品牌建设，建设海北、海南生态畜牧业示范区，提高组织化、专业化、集约化水平，延伸产业链。提高综合生产能力和竞争力，有序开发水电、矿产、太阳能、风能等资源，打造全省现代高效畜牧业生产基地和示范区。

4. 三江源生产力生态区

主要包括地处长江、黄河、澜沧江发源地的玉树州的玉树县、杂多县、称多县、囊谦县、曲麻莱县，果洛州的玛沁县、甘德县、达日县、久治县、班玛县、玛多县，黄南州的河南县、泽库县，海南州的同德县、兴海县，海西州格尔木市唐古拉山镇，国土面积 36.3 万平方公里。该区域按照主体功能区划分，以生态为第一要务，应积极争取融入国家长江经济带建设，加快发展高原特色旅游业、生态畜牧业和民族手工业，以三江源国家生态保护综合试验区建设为契机，按照总体保护、建设重点城镇、两线适度发展、多点特色分工的布局原则，推进城镇化建设，加快改善基础设施条件，提升支撑能力，推进草原畜牧业向生态畜牧业转变。积极打造三江源—九寨沟—香格里拉高原生态旅游精品线路，实现人口、生态、经济、社会协调发展，建成全国重要的生态安全屏障和国家级生态保护综合试验区。

（二）着力打造园区带动的三个区域重点增长极

以西宁市经济技术开发区、柴达木国家级循环经济试验区、海东工业园区为主体的 3 个区域重点增长极。围绕三大园区的集聚辐射功能，以园区为平台，打造全省生产要素发展和产业集聚的重要区域增长极。

1. 西宁市

以西宁经济技术开发区为依托，以“产城相融”的发展思路，不断增强城市和园区的核心地位及经济辐射力，发展壮大以机械加工、特色资源开发、中藏药、食品、流通贸易、公益事业、房地产开发等为主的产业，通过优先发展高新技术产业和资源精深加工业，大力发展劳动密集型的第三产业，提升产业发展的层次和水平，打造世界凉爽城市、全国高原旅游城市和青海科技高地，成为青海省重要的经济增长极。

2. 柴达木地区

以柴达木国家级循环经济试验区为载体，构建以盐湖化工产业为核心的盐湖化工、油气化工、煤化工、金属冶金、特色生物、可再生能源开发六大主导产业体系，推进资源开发、循环经济和城镇化的融合发展，借助兰新第二双线、格尔木—库尔勒、格尔木—敦煌、格尔木—成都铁路及地方支线铁路建设的契机，加强对西藏的延伸和辐射带动，以丝绸之路经济带建设为契机，点轴结合，区域联动，集聚生产要素和人口，建设放射状、覆盖四区的交通网、物流网、电力网、通信信息网，打造全国连接西藏与新疆通往亚欧的物流中心。

3. 海东市

加快建设海东工业园区和国家农业科技园区发展，充分利用兰西格、兰新交通大动脉优势，实施青海东部“都市圈”发展战略，整体推进周边县级城镇能力，加快交通、物流、电力、通信、信息等基础设施建设，大力发展县域特色经济，提高产业层次，引导产业集聚，建立健全区域合作互动机制，建成全省主要城镇发展带、经济大动脉和开放融入主轴线，成为全省特色农牧业产业化、矿产资源精深加工和服务业的发展增长极。

（三）积极培育具有高原特色的区域经济新增长点

1. 农牧交错与东西联结中心区域

将海南州打造成为我国藏区绿色产业集聚发展桥头堡。海南州地处东部城市群与三江源区、柴达木地区 3 个差异悬殊、各具特色的区域板块之间，独特的承东接西、辐射青南藏区的区位优势和人文优势，积极承接、转移三江源区和其他地区的绿色产业，按照资源综合利用、循环利用和产业融合的要求，加快培育形成农畜产品精深加工、生物制药、新材料、新能源、装备制造、有色金属采选加工、现代纺织和物流集散与特色农畜产品交易等为主的产业体系，建设立足三江源面向全省的绿色产业集聚发展区。积极推进生态文明先行区、循环经济发展先行区、民族团结进步先进区建设，使海南州成为青海省藏区推进“三区”建设的典型示范区。构建以海南州域为中心的内联外通和高效便捷的市场通道、交通通道，将海南州打造成为连接东部城市群、三江源区和柴达木地区，辐射青南藏区的绿色产业集聚发展桥头堡，使海南州成为立足藏区面向全省的人流、物流、信息流、资金流等生产要素集散地。

2. 祁连山区域

将海北州打造成为全国民族团结进步示范州和高原特色生态经济高效发展区。该区域是青藏高原连接河西走廊的战略通道以及省内承东启西的农牧结合部，具有草原湿地生态系统和祁连山水源涵养生态系统，拥有独特的高原自然景观、人文景观、民族风情和农牧资源、矿产资源。长期以来，海北州在推动社会发展、促进民族团结、维护社会稳定中探索出了具有海北特色的民族团结进步创建模式，2013 年被国家民委确定为青海唯一的全国民族团结示范州，初步形成了政府主导、全社会参与的社会治理创新经验。构建该区域成为以生态优先、特色突出、布局合理、生态与经济协调发展为总体要求，以高原现代生态畜牧业示范区、高原特色工业发展区、高原生态旅游示范区为主攻方向，以科技创新、产业培育、项目投资为支撑，以新型城镇化发展为推手，着力围绕高原生态经济区和全国民族团结进步示范州建设的祁连山区域新的经济增长点。

3. 三江源区域

将玉树市打造成为三江源地区生态文化旅游集散地。玉树市地处长江、黄河、澜沧江的发源地三江源地区，自古以来就是中国藏区的交通枢纽和民间贸易集散地。2010 年 4 月 14 日玉树地震后，经过 4 年多的灾后重建，目前玉树市的总体布局、功能、设施等硬件水平得到极大提升，生态畜牧业高效发展，通过深入挖掘康巴文化资源，打造以唐蕃古道、高原湿地草原、康巴民俗风情和宗教文化旅游带为支撑，以观光、体验为主体的集人文景观、自然景观、民俗风情为一体的具有高原特色的旅游目的地。玉树市第三产业在经济总量中所占比重不断提高，未来以高原生态型商贸文化旅游城市、三江源地区及青藏川接壤地区的中心城市、藏区城乡一体化发展的先行地区、藏区民族团结进步示范城市作为发展目标，将玉树市打造成为青海经济发展的新增长点。

四　优化和调整青海生产力布局与协调区域发展的政策建议

优化生产力布局需要不断培育新的区域增长优势，完善和推动区域之间联动错位发展的政策体系和产业发展支持体系。

（一）以园区集聚和城镇带动优化全省生产力结构，发挥区域的集聚辐射和综合承载力

生产力布局以园区、基地为载体，有利于资源集约循环利用、基础设施投入成本降低、保护环境和形成产业集聚效应。而城镇能够带动生产力空间的集中化，突出中心和次中心城市，突出重点区域，强化中心城镇及开发区的集聚功能，推动全省生产力的极化聚集和轴化分布。因此，应以新型城镇化建设为契机，坚持新型工业化、信息化、城镇化、农业现代化的深度融合和同步发展，依托特色产业集群、重大产业基地建设，以城镇群为主体形态，以提高综合承载能力为支撑，进一步完善城镇体系和空间布局，增强中心城市的辐射带动作用，城镇建设与旧城镇改造相结合，促进产业向城镇园区集聚，人口向城镇合理、有序流动，通过集约、智能、绿色、低碳的新型城镇化道路，提升区域的整体实力。

（二）增强区域间的联动发展，构建与区域特色相适应的产业分工和布局体系

青海各区域产业布局各具特色，且发展差距明显，协同发展和联动发展的空间较大，按照“优势互补、互惠互利、联合生产、共同繁荣”的原则，通过区域间联合投资，联合生产，专业化协作，培育一批跨地区、跨部门、符合专业化分工和规模经济要求的大中型企业集团与经济基础联合体，共同打造高原品牌和发展规模经济，并结合各区域发展特色，实施特色产业的错位发展，实现资源的优化配置。建议东部生产力集中区在强化资本、技术密集型产业分布的同时，也应注重劳动密集型产业的布局和发展，充分提升城镇对产业及人口的吸纳力；柴达木资源型生产力领先区在着力于循环型资源开发的基础上，可采取“飞地经济”形式，加强与东部生产力集中区的联动发展；环青海湖生产力特色区在突出特色发展的同时，应加强区域内在旅游业、畜牧业及其加工业、物流业的联动发展，“抱团”提升优势产业；三江源生产力生态区依托生态工程建设，应着力协同发展文化、旅游等生态经济，共同打造“三江源”品牌。

（三）体现市场主导和政府引导，综合施策建立分类管理的评价考核体系

充分发挥市场机制对促进生产力趋优分布的决定性作用，以企业为主体、需求为导向，着力增强市场的创新驱动力，提升重点领域和优势产业的科技支撑力，优化生产力布局潜力。在健全要素市场、强调市场机制作用的同时，积极发挥政府在生产力布局中的引导作用，强化依法管理，运用经济、法律和必要的行政手段，有效地发挥政府在生产力布局调整中的宏观调节作用。根据各地发展定位，建立分类管理的评价考核体系：如柴达木资源型生产力领先区重点评价考核经济增长、财政收支、城乡居民收入、资源综合循环利用、节能减排、科技创新等方面的指标；东部生产力集中区重点评价考核经济增长、财政收支、城镇建设、城乡居民收入、节能减排、污染治

理等方面的指标；三江源生产力生态区重点评价考核环境保护、生态建设、城乡居民收入和公共服务等方面的指标；环青海湖生产力特色区重点评价考核环境保护、生态建设、农牧业综合生产能力、城乡居民收入和公共服务等方面的指标。

（四）推进科技进步和人才培养，促进经济、社会、生态效益协调统一

应充分认识青海生态环境对经济社会发展和人类生存的极端重要性，将提高区域经济可持续发展能力作为调整优化生产力布局的基本原则。以生态型经济为目标，合理利用、保护、改善自然资源和生态环境，高度重视资源的有效保护和集约利用，将清洁生产、循环经济、生态农牧业和服务业发展作为战略调整目标，以科学合理的产业布局促进经济效益、社会效益和生态效益的有机统一。同时，重点培养和引进一批具有现代化技术和管理知识、能够率领本专业领域实现跨越发展的建设、经营、管理、决策和科研人才，加快完成生物医药、装备制造、金属冶金、新材料等领域一批重大科技创新专项，增强培育自主品牌能力和科技成果转化能力，为推进生产力布局提供保障。

参考文献

苏海红等：《海南州打造东连西接绿色产业集聚发展桥头堡的调查研究》，《2014 年青海经济社会形势分析与预测》，社会科学文献出版社，2014。

苏海红等：《依托园区构建青海特色城镇化发展研究》，《青海社会科学》2013 年第 4 期。

马庆斌：《新时期：应把优化生产力布局作为推动我国区域协调发展的重要抓手》，《中国经济导刊》2014 年第 21 期。

孙久文等：《新中国 60 年区域经济发展战略的演变》，《中国管理学年会——城市与区域管理分会场论文集》，2009。

周喜安：《构建合理生产力布局与区域协调发展的新格局》，《中国生产力发展国际

论坛论文集》，2005。

徐长春：《打造主体功能区　优化区域经济发展战略布局》，《中国经济分析与展望（2010～2011）》，社会科学文献出版社，2011。

蒋悟真：《转型期中国区域经济发展的协调机制研究》，博士学位论文，湖南大学，2005。

曹筱凡等：《我国加快区域经济发展沿海地区优化生产力布局》，《中国海洋报》2009年6月22日。

刘雪：《基于区域协调发展理念的廊坊市生产力布局分析》，《中国证券期货》2011年第2期。

青海省发展改革委：《青海省“四区两带一线”发展规划纲要》，2010。

B.9

青海现代服务业发展研究

马桂芳　马丽雅*

摘　要：发展现代服务业是转变经济发展方式、保障改善民生的必然要求。处于工业经济初级阶段的青海，加快发展现代服务业将会极大地促进全省优势产业结构的优化升级。

关键词：青海　服务业　跨越式　发展

加快现代服务业发展既有利于减少对自然资源的依赖和减轻对环境的损害，更有利于促进产业结构升级优化，同时也是转变经济发展方式、保障改善民生的必然要求。青海目前仍处于工业经济初级阶段，产业结构不尽合理，服务业发展水平相对滞后。因此，抓住机遇加快发展现代服务业将会极大地促进全省优势产业结构的优化升级。

一　2014年青海现代服务业发展现状及特点

（一）2014年青海现代服务业发展状况分析

2014年上半年，全省完成第三产业增加值343.54亿元，较上年同期增长8.9%，增幅比一季度提高0.4个百分点，比上年同期提高0.3个百分点。

* 马桂芳，青海省委党校经济学教研部教授，研究方向：贸易经济学；马丽雅，青海省委党校经济学教研部讲师，研究方向：民族经济学。

全省第三产业各行业增加值比上年同期亦均有增长，其中金融业同比增长19.7%，高于全省第三产业增加值增速10.8个百分点，是第三产业中唯一增速超过第三产业的新型行业，特别是金融业增加值占全省第三产业增加值的比重达到19%，其比重与上年同期相比提高了1.6个百分点；而第三产业中的住宿和餐饮业增速最低为0.9%。

2014年上半年，全省接待国内游客724.79万人次，比上年同期增长12.9%。实现国内旅游收入70.1亿元，增长30.3%，较上年同期提高5.1个百分点。尤其是入境游客及旅游外汇收入1~5月实现2012年以来首次同比正增长后增速继续小幅回升，分别增长1.8%和1.1%（2012年、2013年入境旅游游客数、收入同比均有不同程度的下降），比1~5月增速分别高0.8个和0.5个百分点。上半年，全省实现旅游总收入70.37亿元，增长30.2%，较上年同期提高5.4个百分点。服务业增加值年均增长10.4%，服务业从业人员比重达到39%。

（二）2014年青海现代服务业发展特点

1. 传统行业与新兴服务业的相互促进带动了各行业的协调发展

“十二五”以来，随着不断优化产业结构和转变经济发展方式，青海城乡居民生活水平、居住环境、消费理念等发生质的变化，高原旅游业、商贸流通业、饮食服务业等方面快速发展的同时，交通运输业、邮电通信业等传统行业亦得到相应发展。特别在经济、信息等一体化的时代背景下，现代物流业、远程多功能教育、电子商务、网上银行等新型服务业从无到有并迅速崛起，金融、保险等行业正以新的面貌向前发展。现代服务业的内部结构在经济欠发达的青海逐渐加快速度优化升级，显现出很强的生命力；传统行业持续且优化发展，新兴行业迅速崛起且所占比重不断扩大，二者之间相互促进、共同驱动，形成青海现代服务业发展的良好态势。

2. 第三产业投资增速提高

2014年上半年，全省第三产业完成投资523.94亿元，增长33.3%，增速比1~5月和上年同期分别提高9.7个和2.8个百分点，占全社会固定资产投资的比重（43.5%）同比提高3.0个百分点。2014年1~5月，交通运输业、仓储和邮政业投资增长24.9%，批发和零售业投资增长50%，电子信息传输、计算机远程服务业和软件业投资增长67%，租赁与商贸服务业投资增长37.76%。尤其值得一提的是科学技术专业服务与地质勘探业投资增长达到10.9%。服务业投入的不断增加，既促进了服务业自身的快速发展，同时还为国民经济的整体发展添加了新的动力。

3. 吸纳社会劳动力就业的主渠道

2014年上半年，全省服务业从业人员比重达到39%，服务业创造的就业岗位不断增加，既大量吸纳了城市新增劳动力，又转移了一部分第一、第二产业的劳动力，对促进社会稳定发挥了积极作用。从服务业内部劳动力的吸纳能力看，社会服务业和其他行业的吸纳力持续上扬，而批发零售贸易及餐饮业的劳动力吸纳力保持平稳增长态势。

4. 服务业改革不断深化

随着国家在服务业领域改革步伐的加快，青海服务业相关行业的改革也在不断深入，旅游业、商贸业、物流业、邮电通信业、保险业等行业在不断深化管理体制改革的过程中，其服务质量迅速提升，服务业企业运行机制不断完善。政府也从政策和资金等方面加大了对服务业发展的引导与支持，如通过制定规划，加强对全省服务业发展的指导。鼓励支持中小企业发展直接为生产和生活服务的投资少、收益快、劳动密集的行业；支持发展与居民生活密切相关的商业、餐饮业、旅游业和家政服务等服务业，把国家有关加快服务业发展的政策措施落到实处。

二 2015年青海发展现代服务业的条件分析及展望

（一）促进青海现代服务业健康有序发展的有利条件

1. 特色产业的壮大和结构的优化升级为其发展提供了空间

时下，世界各国的产业结构均呈现由“工业型经济”向“服务型经济”

的快速转变。服务业也成为我国新一轮发展的新亮点。随着新一轮西部大开发战略的全面实施，青海围绕“八大产业”结构调整规划的要求，以转变发展方式为主线，以能源、矿产资源、高原生物资源农牧业加工和高原旅游业为主导，逐步形成了五大特色产业链条，农牧业综合生产能力大大增强，优势工业不断壮大，新能源、新材料等新兴产业迅速兴起，产业结构调整和优化升级步伐明显加快，城乡居民生活水平稳步提高。“双百”工程、“两新”目标、“三区”战略布局的实施以及产业间的融合和资源综合利用，都迫切需要有相应的服务业给予支持。

2. 政策支持力度不断加大

国家支持藏区发展和玉树地震灾后重建，鼓励承接东部地区产业转移等政策措施，省委、省政府印发了促进旅游、商贸物流、文化产业发展的相关规划和政策措施。尤其是“旅游倍增计划”的启动，初具规模的朝阳物流园区的建设，电子商务、物流配送等现代经营方式和新型业态开始向农牧区延伸。科技创新能力持续提升，新实施 60 个“123”科技支撑项目，产学研合作更加紧密，为现代服务业注入了新的活力。

3. 园区经济的快速发展为青海现代服务业发展注入了活力

首先，海东高原现代农业示范区、海北现代生态畜牧业示范区、黄南有机畜牧业实验区、海南高原生态畜牧业与特色种植业可持续发展综合实验区等农牧业产业园区快速发展。

其次，基本以生物技术产业、保健食品工业为主的青海国家高新技术产业开发区，以新材料、光伏产业、资源精深加工为主的东川工业园，以有色金属冶炼、化工等为主的甘河工业园，以藏毯、农畜产品加工、铝型材加工等为主的南川工业园，以高原生物制品、中藏药、装备制造和科技孵化产业等为主的高新区，以盐湖化工、油气化工、有色金属冶炼工业、光伏产业为主导的柴达木循环经济试验区，以有色金属、铁合金等产品为特色的民和下川口工业园，以原料加工、国际贸易、保税仓储等临港经济为主的平安临空综合经济区步入发展快车道。预计到“十二五”末，园区工业增加值将占全省工业增加值的 80% 以上。

除此之外，“十二五”期末，省委省政府将投资35亿元打造西宁城南文化产业聚集区、西宁昆仑文化创意产业园、海北红色旅游及民族音乐城、海西昆仑文化园、海南藏文化创意产业园、果洛格萨尔文化展示园、玉树康巴文化风情园等具有青海文化特色的产业园区。

4. 居民消费水平与结构提升为现代服务业发展增添了新动力

群众生活水平日益提高，人均生活消费支出逐年攀升。据城乡一体化住户调查数据显示，2014年上半年，全省全体居民人均可支配收入6473元，同比增长11.4%。城镇常住居民人均可支配收入10479元，同比增长11%。其中，人均工资性收入6905元，占家庭可支配收入的65.9%，同比增长9.8%；人均经营净收入848元，增长32.2%；人均财产净收入638元，增长26.8%；人均转移净收入2088元，增长4.3%。农村常住居民人均可支配收入2999元，同比增长14.0%。其中，人均工资性收入1167元，占家庭可支配收入的38.9%，同比增长15.4%；人均经营净收入690元，增长1.9%；人均财产净收入179元，增长115.8%；人均转移净收入963元，增长12.0%。农村常住居民人均可支配收入增幅高于城镇常住居民人均可支配收入3.0个百分点。全省城镇消费品零售额239.49亿元，同比增长13.2%，增速比上年同期回落0.2个百分点。其中，城区消费品零售额169.27亿元，增长13.5%；乡村消费品零售额33.23亿元，增长12.1%，增速比上年同期提高2.0个百分点。虽然食品支出仍然是城镇居民以及农牧民生活消费支出的最主要的部分，但衣着、交通通信、娱乐文教服务是城镇居民生活消费支出的重要方向，而居住则是除食品之外的农牧民生活消费支出的第二大部分。此外，医疗保健、交通通信支出也在农牧民生活消费支出中占据较大的比重。这种消费结构的变动和升级使得当前城乡居民对教育、房地产等现代服务行业产生了巨大的需求。

5. 投资结构的优化，加快了现代服务业的发展步伐

2014年上半年，全省完成全社会固定资产投资1203.86亿元，同比增长24.1%，增速比1~5月提高1.3个百分点，高于全国平均水平6.8个百分点，居全国31个省（市、区）第2位。其中特别是第一、第三产业投资

快速增长。上半年，全省第一产业完成投资57.77亿元，比上年同期增长35.5%，增速比1~5月高6.8个百分点，占全社会固定资产投资的比重（4.8%）同比提高0.4个百分点；第二产业完成投资622.16亿元，增长16.5%，增速比1~5月回落5.3个百分点，其中工业投资增长18.6%；第三产业完成投资523.94亿元，增长33.3%，增速比1~5月和上年同期分别提高9.7个和2.8个百分点，占全社会固定资产投资的比重（43.5%）同比提高3.0个百分点。

2014年上半年，全省基础设施投资395.70亿元，同比增长56.6%，增速比1~5月和上年同期分别提高30.1个和33.2个百分点。其中，铁路运输业（增长1.53倍），电力、热力生产和供应业（增长23.8%），公共设施管理业（增长2.24倍），生态保护和环境治理业（增长95.6%），信息传输服务业（增长1.37倍）等行业投资保持大幅增长。房地产投资特别是90平方米以下住宅投资快速增长。上半年，全省房地产开发投资120.92亿元，比上年同期增长41.2%，增速比1~5月和上年同期分别提高11.3个和10.8个百分点。从构成看，商品住宅和商业营业用房投资两项占全省房地产开发投资的84.7%，比重同比提高3.3个百分点。商品住宅投资增长43.9%，其中90平方米以下住宅投资增长62.4%。

（二）青海发展现代服务业的不利条件分析

1. 滞后的城镇化建设制约了现代服务业的平稳有序发展

众所周知，现代服务业的可持续发展要有两个重要因素支撑，一个是服务产品的生产与消费在时间空间上的同一性，另一个是产业聚集效应，即聚居人口规模化，服务业企业才能赢利，才能形成产业，这也是服务业往往集中在城市特别是大城市的根本原因。据全省人口变动抽样调查结果推算，2013年末全省常住人口577.79万人，按城乡分，城镇280.30万人，占常住人口的48.5%；乡村297.49万人，占51.5%。青海城镇化水平居全国第19位，与全国平均水平（53.7%）相比，低5.2个百分点。根据世界银行统计，1995年全球高收入国家城市化率为75%，中等收入国家为60%。而

2013 年青海省城镇化率仅为 48.5%，且城市规模整体偏小，城市间距离较远，一些地级和县级城市产业结构单一，多元化发展不足，产业积聚效应不强，致使第三产业发展的后劲不足。

2. 城乡居民收入水平较低，抑制了现代服务业的快速发展

一切服务消费的需求，均取决于消费者的收入水平。从外部环境看，青海居民收入和消费水平较低，难以形成对现代服务业的有效需求。如前所述，改革开放以来，纵向比较分析青海居民收入和消费水平都有了快速提高，但横向比较与发达地区相比仍有很大差距。2014 年上半年，青海居民人均可支配收入 6473 元，全国居民人均可支配收入 10025 元，全国居民人均可支配收入中位数 8780 元，青海位居全国第 26 位；2014 年上半年，城镇居民人均可支配收入 10479 元，全国城镇居民人均可支配收入 14959 元，上海 24312 元，排名第一，青海居全国倒数第三，远低于发达地区。居民收入水平偏低限制了消费能力，从而严重制约着现代服务业发展的内生动力和产业结构的优化。

3. 新形势下着力改善现代服务业发展的投资环境刻不容缓

区域资源以及良性互动的产业投资环境如市场、技术、人才是该区域产业竞争优势形成的主要力量。然而，青海发展现代服务业的产业投资环境有待改善。其主要表现在：一是专业技术人才缺乏，现代服务业的快速发展与人才低效供给矛盾突出，传统服务业人员远高于现代服务业从业人员，致使现代服务业智力支撑严重不足。目前，全省服务业人才匮乏，特别是领军型、管理型、复合型人才数量不能满足现代服务业快速发展的需要。二是缺乏一定的社会诚信与公平公正。在全省服务企业中，诚信和监管之间的失衡，导致失信的商业行为和非法交易行为仍然存在。三是融资环境欠佳。一些地方政府在经济发展中，重制造业企业的融资需求、轻现代服务企业的融资需求的状况依然存在。加之青海的资本市场起步缓慢，相应制度欠缺，投资风险较大，直接影响着现代服务业的健康发展。

（三）2015年青海现代服务业发展展望

1. 对青海现代服务业发展的定位

根据国内外经济发展环境及青海自身的发展条件，其现代服务业发展应在尊重客观事实的基础上定位为“具有青海特色的新型现代服务业，着重体现信息化、新型城镇化和农牧业现代化”，在此基础上努力提升促进一、二产业发展的相关服务业的广度和深度。

2. 青海现代服务业发展的基本思路

未来5~10年，切实贯彻执行党的十八大就现代服务业的一系列指示精神和省委省政府有关大力促进高原旅游业、现代服务业与文化名省建设的政策措施。特别要发挥高原旅游业对现代服务业的提升和引领作用，在推进新型城镇化进程中不失时机地稳妥推进具有农牧区特点的城乡体系建设，不折不扣地按时高质量完成朝阳物流园区与西宁曹家堡保税物流中心等重点工程的竣工投产，多渠道促进消费总量和消费水平的提升。此外，通过组建青海航空投资管理公司，加快地方航空业发展步伐。以多元文化创意扶持特色文化产业集群体系建设，力争使第三产业增加值年均增长12%。

3. 青海发展现代服务业的基本原则

第一，产业融合。应以先进制造业和现代服务业相互依存、相互融合、互相促进为发展根本。第二，同步发展。改造提升传统服务业与培育新兴现代服务业的发展水平，生活性服务业的优化提升与生产性服务业的培育发展同步。第三，完善机制。市场的决定性作用、政府宏观管理、企业微观主体三力合一。第四，立足区位优势，发挥集散功能。地处青藏高原腹地的青海作为全国五大藏区之一，其特殊的地理位置、重要的生态地位、发展的战略优势已被世人所认可。因此，青海的现代服务业发展应立足青海，服务西藏、新疆及甘肃东部等地区，增强并发挥特殊的区位集聚能力，以此辐射和带动西部乃至欧亚经济圈，逐步与国际接轨。

4. 青海现代服务业发展的空间布局

以点轴为基础，由点向线扩散，东西横轴相互辐射以此确立战略。

第一，实施点轴发展。以青藏高原最大的区域性现代化中心城市西宁和青海西部新兴崛起的工业化城市格尔木为中心，力争在未来5年形成“以点带轴、相互促进”推进现代服务业高端发展的模式，向西确立青海海东市、西宁市、西海镇周边、德令哈市、格尔木城区5个核心点，扩充交通运输业、现代物流业发展规模，促进高原生态旅游业和现代服务业的引领与带动效应。

第二，实现城市带一体化发展。积极推进和加快以西宁为中心的东部城市群建设进程，使其成为青海现代服务业发展的龙头和产业集群带。依托青藏铁路向南发展，着力打造西宁成为我国藏区乃至西部现代服务业和南丝绸之路与南亚经济带的中心，促进农牧区城乡一体化发展。

三　推动青海现代服务业发展的措施

（一）依托园区经济和区域优势，扩大服务产业集群发展规模

时下，西宁的东川、甘河滩、生物园等工业园区经济发展已初具规模，与此相配套的现代物流业和服务业产业集群也有了一定的经济效益与社会效益。因此，为优化产业结构和促进产业间的相互融合，政府可采取多种措施，出台相关优惠政策，从资金、税收、土地、人才等方面鼓励和扶持现代服务业发展，扩大规模，积极参与市场竞争。服务业集聚区作为提升经济发展层次和水平的有效途径，应该成为青海新的经济增长点。在发展过程中必须从全省园区经济的整体出发，统一规划，纳入全省经济社会发展战略，对增加民众收入发挥作用。

（二）以发展生产性服务业为重点，积极推广服务外包业务

面对挑战，立足现实，把握机遇，面向生产和企业服务的“生产性服务业”是今后青海现代服务业发展的重点所在。所以，应积极鼓励商务服务业、物流业、会展业等生产性服务业，大力推进信息服务业、科技服务

业、文化产业等新兴服务业的发展。如今，服务外包不但正在成为现代服务业发展必不可少的重要组成部分和关键环节，而且也已成为产业结构调整和经济发展方式转变的新形式。作为资源大省、经济小省的青海，现代服务业起步较晚且发展明显滞后，企业要缩短差距，实现跨越式发展，必须要实施“走出去与请进来”战略，最大限度地利用服务外包的优势，把一些非核心业务如人才培养、信息服务和商务管理等以不同形式外包给经济发达地区的企业或第三方，取长补短来实现优势互补。

（三）以文化消费为新的增长点，提升生活服务业水平

青海文化资源丰富，文化底蕴深厚。长期以来，由于经济发展水平和文化产业化的滞后在很大程度上影响了人民群众的文化消费水平，与发达地区相比，人民群众潜在的文化需求尚未得到有效满足，文化消费存在着巨大的市场空间。近年来，随着经济发展和居民收入水平的提高，文化消费孕育了巨大的空间。而促进文化消费是贯彻党的十八届三中全会精神，加快转变经济增长方式的重要支撑。所以，因地制宜，从城、乡、牧不同区域群众的需求出发，以产业化发展为目标、市场为主导，整合资源，将青海丰富的文化资源转化为现实的产品与服务，切实满足人民群众的精神文化需求，以更高的起点提升全省的生活服务业水平。

（四）引进和培育高素质人才，着力提升现代服务业发展水平

人才是特殊资源，而现代服务业的发展同样离不开人才的竞争。所以，其发展规模和水平在一定意义上取决于人才因素。不可否认，青海的现代服务业不但起步晚，而且有一定规模能参与大市场的企业不多。可见，除了资金，人才是关键，甚至决定着这一产业发展的成败。如今，青海在此方面的人才主要集中在餐饮业、旅游业和流通业，而信息业和高新技术产业人才极其匮乏，因此，必须多渠道吸引和培养各类管理人才和开拓性人才不但是形势发展的需要，也是提升服务业发展水平的当务之急，务必引起各级政府与社会的重视，形成产业优势。

（五）营造良好的市场环境，拓展现代服务业发展领域

青海要实现现代服务业又好又快发展，首先，要搭建政府与企业间的信息平台。在市场发挥决定性作用的同时，要增强民众的积极性，发挥各级政府的引导与帮扶作用，实现商业服务模式的创新。运用文化创意并借助网络经营、电子商务等方式打造品牌，通过完善经营机制，实现各类资源要素的最佳配置和有效利用，保证青海现代服务业又好又快地发展。其次，以法律为准绳加强服务业标准体系和社会信用体系的建设，以降低企业间的交易成本。最后，完善价格机制，减少政府定价，确立市场的决定性作用，以此拓展发展领域达到一举多赢。

未来5年是青海现代服务业发展的关键时期，要树立大局意识和战略思想，结合青海省情，打造“三区”建设，依托特色产业和区位优势，以新型城镇化建设、生态修复为根本，以城乡统筹为目标，促进现代服务业协调发展。

参考文献

崔木花：《我国现代服务业发展现状与路径选择》，《北京市经济管理干部学院学报》2011年第6期。

马桂芳：《青海发展现代服务业的定位与思路》，《青海日报·理论版》2012年7月23日。

杜子芳：《现代服务业发展路径研究》，《调研世界》2011年第4期。

《区域协调发展之三江源篇三江源：强劲搏动的生态血脉》，《青海日报》2011年7月13日。

《现代服务业跨越发展的现实选择》，《湖北日报》2011年11月17日。

何丕洁：《积极发展现代服务业　大力推动经济转型升级》，新华网，2011年3月8日。

陈俊兰、林建永：《以行业市场品牌建设完善现代服务业信用体系》，《经济师》2011年第1期。

社　会　篇

Social Reports

B.10 以社会主义核心价值观引领青海牧区社会思潮问题研究

赵宗福　鲁顺元*

摘　要：对于青海广大牧区来说，在尊重差异、包容多样的前提下，如何使社会主义核心价值观这一主流文化占据其思想领域的“主流”地位，从而切实抵制各种错误和腐朽思想，特别是民族分裂、愚昧迷信、伪科学等社会思潮的冲击，是青海发展稳定大局中亟待解决的难点问题。本文认为转变发展方式是有效引领社会思潮的根本途径，打破地域区隔是有效引领社会思潮的可行路径，高扬民族—国家认同是有效引领社会思潮的必然选择，创建先进区是有效引领社会思潮的创新举措。

关键词：核心价值观　青海牧区　社会思潮　文化认同

* 赵宗福，青海省社会科学院党组书记、院长，教授，博士，研究方向：民俗学、民间文艺学；鲁顺元，青海省社会科学院科研处副处长、研究员，博士，研究方向：民族社会学。

党的十八大从国家、社会、个人 3 个层面对社会主义核心价值观做了新概括，并从学习教育、理论武装、舆论引导诸方面指明了以社会主义核心价值观引导社会思潮的基本路径。十八届三中全会则指出：要紧紧围绕建设社会主义核心价值体系、社会主义文化强国深化文化体制改革。青海作为欠发达的民族聚居地区和反分裂斗争的一线，以社会主义核心价值观引领社会思潮，对于聚集力量、凝聚社会共识进而实现与全国同步建成小康社会的意义重大。

一　转变发展方式是有效引领社会思潮的根本途径

（一）发展方式转变引领社会思潮的重要性

1. 经济发展方式及其影响下形成的不同区域、不同社会群体间的经济关系，对引领社会思潮具有决定性作用

从历史来看，青海地方对中央政权所具有的强烈认同和归属感，是建立在对中央、中原经济依附基础上的。就小的区域而言，体现在边缘地区的畜牧业对农业、畜牧业与农业对商贸业的互补与依附；就整体而言，体现在地方经济对中央、中原经济的互补性，这种互补性以茶马贸易、朝贡贸易等形式得以体现，从而形成环环相扣、层层依存的对中央政权的向心力和对中华民族的内聚力。进入新时期，从青海多年来的发展实践来看，旧有的经济贸易关系被弱化后，经济上的依附性被新的发展战略和格局所打破，而一定时期不甚恰当的发展方式一定程度上滋长了负面的社会思潮，尤其是分裂、分离思潮的形成和蔓延。

2. 发展方式的转变有赖于具有全局性、战略性、长期性、稳定性、政策性特点的发展战略的确立及内化其为实际行动

改革开放以来，青海对应当确立怎样的发展战略进行了长期的探索，从 1988 年青海第七次党代会以“资源开发”为核心的“十六字方针”，

2002 年青海第十次党代会以“扎扎实实打基础，突出重点抓生态”为重要内容的发展思路，2007 年青海第十一次党代会“三大任务”、“六大战略”、“四个转变”的发展战略和“四区、两带、一线”的区域发展构想，到青海省委十一届三次全体会议的生态立省战略，2009 年省委十一届七次全会的跨越发展、绿色发展、和谐发展与统筹发展的“四个发展”战略和 2012 年省十二次党代会提出“三区建设”的战略部署，从而逐步确立了具有较明晰的可持续发展目标的发展战略。纵览青海牧区存在的就业、教育、社会保障等社会问题，其根源都可以归结到既有利于挖掘当地优势资源潜力，又可对生态环境保护起到有力支撑作用的产业难以得到长足发展上。

（二）发展战略调整的两个向度

只有更有利于自然生态环境保护、更有利于民生改善、更有利于增强自我发展能力的产业得到充足的发展，才有助于与青海东部地区、我国中东部地区建立互补性、渗透性更强的经济联系，社会主义核心价值观方可经由经济互动向青海牧区得以有力、有效而广泛的传播。因此，需要大力调整发展方式，真正确立高原畜牧业、生态旅游业等产业更加突出的地位。

首先，通过宣传、引导，以文化相对论、文化生态学视角，辩证唯物主义立场正确评价高原畜牧业，彻底摒弃社会达尔文主义。要充分认识到，高原畜牧业本身有其不可替代的存在价值。正如草业学家任继周所说：“逐水草而居”的游牧，有其丰富的科学和人文内涵；它与农耕文化共同创造了中华文化的历史辉煌，也必将是人类文化不可或缺的活泼元素；人类文明将永远离不开草原文化的支撑。

其次，要从国家战略高度，制定出台高原畜牧业、生态旅游业等产业发展政策。应从增强全国经济发展后劲、平衡区域经济发展角度，给青海省在“稳定”之上更加明确的“发展”定位，对高原畜牧业、旅游业等给予特殊的产业扶持政策。在此前提下，青海省要进一步研究确立以可持续发展战略为核心和统领，更有利于青海经济结构、产业结构生态化转向的发展战略，以把经济社会发展切实转入全面协调可持续发展的轨道，为社会主义核心价值观大行其道创建经济条件和物质基础。

二　打破地域区隔是有效引领社会思潮的可行路径

（一）地域区隔对主流文化传播的影响

毫无疑问，社会主义核心价值观引领社会思潮需要通过传播来实现。传统上，传播的途径有自然传播（如迁徙、移动）、商道传播、战争传播、移民传播、宗教传播等。随着生产和交往范围的扩大，传播的途径和方式也越来越多样化，呈现媒介化趋势。但对青海农牧民来说，由于新型媒介的普及度、对仅有媒介宣传内容的接受度等受限，社会主义核心价值观通过这种途径宣传的效果仍然有限。当下以广电媒体，以人、文件为媒介的政策宣传等主要形式的社会主义核心价值观传播的效果不尽如人意。据我们的走访调查，作为受众的党委政府一般干部、普通劳动者对何谓社会主义核心价值观不甚了了。青海俗语说，“漫水渗倒墙”。社会主义核心价值观（尤其是个人层面的）要为大众、特别是为占青海人口多数的农牧民所理解、所接受，最为有效的传播途径是面对面的互动交流。这种互动交流的途径是多样的，就其关系结果来说，有亲缘、业缘、姻缘等。就青海来说，发轫于城市为传播中心的格局中，若使社会主义核心价值观通过互动交流实现广泛传播，遇到的一大阻力是地域，包括城乡牧之间、不同地域之间的区隔问题。

究竟如何进一步加大城乡统筹，在政策和实践层面，已经有相对成熟的思路和措施，特别是青海城乡牧之间三元分割问题，通过近几年加大城乡（牧）一体化建设，已经有所改观。但青海不同地域之间的区隔问题，仍然没有纳入关注视野。地域之间的区隔表现在：以单个或多个部落为组织形式的文化地理单元，往往以自然地理、生计模式为边界形成文化圈，并保持着相对的自然与社会环境的独立性和封闭性。青海半农半牧区村落，多处在文化圈的边界，且在文化上一般具有边界、交叉属性，在民族身份上具有双向认同。同时，从结构层面来说，这些村落处在农业社会与牧业社会的交界地带，其经济形态既依赖于种植业也离不开畜牧养殖。如果这些村落能够得到快速发展，不但能对边界双方社会发展起到杠杆带动作用，而且能撬动整个社会结构转型，进而使其成为传播社会主义核心价值观的传承地和衔接地。但是，这些地域村落处在国家扶持的真空地带，发展处在极其艰难的境地。自上而下地扶持发展项目，多数要么是针对农业，要么是针对牧业，而半农半牧区村落不能完全归入任何一方，因此成了“两不沾”的地区，地域区隔遂成为以社会主义核心价值观为主要内容的主流文化的传播阻梗。

（二）打破区隔才能增强实质性、广泛性社会流动

首先，要加大信息、物资、人才、资金等生产要素在区域间的流动。通过改革，消除造成地域隔离、阻碍区域融合的制度性障碍，实现不同区域之间资金、技术、物资、人才、信息、劳动力等生产要素的自由流动，更大程度地发挥市场在资源配置中的决定性作用，为统一开放竞争有序的现代市场体系的形成奠定基础。必须致力于政策调整和制度创新，加大对农牧业、农村牧区和农牧民的支持和保护力度，实现社会的公正。

其次，有必要由规划部门牵头，制定“半农半牧区经济社会发展规划”，优先选择、重点扶持这些地区的发展。应该充分尊重、合理引导群众的首创精神，挖掘资源环境潜力，积极寻找既利于经济发展又利于生态改善的发展项目。在村级组织设置上，应该按照地域相连、管理高效、文化同质的原则，进行重新划定；同时，加强村级组织建设，按照民主自治制度设定，把那些为村民所信任，真正能带领村民求发展、谋福祉的村中能人，选拔到村级组织管理队伍中来。通过民族文化和地方文化发展，更加突出文化圈边界地带属于主流文化和民族文化之间连接点和过渡带地位，形成在经济上与东向的国家力量联系更密切、在民族文化上与西向的民间力量联系更紧密的局面，使两种文化互补互通、差异共存、美美与共。

三　高扬民族—国家认同是有效引领社会思潮的必然选择

（一）在发展稳定中国家认同的力量

1. 认同可分类并有普遍价值

认同大致可分为自我认同和社会认同两类。个人用来定义本身社会身份的总和就是社会认同。随着个体发展与生活环境的不同，每个人一生可能发展出各种不同的认同形式：在个人方面，如自我认同、性别角色认同；在群体部分，如阶级阶层认同、文化认同等，国家认同则是个体可能发展的众多认同形式之一。自我认同的意义在于知道“我”是谁、“我”的人生可以如何度过。至于国家认同，有学者认为它的力量体现在“软实力的后现代意义”。《认同的力量》的作者曼纽尔·卡斯特则说：“当民族国家并不能代表一种强有力的认同，或者无法为一种在建构（或重构）起来的认同名义下提升自己的社会利益联盟提供平台，那么，由某种特殊的认同（例如种族的、地域的和宗教的认同）所形成的社会和政治势力，就会取代国家，并把国家变成这种的排外工具。”当然，卡斯特所说的是极端结果，特指原教旨主义，但其中道出了国家认同不够而种族或族群的、地域的和宗教的认同过强所可能会对国家统一体构成的威胁。

2. 国家认同对传播社会主义核心价值观以引领社会思潮意义重大

其一，各民族对社会主义核心价值观的认同是国家认同的主要表现。从心理学角度说，认同表现在思想、情感、态度和行为上主动接受他人的影响，使自己的态度和行为与他人相接近。可见，认同的实质是对价值观念的认同，这也是可以价值观引领社会思潮的立论基础。而核心价值观是社会文化的精神支柱和本质所在，具有政治引导作用，在社会文化建设中处于主导地位。从党的十八大所深化的社会主义核心价值观的内涵来看，三个层次的核心价值理念相互联系、相互贯通，实现了政治理想、社会导向、行为准则的统一，国家、集体、个人在价值目标上的统一，兼顾了国家、社会、个人三者的价值愿望和追求。因此，在社会主义核心价值观认同与中国国家认同之间是可以画等号的。

其二，民族或族群认同走向极端，必然会削弱个体对社会主义核心价值观的认同。民族或族群认同具有强大的聚合力，但它是一把双刃剑。进步力量利用它，可以促进民族繁荣、社会稳定、国家发展和世界和平；邪恶势力利用它又可以制造分裂，破坏团结，危及国家安全和国际局势稳定。从当代世界因民族因素及霸权主义介入而发生各种争端导致国家局势动荡的事例看，多数是民族或族群认同走向极端，基于国家层面的核心价值观认同缺乏所致。费孝通在阐述“中华民族多元一体格局”时说过：“高层次的认同并不一定取代或排斥低层次的认同，不同层次可以并存不悖，甚至在不同层次的认同基础上可以各自发展原有的特点，形成多语言、多文化的整体。”在中国，不同层次的认同之所以能并行不悖，是因为长期以来各民族对中国（中原）及中华民族有着强烈认同。然而，在世界范围的民族主义浪潮不断冲击中国的社会认同格局，不少地区，尤其是边疆地区分裂、分离主义思潮时有泛起，进而危及中国国家认同和中华民族认同的现实背景下，对民族或族群认同之于国家认同的影响过于乐观的态度已经不合时宜，急需发挥社会主义核心价值观作为我国各族人民团结奋斗的共同思想基础、占支配地位的国家主流意识形态应当具备的引领社会思潮功能，以对民族或族群、地域、宗教等层面的认同加以统摄和导向。由此看，我国新疆维吾尔自治区在民族团结教育活动中，首先提出对祖国的认同、对中华民族的认同、对中华民族文化的认同、对建设中国特色社会主义道路的认同（“四个认同”）意义重大。

（二）对青海牧区国家认同的基本判断

青海牧区同样存在多层次的、复杂的社会认同。据我们 2010 年就青海藏族社会认同的问卷调查，仅藏族对本民族的认同来说，就有对不同层级部落、从农的藏族与从牧的藏族、通藏语的藏族和不通藏语的藏族、不同地域的藏族等认同之别。如此复杂的民族认同之上，藏族民众对中国国家和中华民族认同的情况如何？问卷显示，在问及“你认为，你首先是什么人”时，在434个有效样本中，占比居前3位的是“中国人”（41%）、“本民族的人”（24.7%）和“本自治区的人”（21%）。问卷过程中，对该问题的解释是在罗列了几个选项后，问受访者首先会想到哪一个选项。由此看，青海藏族对中国国家的认同并不十分突出。但具体的两个问题并不完全支持这个结论：问及“你是否关心国家大事”时，在454个有效样本中，选择“关心”的占88.8%；当问到“开奥运会时，你是否关心中国代表团的奖牌名次”时，在445个有效样本中，有89%的样本选择“关心”。这个结果可以说明，在青海藏族群体中，建构并高扬国家认同进而以社会主义核心价值观引领社会思潮具有的社会基础。中华民族认同与中国国家认同是民族—国家层面社会认同硬币的两面，亦可互相反衬并相得益彰。同时的问卷问及对“我知道中华民族的传说和象征”、“中华民族有很多值得骄傲的地方”、“我庆祝中华民族的传统节日”、“没有中华民族的将来就没有我的将来”的看法时，分别有50.9%、74.9%、76.5%、67.3%的受访者选择“同意”，选择“不同意”的样本分别占28.2%、4.65%、4.9%、9.1%。从中看到，在具体的认同表象上，中华民族认同弱于国家认同的事实，以及通过中华民族认同建构国家认同的必要性和可能性。

（三）建构民族—国家认同的重要方面

对时下进一步建构并高扬青海牧区中国国家认同和中华民族认同的举措，除了前述青海牧区对中央、内地经济互补关系的建构外，以下几个方面也至关重要。

一是媒体传播效能的加强。在信息化时代，媒体对认同的建构显得日益重要。但从问卷调查的结果看，主流媒体对青海牧区的影响力还不强。就以藏语为第一语言的家庭来说，藏语言广播电视是所能接受官方信息的主要渠道，但目前的青海藏语广播电视产（作）品制作水平和影响力还有待提高，其中的原因除了资金、人才等条件缺乏外，一个往往被忽略的是新词的翻译和统一问题，这一问题的存在增加了广播电视产（作）品制作成本。应当由国家相关部委牵头，组织全国尤其是青藏五省（区）藏语言文字方面的专家，编写藏语文新词词典。在编写中，作为重要的攻关项目，制定能为各藏语方言区普遍认可并有可能推广开来的语言标准，为建立统一面向整个藏区的传播媒介创造条件，使广大藏族民众能够听到、看到更多来自主流社会的声音。只有主要的语言媒介所传播的信息，能共同为广大民众所接受，才有可能整合地方民族语文媒体力量至一地或中央，真正让主体受众成为局内人，从而夯实宣传的群众基础，夺回传播国家认同和社会主义核心价值观的主阵地。

二是对“中国梦”的研究解读和认知宣传。“中国梦”既包含着对近代以来中国历史的深刻洞悉，又彰显了全国各族人民的共同愿望和宏伟愿景，为中华民族认同和国家认同指明了目标和方向。中国有远见、有胆识、有智慧、有爱国情操的公民、团体及领导人，应该及时准确地找到整合协调实现中国梦动力源的共同支点，形成发展进步的兼容合力，造就托起“中国梦”的坚固长城。

三是对中华民族传说、象征的宣传和传统节日等的倡行。认同的基础是文化。就国家认同来说，其文化符号如国旗、国歌、国徽等尚需更明确地以更强有力的手段为青海每一位中国公民所熟知。相对而言，中华民族历史源远流长，其文化符号数目相对较多，内涵极为丰富，如传说、象征等需要进入广泛的学术视野及建筑标识、学校课堂等为人所共知的领域。在国家力量主导的节日活动中，需要彰显中华民族特有的节日，让这些节日成为青海不同民族、不同地区的人们所共同认可的狂欢节。

四是对昆仑文化的认同和建构。昆仑文化与中华文明的形成、发展和繁荣密切相关，对中华文化的发展产生了重大影响。“以昆仑文化为主体的多元一体文化格局”是对青海文化属性的新定位。显然，与之前的文化定位相比，这一定位更强调青海这一方水土对中国、中华民族的贡献以及与中华文化、内地文化的联系，更有益于青海及其各民族地区国家认同和中华民族认同的建构。应在各级党委政府的统一组织下，进一步挖掘、丰富昆仑文化内涵，更加注重昆仑文化品牌打造，使青海各民族对昆仑文化的强烈认同成为以社会主义核心价值观引领社会思潮的重要基础和力量。

五是对国家认同、中华民族认同与中国共产党认同三者是否应当有所区别，需要研究。中国共产党视国家利益高于一切。我们用“没有共产党就没有新中国”来强调国家利益与党的利益、国家目标与党的目标的联系，这是无可厚非的。但是过于强调二者的一致性，往往导致党内腐败等问题对相对动态的共产党认同的损害，进而殃及相对静态的民族—国家认同，这反过来又加深共产党认同的损害程度。因此，有必要设立国家项目，对三者之间的关系进行深入解析，建构出可使三者相互促进、相辅相成的路子来。

四　创建先进区是有效引领社会思潮的创新举措

（一）引导各民族共同繁荣发展的新载体

青海省第十二次党代会提出建设民族团结进步示范区的目标。这是青海在平安创建活动、民族团结进步创建活动、民族团结进步示范区等实践探索基础上，在新的条件和要求下所提出的新的建设要求。在总结试点经验的基础上，2013 年，青海省制定下发了《青海省创建民族团结进步先进区实施纲要》，民族团结进步示范区建设进入全面落实轨道。从最近几年青海社会文化发展的情况看，构建平等团结互助和谐的民族关系、以社会主义核心价值观引领社会思潮的重难点皆在牧区，根本上是如何解放和发展牧区社会生产力的问题。基于此，青海为贯彻落实《国务院关于促进牧区又快又好发展的若干意见》，制定下发了实施意见，提出了加快青海牧区发展的若干任务目标。但是，发展仍然面临着思想不统一、国家认同不强、因团结不够而凝聚力弱等的掣肘问题，民族团结进步先进区建设恰逢其时，必将对破解影响发展的社会文化问题起到载体、抓手和牵引作用。

（二）先进区建设有待突破

作为青海在推动民族团结进步事业上的一项重大创新，民族团结进步先进区建设还需要在以下方面加以明确和突破。

一要进一步明确民族团结进步先进区建设的目标指向。《青海省创建民族团结进步先进区实施纲要》提出“三年强基础、八年创先进”的目标任务，同时，提出深入推进依法治理、不断深化思想引导、着力夯实基层基础、有效排查化解矛盾纠纷、全面贯彻党的民族政策、扎实做好宗教工作、不断加强和改进社会管理、统筹推进区域城乡协调发展、切实保障和改善民生、大力提升干部队伍素质、建立健全创建工作机制、切实加强组织领导等15个方面的重点工作措施。可以看到，上述目标和措施，几乎囊括了社会文化建设的方方面面。无论从民族团结进步示范区建设的出发点还是落脚点来看，一个统摄这项工作的纲领是如何以社会主义核心价值观、“中国梦”引领青海牧区干部民众的思想问题。因此，一定要顺应时代发展新要求和人民群众新期待，着眼于凝聚同心同德的思想和力量，着眼于整体提升经济社会发展水平，着力推动和谐青海建设再上新台阶。

二要进一步在省（区）与省（区）、州地与州地、县乡与县乡之间，通过民族团结进步先进区建设，建立交流联动机制，打通思想文化交流畅通的脉络。在长期的社会建设、特别是近年来的社会管理创新实践中，青海各地建立联动机制，努力排查化解矛盾纠纷，开创了一条不同行政区域（包括省区）间共商国是、共谋发展的新路子。比如，青海海北藏族自治州与甘肃省相邻市县协调建立形成协作区内轮值负责人、警备协作、责任追究等制度，以及县乡村三级联席会议和互信互访工作制度，确保两省边界的安全和社会稳定，实现边界地区长治久安，为纠纷易发的甘青边界保持信息、文化互动和主流文化的西向传播扫除了障碍。此外，青海玉树藏族自治州与西藏那曲地区以及省内县与县之间也有类似的范例，所产生的经济社会文化效能、特别是在引导社会思潮方面的作用十分显著，值得在民族团结进步先进区建设活动中借鉴、推广。

B.11

青海省文化竞争力分析评价与提升对策

石德生*

摘 要：近年来，青海文化建设取得了显著成就，文化软实力与竞争力得到快速提升。但由于地处边缘地带，经济社会发展滞后，青海省域文化竞争力处于弱势与劣势状态。因此，夯实青海文化竞争力基础，必须科学界定青海“文化名省”建设内涵与目标，加强青海省域公共文化服务体系建设，积极开发优秀文化资源，提高文化产业的高度化，打造高层次文化传播平台，加强文化人力资源队伍建设，实施收入倍增计划，提升省域居民文化消费能力，从而提升青海省域文化的竞争力。

关键词：青海　文化竞争力　分析评价　提升对策

文化是国家和民族发展的灵魂。全球化背景下，文化对内具有浓郁的凝聚力、吸引力、感染力，是维系国家团结统一、兴旺发达的精神纽带，对外具有强烈的影响力、辐射力、渗透力，是国家软实力、竞争力的重要体现。“青海是祖国一个地大物博的地方”，有着悠久的历史、多彩丰富的民族文化，是唐蕃古道、丝绸之路、茶马贸易的重要孔道；青海也有着优美的自然

* 石德生，河海大学公共管理学院教授，博士，研究方向：发展社会学。

景观、丰富的资源，是中国聚宝盆、中华水塔、三江源头，享有“大美青海”之称。但由于地理区位、经济滞后、社会发育滞后等诸多原因，青海文化建设与发展水平、文化软实力与竞争力与全国其他省区相比仍处于弱势与劣势水平，与青海“两新三区”战略目标、全面小康社会建设目标与进程不相适应。面对新形势我们必须增强紧迫感、责任感、使命感，必须积极研究青海文化竞争力发展的现状、原因，积极探讨提升青海文化竞争力的路径与对策，提升青海文化软实力、竞争力，为经济社会的整体发展服务。

一　文化竞争力及其指标体系

（一）文化竞争力

1. 竞争力

竞争力是参与竞争双方或多方在角逐、比较过程中体现出来的综合能力，是竞争者表现出来的相对优势、差距、吸引力与收益力；竞争力不仅体现在竞争过程之中，也展现在未来发展之中。对国家或区域而言，竞争力主要体现在区域经济、政治、社会、文化、资源与环境等诸多要素之间的相互竞争。

2. 文化竞争力

文化是人类在长期社会发展中积累的、跟自身生活相关的、适应自然或周围社会环境的知识、经验系统，是能够被传承的国家或民族的历史、地理、风土人情、传统习俗、生活方式、文学艺术、行为规范、思维方式、价值观念，是人类进行交流、普遍认可的意识形态，是社会价值系统的总和①。文化竞争力则是指各种文化因素在推进经济、社会、人的全面发展过程中产生的创新力、推动力、导向力，是一个区域在经济、社会发展、文化资源要素流动与整合过程中表现出来的抗衡，甚至超越现实和潜在竞争对手，以获取持久竞争优势、实现区域高度发展的文化价值能力。对内文化竞争力可以产生鼓舞力、

① http：//baike. baidu. com/subview/3537/6927833. htm.

凝聚力，对外文化竞争力可对其他国家与区域发展的进程产生影响、辐射。就文化竞争力的内蕴而言，依照国家“十一五”、“十二五”时期文化发展规划纲要，及诸多专家学者的研究与界定，文化竞争力既包括理论和思想道德建设，也包括公共文化服务、新闻传播、文化产业、文化创新、文化保护与开发、对外文化交流、文化人才队伍建设等内容，是诸多文化因素的多层次综合体。

（二）文化竞争力评价指标体系

鉴于以上说明，笔者认为可以基础竞争力、公共文化服务竞争力、文化资源与文化产业竞争力、新闻出版传媒竞争力、人力资源与文化创新竞争力、文化消费与生活质量 6 个维度为一级指标①，并设定二级与三级指标，建立文化竞争力评价指标体系，评价分析某一区域的文化竞争力②。

基础竞争力（区域经济与环境区位竞争力）可以经济竞争力、对外经济交流、环境竞争力与区位竞争力 4 个维度为二级指标衡量。经济竞争力可以省域 GDP、人均 GDP 为三级指标；对外交流程度可以进出口贸易总额、外资公司入驻数、外资投入比例、入境旅游人次数为三级指标；环境竞争力可以建成区绿化率、空气质量指数为三级指标；区位竞争力依社会消费品零售总额、路网密度、地理区位为三级指标。

公共文化服务竞争力可以公共文化资金投入、公共文化设施、公共文化活动为二级指标；公共文化资金投入可以公共文化投入资金总额与占 GDP 比例两项为三级指标；公共文化设施可以公共图书馆、博物馆、美术馆、影剧院、群艺馆与文化馆、非物质文化遗产、纪念馆、每百万人均图书馆、百万人拥有公共文化设施数量 9 项为三级指标；公共文化活动可以公共文化团体数量、公共文化演出数量、文化艺术展览、音乐会、文化艺术节庆、大型体育比赛 6 项为三级指标。

新闻传媒竞争力可以新闻出版、广播电视、网络发展为二级指标。新闻

---

① 陈友华：《中国区域文化竞争力评价》，《文化产业研究》2009 年第 3 期。

② 陈友华：《中国区域文化竞争力评价》，《文化产业研究》2009 年第 3 期。

出版可以报刊发行种类与数量、图书种类与发行量等四项为三级指标；广播电视竞争力可以广播电视频道、广播电视覆盖率为三级指标；网络发展竞争力可以千人拥有互联网用户数、手机终端互联网为三级指标。

文化产业与文化资源竞争力主要可从文化产业与文化资源两个维度考察。文化产业竞争力可以区域文化产业增加值、文化产业增加值占 GDP 比重、人均文化产业增加值、文化产业从业人员、文化产业企业数量、文化产业名优品牌数量为三级指标。区域文化资源竞争力又可分为历史文化资源、自然文化资源，历史文化资源依据世界文化遗产数、国家文物保护单位数、省级文物保护单位数、市级文物保护单位数计算；自然文化资源可依据世界自然文化遗产数、AAAAA 级风景名胜区数、AAAA 级风景名胜区数与 AAA 级风景名胜区数计算。

人力资源与文化创新竞争力可以人力资源与文化创新竞争力为二级指标进行考察。其中，人力资源竞争力可以大中专学校数量、教育经费投入、教育经费投入占 GDP 比重、每 10 万人口中大学生数、平均受教育年限 5 个三级指标加以分析、衡量；文化创新竞争力可依据科研机构数量、科研人员数及比重、R&D 投入、R&D 投入占 GDP 比重、10 万人口专利数 5 个三级指标加以衡量。

文化消费与生活质量可依文化消费与生活质量两个二级指标考察；文化消费竞争力可依据百户居民拥有的电脑数、百户居民拥有智能手机数、居民人均文化消费量、居民文化消费系数加以分析；生活质量指标主要可依据恩格尔系数、人均居住面积、平均预期寿命 3 个指标度量。

总之，笔者以为可依据上述 6 个一级指标、16 个二级指标、61 个三级指标，建构一个较为合理的青海文化竞争力评价指标体系，通过三级指标原始数据的标准化①，二级与一级指标准数值的权重加总②，来评价、判断青

① 由于指标量纲与取值范围不同，必须对各指标数值进行无量纲化处理，也即指标数值的标准化，常用的方法有标准化法、极值法等，其值则为××%。

② 指标数值加总：一级指标值由其所属二级指标值乘以各自权重后加和获取，二级指标值由其所属三级指标乘各自权重后加和获取，数值应在 0～100 之间。

海文化竞争力状况及其在国内所处的位置；指标权重则可依据德尔斐法、主成分分析法、层次分析法确定。

二　2013年青海文化竞争力分析与评价

2011 年以来，青海省委省政府积极响应中共中央关于推动社会主义文化大发展、大繁荣的精神，以“大美青海”知名品牌建设为目标，制定“文化名省”发展战略，推进青海文化发展。2013 年，青海省围绕文化“八大工程”建设任务，健全公共文化服务财政保障机制，投入 11.6 亿元促进文化事业、文化产业发展，重点支持全省公益性文化场馆实行免费开放①，大力提升了青海文化影响力、软实力、竞争力，推进了社会和谐、稳定发展。根据以上区域文化竞争力指标体系，以及《青海统计年鉴 2014》、青海省统计局于 2014 年发布的相关数据②，通过计算与分析，我们认为青海省域文化软实力、竞争力状况大致如下。

（一）2013年青海文化竞争力分析

1. 文化基础竞争力

经济社会发展程度是文化竞争力的基础、保障、体现。根据基础竞争力分析评价指标原始数据的标准化、加总计算（见表 1），青海省 2013 年文化建设、发展的基础竞争力综合得分为 26。其中，经济竞争力为 20，对外经济交流得分为 10，环境竞争力为 65，区位竞争力为 13。根据这一系列数值，可看出由于青海所处地理区位偏僻，经济社会发展区位处于劣势，致使青海经济社会整体发展程度落后、滞后，对外经济交流数额总量较小、文化输出交流乏力、对外影响力弱，全社会整体经济水平低、社会消费品零售数量少，文化基础竞争力偏弱，对文化竞争力与软实力的支持力较弱。

---

① http：//www. chinadaily. com. cn/hqcj/zxqxb/2013 -06 -26/content_ 9419730. html，中国日报网财经频道。

② 以下数据除另行注释均来自《青海统计年鉴 2014 年》（中国统计出版社，2014）。

表1　青海文化基础竞争力指标分析与评价

一级指标			二级指标			三级指标			
权重	名称	标准分	权重	名称	标准分	权重	名称	标准分	指标值
0.15	基础竞争力	26	0.40	经济竞争力	20	0.50	省域 GDP	20	2101.05 亿元
						0.50	人均 GDP	20	3.6360 万元
			0.20	对外经济交流	10	0.25	进出口贸易总额	10	14.0256 亿元
						0.25	外资公司入驻数	10	105
						0.25	外资投入比例	10	0.35%
						0.25	入境旅游人次数	10	4.65 万人
			0.20	环境竞争力	65	0.50	建成区绿化率	60	31.2%
						0.50	空气质量指数	70	90
			0.20	区位竞争力	13	0.30	社会消费品零售总额	20	544.08 亿元
						0.30	路网密度	10	0.097
						0.40	地理区位	10	0.2

注：《2013 年青海省社会消费品零售总额破 500 亿元大关》，人民网青海频道，2014 年 1 月 19 日。

2. 公共文化服务竞争力分析

公共文化服务是政府公共部门提供、以保障公民基本文化生活权利为目的的公共文化产品与服务的总称，包括公共文化服务设施、资源和服务内容①，公共文化服务与体系建设是省域文化建设的重要基础，是文化软实力与竞争力提升的重要保证。根据分析，2013 年青海公共文化服务竞争力标准分为 24.67（见表 2）。其中，公共文化投入得分 22.5，公共文化设施得分为 32.4，公共文化活动得分为 20.5。从指标、数据可看出，由于省域经济社会整体发展滞后，省域公共文化综合实力与竞争力仍显薄弱。第一，公共文化事业资金投入总量相对较小，只占国民经济支出比重的 0.555%。第二，相对发达省份，公共文化基础设施建设数量少、水平低，公共图书馆、美术馆、博物馆、影剧院、艺术馆数量较少。第三，公共文化活动较少，尤其是档次较高的文化活动较少，不能满足居民高层次的文化活动欣赏需求，如省内高档次音乐会、文化艺术表演、美术展览极其缺乏。同时，在调查中

① http://baike.baidu.com/view/1171186.htm = aladdin.

发现由于这一原因，居民对于文化活动的参与度较小，不能起到提升居民文化欣赏水平与精神境界的作用与功能。

表 2　青海省公共文化服务竞争力

一级指标			二级指标			三级指标			
权重	名称	标准分	权重	名称	标准分	权重	名称	标准分	指标值
0.15	公共文化服务竞争力	24.67	0.30	公共文化投入	22.5	0.50	公共文化总投入	30	37.6 亿元
						0.50	公共文化投入占 GDP 比例	15	0.55%
			0.30	公共文化设施	32.4	0.10	公共图书馆	32	49 家
						0.10	博物馆	35	22 家
						0.10	美术馆	28	16 家
						0.10	影剧院	39	11 个
						0.10	群众艺术馆、文化馆	45	64
						0.10	非物质文化遗产	30	150
						0.10	纪念馆	10	10
						0.10	百万人均公共图书馆	45	8.51
						0.20	百万人拥有公共文化设施	30	28.03
			0.40	公共文化活动	20.5	0.20	文化艺术表演数量	21	50
						0.20	文化艺术表演团体	29	29
						0.15	文化艺术展览	24	30
						0.15	音乐会	10	2
						0.15	文化艺术节庆	10	5

3. 新闻出版传媒竞争力分析

通过文化传媒组织与平台可有效地组织、创造、传播优秀文化及其蕴含的优秀价值观、人生观、世界观①。因此，文化传媒竞争力不仅影响省域优秀文化的生产、传播，而且影响省域文化软实力与竞争力的提升。从传媒竞争力评价分析指标体系与数据分析来看，青海省域新闻出版传播竞争力综合得分为 37.8（见表 3）。其中，新闻出版竞争力为 29，广播影视竞争力为 50，网络发展竞争力为 30，相对全国其他地区均处于较低水平。第

① 包国强：《论传媒竞争力的提升》，《今传媒》2007 年第 12 期。

一，新闻出版业较为落后，出版书刊、杂志、报纸的种类、数量虽然较多，但缺少能在国内叫得响的精品书刊、期刊，如甘肃的《读者》等，不能和国内发达地区的出版集团、省份相媲美。如中国四大出版集团、江苏凤凰传媒集团等。第二，虽然青海广播影视传播平台、影响力有所发展，但青海电视频道、节目，广播影视的软实力、竞争力依然弱小，没有一个能够辐射、影响到全国影视广播频道，竞争力不及国内几家声名远播的地方电视台，从而致使地方特色文化无法传播到全国甚至世界各地，如江苏、浙江、湖南卫视等。同时，就西北地区各省对比而言，青海的影视传播竞争力也处于弱势地位，第三，互联网普及程度与覆盖率不高，即使网络能够辐射到有些地方，但由于网络速度甚慢，形同虚设；或者由于监控不力产生负面影响。

表3　青海新闻出版传媒竞争力

<table>
<tr><th colspan="3">一级指标</th><th colspan="3">二级指标</th><th colspan="4">三级指标</th></tr>
<tr><th>权重</th><th>名称</th><th>标准分</th><th>权重</th><th>名称</th><th>标准分</th><th>权重</th><th>名称</th><th>标准分</th><th>指标值</th></tr>
<tr><td rowspan="8">0.20</td><td rowspan="8">新闻出版传媒竞争力</td><td rowspan="8">37.8</td><td rowspan="4">0.20</td><td rowspan="4">新闻出版</td><td rowspan="4">29</td><td>0.25</td><td>报刊发行种类</td><td>30</td><td>81</td></tr>
<tr><td>0.25</td><td>报刊发行数量</td><td>30</td><td>11737 万册</td></tr>
<tr><td>0.25</td><td>图书发行种类</td><td>28</td><td>1051</td></tr>
<tr><td>0.25</td><td>图书发行数量</td><td>28</td><td>1315 万册</td></tr>
<tr><td rowspan="2">0.40</td><td rowspan="2">广播影视</td><td rowspan="2">50</td><td>0.50</td><td>广播电视频道数</td><td>60</td><td>28</td></tr>
<tr><td>0.50</td><td>广播电视覆盖率</td><td>40</td><td>96.9%</td></tr>
<tr><td rowspan="2">0.40</td><td rowspan="2">网络发展</td><td rowspan="2">30</td><td>0.50</td><td>互联网用户/千人</td><td>30</td><td>548</td></tr>
<tr><td>0.50</td><td>手机互联网用户</td><td>30</td><td>210</td></tr>
</table>

4. 文化资源与文化产业竞争力分析

文化资源是人们从事文化生活和生产的前提，是文化建设与发展的重要基础。纵观世界文化大国与国内文化大省，无一不是以丰厚的历史与自然文化资源为基础发展文化事业、产业，积极提升省域文化软实力与竞争力。通过调查与指标数据加总计算、分析（见表4），当前青海文化资源与文化产业发展状况总得分为29，总体落后于全国诸多省份。其中，文化资源竞争力为

20（历史文化资源、自然文化资源标准分均为20）。究其原因，一是青海地处祖国边陲，虽历史悠久，但历史文化遗迹较少；二是自古以来人口稀少，遗留人类自然文化资源较少，故对青海文化软实力发展提供支撑作用相对较小。同时，就近年青海文化产业发展及其竞争力而言，总体得分为38，在全国仍处于落后、滞后位置。第一，省域文化产业规模、总值总量较少（只有35.01亿元），在全省GDP总量中所占比重只有1.86%；而且历年增幅虽然较大，但相对发达省份而言，还是非常有限，对省域文化软实力、竞争力的支撑作用不是十分明显。第二，企业结构不够合理，规模以上文化产业企业较少，人均产值只有640元。第三，文化产业从业人员较少（8.9万人），文化产业创新能力较低，知名品牌数量较少（只有30个），不能充分发挥龙头产品产业带动作用，以推进省域文化软实力与竞争力的提升。

表4　青海省文化资源与文化产业竞争力

<table>
<tr><th colspan="3">一级指标</th><th colspan="3">二级指标</th><th colspan="4">三级指标</th></tr>
<tr><th>权重</th><th>名称</th><th>标准分</th><th>权重</th><th>名称</th><th>标准分</th><th>权重</th><th>名称</th><th>标准分</th><th>指标值</th></tr>
<tr><td rowspan="8">0.20</td><td rowspan="8">文化资源与文化产业竞争力</td><td rowspan="8">29</td><td rowspan="4">0.20</td><td rowspan="4">新闻出版</td><td rowspan="4">29</td><td>0.25</td><td>报刊发行种类</td><td>30</td><td>81</td></tr>
<tr><td>0.25</td><td>报刊发行数量</td><td>30</td><td>11737万册</td></tr>
<tr><td>0.25</td><td>图书发行种类</td><td>28</td><td>1051</td></tr>
<tr><td>0.25</td><td>图书发行数量</td><td>28</td><td>1315万册</td></tr>
<tr><td rowspan="2">0.40</td><td rowspan="2">广播影视</td><td rowspan="2">50</td><td>0.50</td><td>广播电视频道数</td><td>60</td><td>28</td></tr>
<tr><td>0.50</td><td>广播电视覆盖率</td><td>40</td><td>96.9%</td></tr>
<tr><td rowspan="2">0.40</td><td rowspan="2">网络发展</td><td rowspan="2">30</td><td>0.50</td><td>互联网用户/千人</td><td>30</td><td>548</td></tr>
<tr><td>0.50</td><td>手机互联网用户</td><td>30</td><td>210</td></tr>
</table>

5. 人力资源与文化创新竞争力分析

文化人力资源是推进文化创新能力的重要支撑，文化创新竞争力是文化事业与产业发展的重要动力，是提升省域文化软实力与竞争力的重要基础。就当前青海省人力资源与文化创新竞争力发展状况而言（见表5），总体分值为44.91。其中，人力资源得分为60，文化创新得分为29.82，在国内总体处于较为落后的状态与局面。原因在于：第一，教育经费投入总量少，占

GDP 比重为 2.6%，整体教育发展进程滞后，水平较低。第二，大中专学校数量较少（27 所），办学质量不是很高，致使居民受教育年限较少，且由于涉及文化产业与文化事业发展的专业，毕业生过少，不能为文化产业与事业发展提供较为专业高级的创新人才。第三，青海每年投入科研经费较少（6.47 亿元），只占到全省 GDP 的 0.28%，致使科研机构、科研人员数量较少，创新数量较少，专利数每 10 万人只有 19.01 个，从而不能积极支持文化创新，推进文化软实力与竞争力的提升。

表 5　青海省人力资源与文化创新竞争力

一级指标			二级指标			三级指标			
权重	名称	标准分	权重	名称	标准分	权重	名称	标准分	指标值
0.15	人力资源与文化创新竞争力	44.91	0.50	人力资源	60	0.20	大中专学校数量	20	27
						0.20	教育经费投入	20	56 亿元
						0.20	教育经费投入占 GDP 比重	80	2.6%
						0.20	每 10 万人中大学生数	90	1106
			0.50	文化创新	29.82	0.20	平均受教育年限	90	8.38 年
						0.20	科研机构数量	50	54
						0.20	科研人员数量与比重	30	2445
						0.20	R&D 投入	9.3	6.47 亿元
						0.20	R&D 投入占 GDP 比重(%)	19.8	0.28%
						0.20	每十万人口专利数	40	19.01

6. 青海省域文化消费与生活质量分析

文化消费与生活质量是文化软实力与竞争力发展的基础，也是提升文化软实力、竞争力的重要体现与保证。通过调查与指标数据分析，青海省居民文化消费与生活质量总体得分为 59.2，与全国发达地区相比只有 60% 的水平。其中，文化消费指标为 43，生活质量得分是 75.4。总体而言，经济发展滞后、居民实际收入较低、恩格尔系数较高、居民生活质量较低影响了文化消费，使文化生活质量处于偏低的状态，影响了文化软实力与竞争力的提升（见表 6）。

表 6　青海省居民文化消费与生活质量指标分析

<table>
<tr><th colspan="3">一级指标</th><th colspan="3">二级指标</th><th colspan="4">三级指标</th></tr>
<tr><th>权重</th><th>名称</th><th>标准分</th><th>权重</th><th>名称</th><th>标准分</th><th>权重</th><th>名称</th><th>标准分</th><th>指标值</th></tr>
<tr><td rowspan="7">0. 15</td><td rowspan="7">文化消费与生活质量</td><td rowspan="7">59. 2</td><td rowspan="4">0. 50</td><td rowspan="4">文化消费</td><td rowspan="4">43</td><td>0. 15</td><td>百户居民拥有的电脑数</td><td>60</td><td>50</td></tr>
<tr><td>0. 15</td><td>百户居民拥有智能手机数</td><td>40</td><td>94. 63%</td></tr>
<tr><td>0. 35</td><td>居民文化消费</td><td>40</td><td>1472.</td></tr>
<tr><td>0. 35</td><td>居民文化消费系数</td><td>40</td><td>10. 9%</td></tr>
<tr><td rowspan="3">0. 50</td><td rowspan="3">生活质量</td><td rowspan="3">75. 4</td><td>0. 30</td><td>恩格尔系数</td><td>78</td><td>47. 7%</td></tr>
<tr><td>0. 30</td><td>平均预期寿命</td><td>80</td><td>69. 96 岁</td></tr>
<tr><td>0. 40</td><td>人居居住面积</td><td>70</td><td>28. 1</td></tr>
</table>

（二）青海文化竞争力评价

根据以上分析，我们认为青海省域文化竞争力各项指标均较低，文化基础竞争力标准分为26，公共文化服务竞争力标准分为24. 67，文化资源与文化产业竞争力标准分为37. 8，新闻出版传媒竞争力标准分为29，人力资源与文化创新竞争力标准分为44. 91，文化消费与生活质量标准分为59. 2，省域文化竞争力各项指标均较低。就文化竞争力各项竞争力的权重与指标数值的总体加总数值而言，则为36. 68，只相当于全国发达地区文化竞争力的36. 68%，在全国范围内处于滞后、落后位置。具体体现：第一，省域经济发展总量（GDP）较小，在全国范围内仅高于西藏，致使青海文化发展的基础竞争力、支撑力量薄弱，不仅影响青海省域文化发展与建设投入，也影响公共文化服务水平、总量的提升，导致青海省域公共文化服务水平、能力偏低，基础设施建设落后，公共文化服务活动开展较少。如青海公共图书馆机构数、人均藏书量、总流通人次排在全国31位。第二，青海传媒业发展滞后，文化辐射力、竞争力较低，致使青海文化的影响力、辐射力相对较低，影响了青海优秀传统文化、民族文化的宣传、传播，致使青海文化的影响力、辐射力较小，影响省域文化软实力与竞争力提升。第三，文化产业发展资金投入较少、文化市场开发力度不足，致使青海历史、自然文化资源开发能力较差、数量相对较少，导致文化产业实力、竞争力差，不能打造大型龙头文化产业企业，也不能打造知名文化产业品牌，从而带动青海文化产业走向全国、走向世界市场。第四，青海省域文化研发队伍建设滞后，科研水平较差，量和质两方面均在全国范围内处于落后位置，影响省域文化创新能力提高，影响青海文化软实力与竞争力提升。第五，省域经济发展滞后，省内居民收入水平较低、居民文化消费水平低下，在总量上排在全国倒数第二①，限制了居民文化欣赏水平、文化消费欲望与能力的提升，使青海省域文化传播能力、软实力与竞争力处于低水平发展、循环状态，影响省域文化软实力与竞争力提升。

深入分析青海文化竞争力较低的原因，主要有以下几点。第一，“文化名省”建设理论与实践研究尚处于探索阶段，文化建设与发展的目标、定位、路径尚不够明确，文化事业与文化产业的主体界定不够清楚，规划重点不够突出。第二，文化体制诸多方面的改革滞后，政府引导、参与文化产业的发展较多，文化事业与产业发展注重资金与项目先期投入，对于成果、绩效的评估与验收不够严格。第三，文化产业发展的投融资机制落后，限制了社会主体、力量的参与度，文化产业的市场化、商业化开发尚处于初级阶段；文化产业行业规模小，结构布局不合理，产业链、价值链优化程度不够。第四，文化产品开发缺乏科学性、合理性、品牌意识，优秀文化作品、文化精品开发力度不够，低俗化现象突出。第五，文化人才队伍建设力度不够，领军人物缺乏等。总之，上述问题共同影响青海省域文化软实力、竞争力提升，影响青海经济社会发展与和谐文明新青海建设的整体进程。

三　青海文化竞争力的提升路径

（一）积极实施“四个发展”战略，夯实提升青海文化竞争力的基础

提高文化竞争力，依赖于文化创新能力、经济基础、社会环境、制度

① 青海省统计局：《青海统计年鉴》，中国统计出版社，2014，第557页。

机制，需要正确的文化发展战略。因此，青海文化软实力与竞争力的发展、提升，必须积极实施“跨越发展、绿色发展、和谐发展、统筹发展”战略，积极提升青海经济实力，提高青海经济总量，夯实青海文化基础竞争力，为青海文化竞争力提升提供广阔的空间和可能；必须建立完善的、有利于促进文化建设的体制机制，不断增强文化发展动力和活力，为青海文化可持续发展提供良好的制度环境和有保障、宽松的社会环境和氛围，提供必要的资源和条件、足够的激励和动力，全面推进文化繁荣发展，增强文化软实力。

（二）积极提升青海省域公共文化服务竞争力

提升青海文化竞争力，必须科学界定青海“文化名省”战略目标，以改革创新为动力，积极实施文化体制改革，发展公共文化事业，着力构建覆盖城乡的公共文化服务体系，积极发展公共文化事业，提高青海省域公共文化服务水平，保障各族群众的基本文化权益，满足人民精神文化需求。积极加大、提升公共文化事业资金投入总量，大力发展公共文化基础设施建设，建设公共图书馆、美术馆、博物馆、影剧院、艺术馆，积极满足省域居民的文化需求；积极开展公共文化活动，积极开展高档次文化活动，满足居民对高层次文化活动欣赏的需求；积极提升居民对公共文化活动的参与度，提升居民的文化欣赏水平与精神境界。

（三）积极开发优秀文化资源，提高文化产业竞争力

鉴于青海文化产业发展羸弱的问题，我们必须着力构建具有青海特色的文化产业体系，必须积极开发青海优秀文化资源，把文化产业培育成青海省国民经济的支柱性产业，提升文化产业竞争力。第一，科学界定省域文化产业发展目标，积极挖掘青海优秀文化资源，以昆仑文化为主体的多元一体文化为主题，精心打造特色文化系列品牌，通过产业化方式，提升青海优秀文化辐射力与竞争力，解决文化产业发展的低俗化现象。第二，积极加大文化体制改革，在政府引导、参与的基础上，加大市场主体参与力度，解决文化

产业发展中存在的政府参与过多，产业开发市场化、商业化程度不够等问题。第三，加大文化产品开发的科学性、合理性，通过绩效评估，提升文化产业发展绩效，解决文化产业发展中存在的投入产出比低下的问题。第四，加强品牌意识，通过优秀文化作品、文化精品的品牌化，提升文化产业高度、精度，充分发挥龙头企业、产品、产业的带动作用，推进省域文化产业发展，解决文化产业行业规模小、结构布局不合理及产业链、价值链优化程度不够的问题。第五，调整文化产业结构，打造高效文化产业企业、知名品牌，提升企业和品牌竞争力，提高文化产业人均产值。

（四）打造高层次文化传播平台，积极提升文化传媒竞争力

提升青海文化竞争力，必须着力构建面向全国和世界的文化传播体系，进一步增强“大美青海”的影响力和知名度。第一，积极发展省域新闻出版业，打造国内外知名的期刊、报纸，积极传播青海悠久的历史、文化。第二，打造优秀文化传播平台，积极提升省域广播影视传播平台的影响力，提升广播影视传媒的软实力、竞争力。第三，积极提升互联网的普及程度与覆盖率，加大网络监控，积极传播优秀文化，使其对社会文化发展产生积极正能量。

（五）加强文化人力资源队伍建设，提升文化创新竞争力

鉴于青海文化人力资源队伍建设滞后、文化创新竞争力低下、文化事业与产业发展动力不足，文化人力资源队伍建设必须加强。第一，积极提升教育经费投入总量，整体推进教育发展进程，提升文化创新竞争力。第二，在大中专学校积极设立与文化事业、文化产业发展相关的专业，为文化产业与事业的发展提供较为专业、高级的创新人才。第三，加大文化事业与文化产业发展科研经费投入，积极提升文化科研机构、科研人员数量，提升文化科研、创新成果数量，并积极将文化创新专利运用到文化事业发展之中，进而提升青海文化产业发展水平。第四，积极加强文化事业与文化产业领军人物队伍建设，积极提升公共文化事业、服务质量。

（六）积极实施收入倍增计划，提升省域居民文化消费能力

生活质量与文化消费是文化软实力与竞争力发展的基础，我们必须积极发展省域经济，积极实施收入倍增计划，提升居民实际收入水平，降低恩格尔系数，提高居民的生活质量、文化消费水平，提升文化市场的繁荣程度，提升公共文化服务水平，从而为提升青海文化软实力、竞争力奠定基础。

B.12

青海户籍制度改革的实践与思考

——2010~2014年的回顾与展望

安胜年*

摘　要：青海在户籍制度改革上，做出了艰难的探索，取得了显著的成效。其中，也存在土地权益维护不够、中小城镇吸附力有限、中心城市承载压力增大、城乡就业生活水平差异影响落户、政策配套不到位等突出问题。展望未来，青海户籍制度改革面临良好的机遇，需要进一步完善政策、加大投入、保障民生、有序推进。

关键词：青海　户籍制度　改革　回顾　展望

2010年初，青海公安机关在摸清省内50万暂住人口底数的基础上，提出了户籍改革的初步思路。7月，省政府成立省户籍制度改革领导小组，下设办公室（简称“户改办”，设在公安厅）。户改办在深入基层调研、广泛征求各界意见的基础上，初步拿出《青海省深入推进户籍制度改革方案》（以下简称《方案》），省政府论证评估，并于11月25日省政府第70次常务会讨论通过，青海省新一轮户籍制度改革工作正式启动。

一　近年来青海户籍制度改革的实践与成效

青海推进户籍制度改革以来，不断加强组织、制度建设，强化宣传引

* 安胜年，青海省公安厅办公室副主任，研究方向：户籍管理。

导，加强集中整改、督导检查，取得农牧民转户进城的积极性不断提高、城镇化加快发展、社会管理水平有效提升和促进民族团结局面的成效。

（一）户籍制度改革的实践探索

1. 强化组织领导

青海省政府成立由政府分管领导为组长、各相关部门主要负责人参加的省户籍制度改革领导小组。各地也相应成立政府主要领导为组长的领导小组及相应的办事机构，制定了符合本地实际的《方案》及《实施细则》，省市两级户改成员单位间建立了联络员机制，由此形成了政府主导、部门联动、齐抓共管的格局。特别是省委常委、西宁市委书记亲自担任西宁市户改领导小组组长，将户改办公室调整至市政府，更加有力、高效地推动了改革进程。

2. 细化配套措施

改革初始，青海省有关部门制定出台了一系列配套政策，形成了大的政策框架体系。但随着改革的深入和相关政策的变化，出现了一些新情况、新问题，需要从政策层面继续配套和完善。为此，2012 年 5 月以来，省户改办会同省级 10 个成员单位，相继制定出台了《关于撤销村民委员会改设城镇社区居民委员会有关问题的指导意见》、《关于做好推进户籍制度改革中有关低保工作的通知》、《关于户籍制度改革中宅基地处置的意见》、《关于转户妇女继续享受住院分娩和“两癌筛查”及服用叶酸有关规定的通知》、《关于补充转户农牧民为家电下乡补贴对象的通知》等 26 项补充政策和细化配套措施，为改革顺利推进提供了有力支撑。

3. 普遍宣传引导

户籍制度改革以来，各地区、各部门把新闻宣传、舆论导向作为重中之重，贯穿于户改工作的始终，采取宣传印发工作方案、问答手册、答记者问、集中开展户籍制度改革宣传活动等方式方法，广泛深入地进行了宣传。尤其是加大对重点转户目标群体的宣传引导力度，突出重点、亮点，力求浅显易懂，使广大人民群众既能吃透户改内容和相关配套政策措施，又积极支持和理解户改工作。2013 年 5 月，省委宣传部和省户改办将已出台的配套政策，以一问一答形式逐条进行解读，形成宣传材料，在省主要新闻媒体上进行了刊播。8 月份，在《青海日报》、《西海都市报》、青海新闻网开辟专栏，连续对相关政策进行解读和宣传。

4. 合力破解难题

青海省政府始终把西宁、海西、海东三地作为改革的重点区域，把西宁城中村和在海西务工的海东籍农民转户问题作为改革的难点问题，努力调动三地政府和重点群体的积极性，稳妥积极地予以推进。仅从省级层面，2010～2013 年先后召开了 8 次专门会议，针对不同时段的突出问题，有针对性、侧重点地予以研究、指导和推动，保持了改革的工作热度不减、力度不降。特别是 2013 年 8 月 2 日，根据省委省政府主要领导批示精神，在西宁城北区朝阳村和湟中县塔尔寺，召开全省户籍制度改革现场会，有针对性地解决了各地在认识、政策及工作 3 方面存在的突出问题。省户改办先后多次组织召开联络员会议，对进一步提高思想认识、查找工作问题、推介经验做法、完善户改政策、破解改革难题、促进整体协调推进起到了积极的推动作用。特别是西宁市创新推出的村集体经济组织成员证制度，建立了与户籍相分离的农民身份保留确认制度，对各地起到了强烈的启迪示范作用。

5. 跟进督导检查

为保持正确方向，加快工作节奏，省市县三级普遍采取了成立督导组、逐级督导、重点督导的办法，特别是针对个别地区出现的停顿、跑偏等问题，及时予以清理、修订和纠正，确保改革少走弯路、不走歪路。2013 年 4 月，省政府督查室、省户改办又根据省政府《关于开展户籍制度改革督察工作的通知》（青政办函［2013］35 号）要求，抽调各成员单位人员，由省户籍制度改革领导小组副组长及部分成员单位主管领导带队，组成 4 个督查组分赴 8 个地区，采用听取汇报、实地走访、查阅台账、座谈讨论等形式，对各地区推进户籍制度改革工作进行了督查和专题调研。

（二）户籍制度改革的成效

1. 充分调动了农牧民群众转户进城的积极性

青海自然条件恶劣、土地贫瘠，农牧区教育、医疗等资源配置落后，广大农牧民有着走出深山、走进城镇、脱贫致富奔小康的纯朴愿望和要求。改革开放以来，一大批进城务工、经商的群众，已经有了较稳定的收入、居所和扎根城镇的底气，“城中村”基本失地农民已成为事实上的城里人，特别是第二代甚至第三代农民工群体，脱离土地、转换身份的要求更加迫切。为此，坚持顺应民意，降低身份转换门槛、配套均等化待遇的政策，打开了农牧民进城的大门，极大地调动激发了群众转户进城、安家创业的热情和活力。截至2014年7月底，全省已有26.68万户95.88万人办理了转户进城手续，其中本省籍农牧民转户89.02万人（农民84.69万人、牧民4.33万人），占到总数的92.84%，本省籍农民成为户改的最大群体和受益者。

2. 有力地促进了城镇化的顺利实施

青海正处在经济社会发展的重要战略机遇期，要实现跨越发展，必须消除城乡要素市场不统一、城镇化率不高、消费拉动不够等制约因素，这些结构性问题均与城乡二元体制密切相关，而户籍制度改革是破解城乡体制难题的重要抓手。因此，政府坚持顺势而为，在统一城乡户口登记制度的基础上，按照统筹兼顾、降低门槛、依次放开、逐步推进的原则，兼顾各类人群的利益诉求，实施更加灵活的户口迁移政策。这些措施，鼓励和引导了农牧区剩余劳动力向城镇聚集，向二、三产业转移，拉动了城乡消费，调整了需求结构和产业结构，促进了生产要素的优化配置，加速了城乡人力、土地资源市场的形成。户改以来，全省城镇居民户籍人口达到264.4万人，占户籍总人口570.29万人的46.36%，较户改前提升了约16个百分点；为34.5万流动人员办理了居住证，为4162人办理了蓝印户口。特别是海东市依托东部城市群建设，引导33.18万人转户（占到全省转户总数的34.61%），为撤地建市创造了必要条件。

3. 有效提升了社会管理服务水平

三年多来，青海近96万人转户进城，其居住、就业、上学、医疗等实际需求集中爆发，要加快实现转户群众的市民均等化待遇、切实保障公共服务产品的充分供给，就必须改革提升不适应、不符合群众需求的管理服务机制。为此，坚持民生为先，深入研究转户农牧民原有的4项权益和进城后的7项权益接续保障办法，跟踪解决改革中出现的新情况和新问题，督导纠正个别地区将转户群众土地、草场、林地、宅基地收回的错误做法，全力保障了转户群众城乡两地民生权益，大幅提升了转户群众民生保障水平。省政府适时出台了《青海省流动人口服务管理办法》，初步形成“以证管人、以房管人、以业管人”的管理体系，进一步提升了动态环境下社会治安的驾驭管控能力和平安青海建设总体水平。同时，推出并实施居住证制度，不断增加居住证的公共服务内容，使流动人口凭居住证，就可以在就业、社保、住房、教育、医疗等服务管理方面实现与当地常住人口享受同等待遇，最大限度地为群众自由流动提供人性化、近距离服务。

4. 有力推进了民族团结进步先进区创建工作

户籍制度本质上是管控型社会的产物。特别是在青海这样的民族地区，原有的户籍制度人为地造成了地域分割，各民族相对集中居住，劳动力不能在工作地落户，容易产生地域和民族之间的隔阂，拉远各族人民之间的感情距离。为此，坚持全面推进，特别是以藏区广大农牧民及寺院僧人为重点，依靠报纸、电视、广播等传统媒体和互联网、手机、短信等现代信息传播手段，编写、印制、传发汉、藏、蒙古等多语种宣传材料，在乡村、广场、寺院、农户、窗口，用群众听得懂的语言和喜欢的方式，耐心细致地讲、持之以恒地讲，最大限度地使户改政策、惠民政策入心入脑，最大限度地消除群众的思想顾虑，促其自觉自愿转户。户改以来，黄南、果洛、玉树、海南、海北、海西6个自治州共有89.02万人转户，加上其他地区牧民，全省已有4.33万牧民转户进城，与城镇的各民族群众和睦相处、携手发展、共享繁荣。随着改革的深化，必将有更多的少数民族群众转户进城，推动藏区和人口较少民族聚居区发展，促进地区城乡统筹协调，凝聚全省各族干部群众的智慧和力量，促进各族人民更加融合和团结，为推进新形势下青海省民族团结进步先进区创建工作，奠定更加坚实的基础和良好的氛围。

二　青海省户籍制度改革面临的问题与困难

目前，我国已进入全面建成小康社会决定性阶段，户籍制度改革已从单纯的调整户口迁移政策向统筹城乡发展、完善配套政策、保障群众权益的方向转变。深化户籍制度改革面临的外部环境更加复杂，影响和制约因素多元交织，改革已进入“攻坚期”和“深水区”。

（一）在土地这个牵动户改的核心问题上，短期内取得突破的难度仍然很大

户籍制度改革的核心是农牧民原有土地权益（包括承包地、宅基地、林地草场、农房及附着在农地上的其他附着物）的处置。虽然2013年中央1号文件以及青海省户籍改革方案都明确了进城落户农村人口土地承包经营权、宅基地使用权、林地经营权、集体收益分配权等权益在现阶段继续保留，但受政策的稳定性和落实难影响，多数农业转移人口存在“恋土”情结，担心放弃农村户籍后失去既有土地权益。另外，有很大一部分彻底失地或即将失地的农民，迫切希望有便捷明确、法律保障的土地权益流转机制和交易平台，迫切希望继续享有原村集体经济组织中的各项权益。但因为相关政策不明确，他们无法自主处置和变现土地权益。

（二）中小城镇对转移人口的吸附能力有限，影响到群众就近就地转户进城

中小城镇是连接城乡的重要纽带，引导农村人口就近就地向中小城镇转移，成本最低，效果最好。但由于青海省城镇化起步晚、底子薄、历史

欠账多，绝大部分中小城镇经济发展相对滞后、产业支撑不足、基础设施薄弱、公共服务缺失，难以满足群众就近就地上学、就业、居住、养老等现实需求。虽然，青海省已经全面放开县域范围户口迁移限制，仍难以吸引农村人口就近就地到小城镇落户，户籍政策对小城镇的人口调控作用已逐步弱化。

（三）中心城市承载压力增大，对大规模的人口迁入持审慎态度

从省内城市空间布局、公共服务资源配置以及经济发达程度看，省会西宁、海西州和海东市优势明显。农业转移人口主要向这几个区域聚集，给城市的公共财力、道路交通、社会保障、土地空间等带来较大压力。据海西州德令哈市测算，每转移一个农村人口，需财政支出约 7 万元。为此，一些地方受公共资源、基础设施等因素的制约，对大规模的人口迁入持审慎态度，迫切期待省上能给予必要的改革成本的援助或者分摊；一些转户群众寄希望于政府单方面、一次性甚至终身制的埋单，突出表现在参加城镇养老保险、医疗保险、失业保险、工伤保险的参保率不高，一味地依赖政府；另外，大量农牧区的低技能闲散青少年、无固定职业的大中专毕业生、新生代农民工难以充分就业，给社会管理带来诸多难题，特别是社会治安隐患很大。

（四）城乡就业生活水平差异明显，成为影响农村人口落户城镇的现实障碍

影响农村人口落户城镇积极性不高的主要原因是城乡就业和生活水平存在较大差异。一方面，农村人口就业技能不高，在城市大多从事低端低薪行业和个体私营企业，受产业调整、经济波动等影响，就业岗位不稳定，工资收入无保障，既无力承受城市较高的房价、物价，又暂时无法享受与城市居民同等的社会保障待遇，造成多数农村人口“城市挣钱、农村养老”现象。另一方面，随着社会主义新农村建设深入开展，一系列惠农富农政策出台实施，农业发展、农民增收、农村生活水平日益提升，农村

就业生活条件不断改善，吸引力不断增强，农村人口到城市居住生活的意愿日趋减弱。

（五）政策配套落实不到位，与不切实际的宣传反差较大

省政府及有关部门对转户的保障机制做出了不少制度安排，但有些政策措施比较固化，各地制定的配套措施较为笼统，甚至只是把上级的政策套搬下来，简单做一些细化，致使基层执行政策不易把握。有些地区转户政策及其保障机制虽然形成了文件，但尚未落到实处和真正对接，不少转户群众未能及时享受城市待遇。有些地方满足于面上宣传，一阵风、不通俗、不持久、不深入，对权益保障机制、配套政策宣传较为笼统，调门过高过满，对具体问题不主动研究，不就地解决，致使不少符合条件的转户群体心存疑虑，等待观望，在权衡城乡利益之间摇摆不定。

（六）个别地方在转户推进中存在州市间、县域间相互攀比、以数字论成绩的非正常现象

在政策设计和转户推进中，省上反复明确和强调，转户要切实尊重群众意愿，以群众自愿为前提，不定指标，不下任务，不搞一刀切。但在实际推行中，个别州市间、县域间出现了相互攀比、一窝蜂、一刀切的情况，有些地方将纯农牧区和城中村同等对待，不加区分地进行简单的整村转户。部分转户群众的生产生活方式仍然是纯农业的，并没有发生实质意义上的农民到市民的变化，这种简单的身份变化意义不是很大，不应效仿。

总的来看，户籍改革中出现上述问题的总根源和大背景，就是当下中国正在强力推进的城镇化、工业化进程，由此引发前所未有的农业富裕人口向城镇的规模性转移和农民工市民化浪潮，这个进程呈现大规模、高强度、不可逆的鲜明特点。这也是我们这个传统的农业大国走向工业强国、繁荣富强道路的必由之路，是工业反哺农业、城市带动农村的历史性重任。

三　青海省户籍制度改革面临的形势

当前，青海省户籍制度改革与全国一样，迎来了新一轮政策机遇、发展机遇和民意机遇，形势喜人，氛围良好。

（一）十八届三中全会《决定》明确了推动户籍制度改革是推进以人为核心的新型城镇化的核心问题之一

十八届三中全会《决定》提出，要推进农村转移人口市民化，逐步把符合条件的农村转移人口转为城镇居民。创新人口管理，加快户籍制度改革，全面放开建制镇和小城镇落户限制，有序放开中等城市落户限制，合理确定大城市落户条件，严格控制特大城市人口规模。十二届全国人大二次会议审议通过的政府工作报告中明确指出，城镇化是现代化的必由之路，是破除城乡二元结构的重要依托。推动户籍制度改革，实行不同规模城市差别化落户政策，把有能力、有意愿并长期在城镇务工经商的农民工及其家属逐步转为城镇居民，是推进以人为核心的新型城镇化的核心问题之一。

（二）《青海省新型城镇化规划（2014～2020年）》明确了青海省户籍制度改革的时间表和路线图

2014年5月12日，青海省委省政府印发《青海省新型城镇化规划（2014～2020年）》（青发〔2014〕9号），明确了全省城镇化发展总体布局、主要路径、发展目标、重点任务和保障措施。指出：要健全农牧业转移人口落户制度，按城镇规模和综合承载能力，以居住年限或就业年限为基准，分类制定农牧业转移人口落户城镇的标准，在充分尊重农牧业转移人口意愿的基础上，重点解决好未来7年将要进城镇居住就业的约40万农牧业转移人口的落户城镇问题，以及在城中村、城郊村、建制镇居住的约30万实际“农牧民”的户籍转换问题。

（三）国务院《关于进一步推进户籍制度改革的意见》（以下简称《意见》）明确了进一步推进户籍制度改革的指导思想、基本原则、发展目标、政策措施和实现路径

《意见》明确了建立城乡统一的户口登记制度。这标志着我国实行了半个多世纪的“农业”和“非农业”二元户籍管理模式将退出历史舞台。《意见》同时明确，将建立与统一城乡户口登记制度相适应的教育、卫生计生、就业、社保、住房、土地及人口统计制度。《意见》明确了进一步推进户籍制度改革的指导思想、基本原则、发展目标、政策措施和实现路径，要求适应推进新型城镇化需要，进一步推进户籍制度改革，落实放宽户口迁移政策。统筹推进工业化、信息化、城镇化和农业现代化同步发展，推动大中小城市和小城镇协调发展、产业和城镇融合发展。统筹户籍制度改革和相关经济社会领域改革，合理引导农业人口有序向城镇转移，有序推进农业转移人口市民化。《意见》指出，改革要坚持积极稳妥、规范有序，坚持以人为本、尊重群众意愿，坚持因地制宜、区别对待，坚持统筹配套、提供基本保障。到2020年，基本建立与全面建成小康社会相适应，有效支撑社会管理和公共服务，依法保障公民权利，以人为本、科学高效、规范有序的新型户籍制度，努力实现1亿左右农业转移人口和其他常住人口在城镇落户。《意见》的出台，标志着进一步推进户籍制度改革开始进入全面实施阶段。

面对有利时机，青海应顺势而为，主动作为，坚决拆除横亘在城乡间的户籍制度这个“制度藩篱”，由此倒逼土地、教育、医疗、就业、住房、社保等各项社会管理制度的变革，奋力闯出一条符合西部、民族、欠发达地区实际的改革路子来，为实现各族群众“公平自由、富民强国”的梦想，提供更加宽松、便捷的公共行政服务。

四　深化青海省户籍制度改革的政策建议

正因为户籍管理制度是现阶段中国社会管理的基础性制度，在当下经济

社会领域改革中处于牵一发动全身的特殊地位，更应该以历史的眼光、群众的视角、改革的勇气，立足实际、顺应民意，抢抓机遇、顺势而为，以服务发展为第一要务，以群众满意为第一标准，因地制宜、循序渐进地推动改革向着正确的方向迈进。建议今后一个时期，青海户籍制度改革着力做好以下4个方面工作。

（一）进一步完善政策，把改革风险降到最低

在现有户籍制度改革政策体系的基础上，进一步做好调查研究、反复论证，针对出现的新情况、新问题和预判未来可能出现的情况，加快完善就业、养老、医疗、低保、计生、优抚安置等方面的配套补充政策，切实增强政策的严密性，不断创新、完善、提升户籍制度改革政策体系，力求将改革风险降到最低，多造福祉、少留遗憾。

（二）进一步加大投入，为改革提供支撑

进入城镇的转户群体将大大增加就业、住房、养老、医疗、教育等公共服务占用率。青海省作为西部欠发达地区，过去在基础设施和基本保障方面投入欠账较多。为此，需要将政府支出的改革成本纳入公共财政预算，多渠道争取国家财政扶持项目和资金，加大对城镇基础设施建设的投入力度，提升公共服务能力和管理水平，进一步体现城镇化发展的优势，增强城镇对广大农牧民的吸引力，从而为户籍制度改革的顺利推进奠定坚实的基础。

（三）进一步保障民生，维护转户群众合法权益

打破城乡户籍分割壁垒，按照《青海省深入推进户籍制度改革方案》及配套政策，加快建立和完善土地、草场、依法有偿转让和流转长效机制，使转户群体的土地权利不随着居住地的迁徙和就业状况的改变而丧失，为农牧民群众转户解决后顾之忧。同时，及时研究行政资源配置的改革，以公平服务为主，进一步提升公共服务体系和公共服务能力，使城镇管理体制的改革与户籍制度改革相配套，在成效和进展上相得益彰。

（四）进一步明确工作节奏，制定更为有序的改革实施路径

人口迁移需要付出职业转换、居所转移、社会关系重建、心理适应等多方面的成本，代价很大，必须充分尊重群众意愿。要根据实际条件、承载能力、生存发展能力，总结推广行之有效的改革办法，坚持先确权、后改革；先解决存量人口落户，后解决增量人口落户，实现农牧区转移人口时间、空间、人群、领域的有序“市民化”。

B.13

青海教育改革面临的形势和对策建议

王振岭*

摘　要：2013年，青海在教育领域加强制度建设、加大资金投入、优化区域布局、完善资助体系，有序推进了教育均衡发展、顺利开展了学前教育三年行动计划，实现了高中阶段教育发展稳中有升、高等教育内涵建设得到加强、少数民族教育工作成效显著。面对未来，青海省教育事业改革和发展面临重大机遇的同时，也存在着一系列突出的矛盾和困难，坚持立德树人、调整结构、优化资源配置、注重内涵发展、树立底线思维，进一步推进青海教育的改革和发展。

关键词：青海教育　改革　内涵发展　均衡发展

2013年青海教育工作，深入贯彻党的十八届三中全会和省委十二届五次全体会议精神，认真学习习近平总书记系列重要讲话，全面贯彻党的教育方针，把立德树人作为根本任务，以加快教师队伍建设为重点、以促进公平公正为关键、以深化综合改革为动力、以提高质量效益为核心，着力解决突出问题、着力缩小城乡差距、着力维护和谐稳定，不断推进教育公共服务均等化，不断满足人民群众对优质教育资源的需求，为办好人民满意的教育做出了新的努力。

---

* 王振岭，青海省教育科学研究所所长、研究员，研究方向：民族教育、基础教育。

一 青海教育改革的主要举措与成就

2013 年，青海采取一系列举措，进一步加大教育领域的改革，各级各类教育取得新的成就。

（一）主要举措

1. 制定政策，把握教育发展的大方向

一是报请省委省政府印发了《关于进一步加强新形势下中小学校党的建设和思想政治工作的意见》，明确了当前和今后一个时期加强中小学党的建设和思想政治工作的指导思想、总体目标和重点任务，建立起了相对长远、有实效的政策保障措施。二是报请省委省政府印发了《关于加强中小学教师队伍建设的实施意见》，在深入调查的基础上提出了以立德树人为根本任务，以提高教师的政治文化和业务素质为核心，建设一支师德高尚、业务精良、总量适宜、结构合理、充满活力的高素质专业化教师队伍，促进教育可持续发展。三是报请省政府印发了《关于优化全省高等教育和职业教育布局及学科专业结构的意见》，启动新建西宁、海东、海西 3 所高职院校，科学确定高校、中职学校办学定位和学科专业结构，全面提升高等教育和职业教育服务经济社会发展的能力。上述 3 个实施意见，事关教育发展全局、发展方向，对指导当前和今后一个时期青海教育的改革与发展有重要意义。

2. 加大投入，全力推进各类教育项目的实施

在国家的支持下，青海 2013 年国家财政性教育经费达到 157 亿元，占全省国内生产总值的 6.99%。年内全省共投入项目资金 28.13 亿元，校舍建设面积达 114.5 万平方米。重点实施了学前教育推进工程、中小学标准化、教育基础薄弱县普通高中学校基础设施、中等职业教育基础能力、边远艰苦地区学校教师周转房及青海师大新校区建设等项目。新建、改扩建和增设小学附属幼儿园 384 个，建成标准化中小学 352 个，新建教师周转房 1985

套，开工建设青海师大新校区和10所职业院校实训基地，学校教学条件和教学手段发生了显著变化，全省大部分学校，特别是农牧区中小学办学条件得到了较大改善。

3. 资源配置倾斜农牧区，教育公平迈出新步伐

一是建立了以市（州）为单位的区域内中小学教职工编制动态调整机制，按照基本编制的5%、10%和15%比例修订和实行城乡统一的中小学教师编制标准，2013年全省新增中小学教职工编制2137名，通过国家"特岗计划"和省级统筹招聘2000余名中小学教师，其中98%的新增编制、76%的新增教师面向农牧区。二是加大教师交流力度，建立了东部支援青南教师交流机制。从2013年秋季起，组织东部地区中小学开展对口帮扶青南地区中小学教育教学工作，实行县对县结对、校对校帮扶，帮助青南地区提高教学质量。目前，已抽调东部地区331名优秀教师前往青南三州开展支教工作，初步建立了省内东部地区支援青南地区教育工作的长效机制。三是狠抓教师培训工作。按照中小学教师每5年进行一个周期、不少于360学时培训的要求，安排骨干教师到发达地区、省内高校进行培训。2013年落实中小学教师培训资金4700万元，比2012年增加1600万元，增幅达51.6%；培训教师2.1万名。四是切实改善基层教师待遇。将乡（镇）及乡以下教师补助平均提高360元，鼓励教师坚持在乡及乡以下学校任教。同时，义务教育阶段流动人口子女实现相对就近入学，三类残疾儿童入学率比上年提高5个百分点。

4. 完善贫困生资助体系，提升教育保障水平

一是全面实施学前一年和中等职业教育资助政策，2013年下达资助资金1.8亿元，其中学前一年教育资助资金6802.7万元、中等职业教育免学费资金7352.6万元、中等职业教育助学金3696.6万元，使青海成为西北五省区第二个实施学前一年资助政策的省份、全国第二个对中职全日制正式学籍所有在校生免学费的省份。二是义务教育经费保障政策及学生资助政策稳步推进。2013年下达资金10.41亿元，其中农牧区中小学公用经费和取暖费补助资金37994万元；城市义务教育免学费和取暖费资金5534万元；免

费教科书资金6389万元；寄宿生生活补助31304万元，24万名农牧区义务教育阶段寄宿生享受此政策；农牧区义务教育学生营养改善计划资金2.3亿元，41.9万名学生受益。三是进一步扩大高校生均拨款执行范围，将3所本科院校民族预科生共1033人纳入高校生均拨款范围。

（二）主要成就

在上述政策措施的推动下，2013年青海省各级各类学校发展到2921所，专任教师61897人，在校生达到1104642人，各级各类教育取得了新成就。

1. 义务教育均衡发展有序推进

根据教育部和青海省政府签订的备忘录，2013年西宁市城西区、城中区和海西州冷湖、茫崖、大柴旦5个区（行委）通过了国家专家组督导评估。同时，按照“群众满意、政府主导、立足实际、提高质量、均衡发展”的原则，严格执行农牧区义务教育布局调整规划，办好村小和教学点，满足农牧区适龄儿童少年就近接受义务教育的刚性要求。在这一背景下，2013年全省义务教育阶段学校发展到1510所，在校生682733人，（受计划生育政策和学校布局调整等因素影响）与上年相比，学校数与在校生数均有所减少。其中小学1250所，比上年减少175所；在校生474638人，比上年减少24025人。初中105所，比上年减少4所；在校生208095人，比上年减少628人。全省小学净入学率、初中毛入学率达到99.73%和112.15%，比上年分别提高了0.05个、0.13个百分点。重视特殊教育，2013年全省共有17所特殊教育学校，在校生2189人，残疾儿童少年入学率达到78%。

2. 学前教育三年行动计划进展顺利

以加快解决“入园难”问题为重点，强力推进学前教育工程项目实施，学前教育规模持续快速增长。制定印发了《青海省幼儿园基本办园标准（试行）》和《青海省幼儿园等级评定办法（试行）》，统一了全省幼儿园基本办园标准，明确了幼儿园等级评定指标。同时，采取送教上门的方式，大规模培训幼儿园园长、教师，建立完善学前教育教师补偿机制，积极探索政府购买服务补偿学前教师。2013 年，全省幼儿园发展到 1245 所，比上年增加 102 所；在园幼儿达到 166659 人，比上年增加 13319 人。学前三年毛入园率达到 73.9%，比上年提高 14.8 个百分点。

3. 高中阶段教育发展稳中有升

以提高六州高中阶段教育培养能力为目标，编制了《特色普通高中建设专项规划》、《示范性中等职业学校建设规划》，重点扶持了 24 所普通高中师范学校，加强 16 所中等职业特色学校建设，扩大高中阶段优质资源，为实现"十二五"规划基本普及高中阶段教育奠定了基础。调整优化中职招生计划，继续压缩医疗卫生、学前教育等国家控制的专业招生规模，加强新能源、化工、加工制造等重点专业建设，招生规模进一步扩大。2013 年高中阶段在校生总规模达到 186810 人，比上年增加 3963 人，增长 2.17%。其中：普通高中在校生 109026 人，比上年增加 3021 人，增长 2.85%；中等职业教育在校生 77784 人，比上年增加 942 人，增长 1.23%。中等职业学校毕业生就业率达到 97%，高出全国平均水平。2013 年高中阶段毛入学率达到 74.05%，比上年提高 0.04 个百分点。

4. 高等教育内涵建设得到加强

2013 年，青海省报名参加普通高校考生 4.06 万人，录取 3.42 万人，录取率为 84%。全省高等教育在校生达到 66320 人，比上年增加 2192 人，高等教育毛入学率达到 33.37%，比上年提高 1.78 个百分点。2013 年高校毕业生初次就业率达到 87.20%，全面完成年初 80% 的目标任务。根据《关于优化全省高等教育和职业教育布局及学科专业结构的意见》，科学确定 3 所本科高校办学定位、发展规划和学科专业结构，采取停招、限招、减招、隔年招等调控手段，努力推动高校学科专业优化调整。启动实施高校第四批"昆仑学者"计划，建立了研究生教育质量定期分析制度，评定青海大学"盐湖资源化学与过程"等 4 个省级"协同创新中心"，青海大学、青海民族大学列入中西部高校振兴计划建设项目，高等教育质量、科技贡献率和社会影响力明显增强。

5. 少数民族教育工作成效显著

2013 年，青海省少数民族在校生达到 58.65 万人，比上增加 6042 人，占全省学生总数的 53.09%，比上年提高 0.79 个百分点，超过少数民族 46.97% 的人口比例。全省基础教育阶段共有少数民族学生 526361 人（不含特困生），比上年增加 3778 人，占全省中小学生总数的 67%。少数民族适龄儿童毛入学率达到 111.13%，比上年增加 1.65 个百分点；初中少数民族适龄人口毛入学率为 101.37%，比上年提高 0.97 个百分点。用少数民族语言实施双语授课的中小学校有 498 所，其中小学 427 所、中学 71 所。接受双语教学的中小学生共有 190223 人。其中，接受藏汉双语教学的中小学生 188850 人，接受蒙汉双语教学的中小学生共 1373 人。双语专任教师 10683 人，其中小学双语专任教师 6901 人，占双语专任教师总数的 65%；初中 2741 人，约占 26%，高中 1041 人，约占 9%。少数民族幼儿园 467 所，比上年增加 73 所；少数民族在园幼儿 83210 人，比上年增加 12574 人。教育对口支援工作进一步扩大，异地办班工作取得新进展。全年安排 3400 名学生赴省内外异地就读，接受更高质量的教育。

二　青海教育改革面临的机遇和挑战

以党的十八大、十八届三中全会和中央新一轮西部大开发战略的实施为标志，青海经济社会又进入了一个新的历史发展时期。这为教育事业的改革、发展和创新既创造了良好的外部环境，也带来了严峻挑战。

（一）发展机遇和有利条件

1. 国家对教育事业优先发展的决心坚定

党中央、国务院始终把教育作为改善民生、加强社会建设的重要工作来抓，为大力发展教育事业提供了有力保证。习近平总书记、李克强总理在不同场合多次强调教育关系根本，要优先发展教育，要提高教育发展水平和质量。党的十八大明确提出深化教育领域综合改革，完成“两提高”——全民受教育程度和创新人才培养水平明显提高，“两进入”——进入人才强国和人力资源强国行列，“一实现”——教育现代化基本实现的目标任务。十八届三中全会提出了深化教育领域综合改革总体要求，明确提出了教育改革的攻坚方向和重点措施，这就为做好今后的教育工作指明了方向、明确了任务，同时也增强了信心。

2. 中央高度重视青海民族团结稳定的政治地位和“三江源地区”在我国生态文明建设中的特殊地位

改革开放30多年来，特别是中央实施西部大开发战略以来，青海教育得到了党和国家的高度重视和特殊关怀。2008年，国务院下发了《关于支持青海等省藏区经济社会发展的若干意见》，明确提出优先发展教育事业，国家投入继续向民族贫困地区倾斜。2010年中央又召开第五次西藏工作座谈会，研究出台了《中共中央国务院关于加快四川云南甘肃青海藏区经济社会发展意见》；同年，国家又启动了西部大开发第二个10年计划，这些都为青海教育的快速发展提供了难得的历史机遇和强有力的政策支持。同时，青海教育还得到了全国先进省（市）和各民族的大力支持，这就为青海教育缩短和全国教育发展水平的差距提供了有力保证。

3. 全省共同营造教育改革发展的良好环境

青海省委省政府坚持从全局和战略高度安排和部署教育工作，把教育作为决定青海未来发展的根本来抓，强调教育是国计也是民生，教育是明天更是长远，把教育工作作为扎实推进脱贫致富奔小康的重要民生工程来抓。省发改委、省人社厅、省编办、省财政厅等有关部门都把教育摆在优先发展领域给予支持。各级党委政府更加重视教育，相关部门更加支持教育，社会各界更加关心教育。“上好学校、找好老师、受好教育”已成为大多数群众的愿望，教育发展的社会氛围越来越好。

4. 区域经济社会发展对教育提出现实需要

教育与经济社会发展进程密切联系，有时互为因果。教育一方面要适应经济社会的发展，另一方面又引领经济社会发展。2013年，青海全省生产总值和固定资产投资双双突破2000亿元，财政支出和社会融资均过千亿元，部分科技成果开始向高技术产业转移，对区域发展的支撑力明显增强。当前，青海正处于加快工业化、信息化、城镇化、农牧业现代化的爬坡期，正处于大力实施丝绸之路经济带战略机遇期。人才是制约经济社会发展的“瓶颈”，区域经济社会发展更加迫切地需要教育提供强大的人才支撑和智力保障。这就要求必须牢牢把握住当前的新机遇，认真分析面临的形势、任务以及工作中遇到的困难和问题，进一步增强信心，主动作为，在现有工作的基础上，确立新起点，迈出新步伐，做出新贡献。

5. 青海人口少，学校与学生数相对不多，也是教育发展的一个有利条件

青海从地域上讲是个大省，但从人口上看又是个小省。境内学校和学生数并不是很多，而且70%的中小学都是近10年来利用国家的各种项目修建的。青海教育总体水平虽然落后于全国，但在某些方面，如校舍建设等方面，却走到了西部的前列。同时，改革开放的大气候也为我们提供了了解、学习、借鉴国内以及国际先进的教育理论、教育思想、教改信息和成功经验的条件和机遇，可帮助其少走弯路。

（二）面临的挑战和困难

受经济发展水平的限制，青海教育仍然存在着总体上教育资源不足、城乡发展不平衡、教育改革任务艰巨、教育质量不高等突出问题。一是学前教育公共资源仍然缺乏，全省还有5.6万名适龄幼儿不能入园，边远地区特别是高寒牧区“入园难”问题仍然是农牧民群众关注的热点、难点。二是基本实现“普九”、“有学上”之后，“上好学”的问题凸显，群众接受高质量教育的愿望和优质教育资源短缺矛盾比以往更加突出。历史形成的城乡二元结构带来的城乡差异、区域差异和校际差异，使农牧区优质教育资源稀缺，“择校热”持续不退。三是教师队伍素质参差不齐，学科结构不够合理，教师教育教学专业水平，尤其是农牧区学校教师专业水平亟待提高。双语教师总体数量不足、能力较为薄弱，民族教育的发展和双语教师的培养成为全省教育发展的难点。四是中等职业教育“双师型”教师紧缺，专业设置与经济社会的结合不够紧密，招生难、社会吸引力不强，普及高中阶段教育还需下大力气。五是高等教育管理机制行政化，发展活力不足，应对学生就业、专业调整、应用科研推广能力不足，对经济社会发展的支撑力度不够。

三　稳步推进教育改革的对策建议

青海教育应围绕抓理念更新、坚持立德树人，抓均衡发展、促进教育公平，抓调整结构、促进协调发展，抓改革创新、提升办学活力，抓教科研引领、提高教育质量，抓民族团结、维护和谐稳定，推动全省教育又好又快发展。

（一）坚持立德树人，促进学生全面发展

全面贯彻党的教育方针，坚持社会主义办学方向，做好立德树人的工作，始终是教育第一位的要求。当前的关键是要把党的教育方针和社会主义核心价值观细化、实化、具体化，转化为学生的核心素养和学业质量，体现到课标、教材以及考试评价中，融入国民教育全过程。结合青海教育特点，一是加强师德师风建设。坚持全员育人，把师德建设作为教师之要，使教师真正做到德高为师、学高为范，充分发挥教师的模范带头作用，把社会主义核心价值观、履行公民品德修养内化为每一个教育工作者和师生的自觉行动。健全师德师风考核评价和表彰奖励机制，构筑学校、家庭、社会共同参与的师德师风监督机制，切实规范教师职业道德行为。二是充分发挥课堂育人主渠道作用。按照国家要求，开齐开足思想政治（品德）课，把爱国感恩法制教育、民族团结进步教育、省情县情教育渗透到课堂教育中，完善学校党组织、政治辅导员、班主任和学校、家庭、社会两个“三位一体”的教育机制。三是抓好教育主题活动。要注重用喜闻乐见的形式、参与疏导的方法，不断增强思想政治教育的吸引力和感染力。大力开展“我的中国梦”和爱学习、爱劳动、爱祖国“三爱教育”，深入开展节粮、节水、节电“三节”活动。突出诚信教育重点。大力开展诚信教育，引导青少年牢固树立

守信光荣、失信可耻的道德观念。建立完善“青少年志愿服务制度”。结合学生实践活动、实践课程的实施，进一步明确学生在校期间参加志愿服务的要求，以计分方式纳入学校教育质量综合评价体系，纳入学生综合素质评价标准。四是完善学校体育美育工作机制。要努力开齐体育艺术课程，保证课时，教会学生掌握一两项体育、艺术技能。落实“学生每天锻炼一小时”要求，提高阳光体育运动实效。健全学校、家庭、社区相结合的青少年体育网络，科学安排学习、生活、锻炼。加强心理健康教育，培养青少年健康的生活方式。推进大中学生一书展演和高雅艺术进校园等各项文艺活动，培养学生的审美情趣和人文素养。

（二）调整结构，促进各级各类教育协调发展

不断调整优化教育结构是适应经济社会发展、推动经济转型升级的要求，也是教育科学发展的重要内容。调整优化教育结构，其主要着眼点是统筹城乡、区域教育，统筹各级各类教育，统筹教育发展的规模、结构、质量和效益，努力使全体人民学有所教，办好人民满意的教育。具体地说，就是在国家的支持下，大力发展学前教育，均衡发展义务教育，加快普及高中阶段教育，积极发展高等教育，扶持民族教育以及重视信息技术教育、继续教育，关心特殊教育、民办教育，使教育总体上与全省社会主义经济、政治、文化、社会建设的需要相适应。大力发展学前教育，就是要全面总结学前教育三年行动计划完成情况，启动第二个全省学前教育三年行动计划。根据《青海省学前教育中长期发展规划（2014～2020 年）》，重点建设乡及乡以下公办幼儿园，扶持普惠性民办幼儿园，提高公办幼儿园和普惠性民办幼儿园覆盖率。均衡地发展义务教育，就是继续巩固提高民族地区“两基”成果，实施新一轮基本均衡县督导评估工作。加快普及高中阶段教育，就是按照高中阶段教育“普职”比大体相当的原则，统筹高中阶段教育，促进全民受教育程度和创新人才培养水平的提高。积极发展高等教育，就是要科学处理好高等教育发展的规模和质量效益，实现高等教育工作重心从外延发展向内涵建设、从规模扩张向质量提升转移，优化高校布局，力争“一校一

特色、校校有品牌”，全面提高高等教育质量和人才培养质量，使青海优势学科和特色专业在国内的影响力不断提升。着力构建体系完备的终身教育，通过学历教育和非学历教育协调发展、职前教育和职后教育有效衔接，建设学习型社会，努力实现基础教育均等化、职业教育社会化、高等教育大众化、成人教育终身化，使现代国民教育体系更加完善，促进全体人民学有所教、学有所成、学有所用。

（三）优化资源配置，大力促进教育公平

促进教育公平，关键在于合理配置教育资源。一是均衡配置教育资源。遵循就近入学原则，办好必要的教学点，最大限度地满足交通不便地区学生就近入学需求。建立完善目标责任制和责任追究制，切实做好义务教育控辍保学工作。解决好进城务工人员子女、农村留守儿童上学问题。高度重视特殊教育学校建设和教师培养，提高残疾儿童少年义务教育普及程度。同时，落实教育部等3部委《关于全面改善贫困地区义务教育薄弱学校基本办学条件的意见》，通过3~5年的努力，使中小学教学设施、生活设施符合安全、教学和生活需要。二是大力发展特色高中及示范中职教育，提高高中阶段教育入学率。制定《青海省普通高中特色学校建设评估标准》，对全省普通高中在制度建设、教育教学管理、师资队伍建设、教研活动开展、课程改革和教育教学质量等方面进行评估，确立一批特色普通高中学校；启动实施特色普通高中建设工程，推进普通高中课程改革，进一步扩大优质高中教育资源，发挥特色学校引领带动作用，提高普通高中整体办学水平。同时，要抓住六省市对口支援六州藏区教育的国家政策机遇，推动上述省（市）在建立地区之间、学校之间结对帮扶机制方面给予重点援助，打造一批能够辐射带动藏区教育发展的示范性学校和幼儿园。三是健全完善区域内校长、教师交流机制。开展校长交流轮岗试点，推进师范生顶岗支教，有计划地组织城镇学校和农牧区学校、优质学校和相对薄弱学校开展交流，缩小地区之间、城乡之间教师资源配置差距。四是加快民族教育发展。加大学前“双语”师资培养培训力度，大力发展学

前“双语”教育。制定六州小学数学、体音美教师，中学数理化教师培训5年行动计划，打造一批留得住、用得着、专业能力强的理科师资队伍。继续实施好省内东部地区支援青南地区计划和教育部“三区”人才支持教师专项计划。深入推进教育对口支援和高中阶段异地办班工作，拓宽民族教育发展路子。五是加快推进教育信息化建设。加快推进“三通两平台”建设，构建覆盖城乡各类学校的教育信息化体系，促进信息化技术与教育教学的深度融合。

（四）深化教育改革，提升治理水平

教育要发展，根本靠改革。一是优化高等教育和职业教育布局及学科专业结构。以服务经济社会发展和培养创新型、实用性、技能型人才为目标，以促进学生就业为着眼点和落脚点，加快推进高等教育和职业教育学校布局和学科专业结构，提升理工类专业占比。加快实施《示范中等职业学校建设规划》，加强中等职业学校基础能力建设，提升中等职业学校整体办学实力，稳定中等职业教育招生规模。深入推进工学结合、校企合作、顶岗实习人才培养模式。二是稳妥推进考试招生制度改革。考试招生制度改革是群众关注的热点、焦点。按照国家统一部署，教育部将出台深化考试招生制度“总体方案”和相关配套“实施意见”。青海要立足省情，研究出台相应的“实施方案”，明确本省考试招生改革的时间表、路线图和任务书。重点推进“中职”升“高职”、“立交桥”建设进程，制定中职毕业生对口升高职的招生办法和优秀毕业生免试入学政策，推进高等职业教育考试招生制度改革，满足中职学校学生继续升学的愿望，着力构建现代职业教育体系。制定出台《青海省初中学业水平考试及中考实施方案》，进一步推进中考改革，促进学生全面发展。三是扩大学校办学自主权，增强学校教书育人的活力。要积极转变政府职能，加强和改善宏观管理，推动学校完善内部治理结构，确保用足、用好办学自主权。四是推进管办评分离，增强社会支持教育的活力。加大政务公开、校务公开力度，扩大学校的知情权。完善中小学幼儿园校务委员会、学校家长委员会制度，扩大社会的参与权。支持和鼓励青海省

教育学会及所属各教学专业委员会开展教育评价，扩大社会的监督权，发挥社会组织在教育公共治理中的作用。

（五）注重内涵发展，提高教育质量

提高教育质量是教育改革发展的核心任务，当前的关键是加强教师队伍建设，推进课程改革，完善督导评估机制，发挥好教科研的指导、引领作用。一是要加强教师队伍建设。抓住农牧区中小学教师队伍建设这个重点，优先补充紧缺薄弱学科教师，改善队伍学科结构。建立和完善校长考核、管理和选用制度，进一步理顺校长管理体制，加大校长培养和培训力度。以“双师型”教师培养为重点，培养一批骨干教师和专业带头人，提高高校教师教学水平、科研创新和社会服务能力。二是深化基础教育课程改革。要以课程改革为抓手，深化课程体系、教学内容、教学方法和考试评价体系改革，探索“高效课堂”模式，推广典型经验，提高课堂教学效率，使广大教师成为推进课堂改革、推动教育综合改革的主力军。三是加强教育督导。要健全各级教育督导机构，组建一支覆盖各级教育的专兼职督学队伍。四是加强“三个平台”建设，为提升教育质量做贡献。建设省级教育科学规划课题发布平台，发挥教育规划课题的导向作用，为提升教育质量做贡献；建设国家基础教育质量监测平台，发挥质量监测的导向作用，为提高教育质量做贡献；建设省级教学成果奖励平台，发挥教学成果奖评审的导向作用，为提高教育质量做贡献。

（六）树立底线思维，维护教育系统和谐稳定

保持教育系统和谐稳定，对于做好全省维稳工作有着极为重要的意义。青海处在维护国家安全稳定的前沿，是反分裂、反渗透的主阵地，学校意识形态领域工作面临尖锐复杂形势和重大严峻挑战。当前，做好教育系统维稳工作，一是加强组织领导，强化阵地意识，积极作为，勇于担当，通过扎实有效的工作，牢牢把握学校意识形态领域工作的领导权、管理权和话语权。继续深化涉藏维稳思想引导宣讲，重点做好“省情教育、法制教育进校园、

民族团结进步创建”3项主题教育活动，筑牢广大师生反分裂、反渗透的思想防线。二是开齐开足民族团结教育课程。以牢固树立“四个认同”、“三个离不开”思想意识为目标，找准抓实民族团结进步先进区创建活动载体。通过开展民族团结进步教育宣传月、民族团结歌曲进校园、创建民族团结进步示范校等系列活动，不断丰富学生校园文化活动，积极引导广大学生牢固树立正确的世界观、人生观、价值观和民族团结思想意识，为学校和谐稳定奠定基础。三是深化平安校园建设。进一步开展以校舍安全、消防安全、油气电管网安全、校车安全、饮食卫生安全、实验室安全、校园周边安全、防止煤气中毒、预防冰上活动溺水事故等为重点的学校安全排查，加快形成源头治理、动态管理、应急处理相结合的维稳工作长效机制。四是要以校园防范为重点，发挥政府主导作用，动员全社会力量共同参与，加强学校及周边治安防控体系。

B.14 青海土地管理现状、形势及政策分析

檀萍 韩有祥*

摘 要： 近年来，青海省土地管理在规划管控、耕地保护、土地整治、土地利用等方面取得了积极进展，为经济社会发展提供了有力支撑。同时，土地管理工作面临着新的机遇和挑战，需要在保护资源、保障发展、维护权益方面做更加有益的探索。本文对2008年以来青海土地管理工作进行了梳理总结，分析了面临的问题和形势，提出了进一步做好土地管理的政策措施。

关键词： 土地管理 耕地保护 形势分析 对策 青海

自2008年以来，土地管理在经济社会发展中的作用越来越明显，引起了社会各方面的高度关注。对青海土地管理工作及时进行梳理总结，分析工作中存在的问题和面临的形势，提出进一步的政策措施，对青海“三区”建设具有重要的意义。

一 土地管理工作基本情况

近年来，青海土地管理工作以规划管控为龙头，以坚守耕地红线为

* 檀萍，青海省国土资源厅土地利用处处长，研究方向：土地资源利用与评价；韩有祥，青海省国土资源厅政策法规处副处长，研究方向：土地管理政策。

重任，以保护资源、保障发展为目标，以节约集约和有效利用土地为手段，通过落实责任、强化措施、加强监管，土地管理各项工作取得了新进展，较好地实现了规范管理与主动服务、保护资源与保障发展的有机统一。

（一）土地规划管控作用不断加强

牢固树立土地利用规划龙头理念，加强土地规划计划管控，土地规划管理在统筹保障发展、保护资源、落实国土资源战略目标任务等方面发挥了重要作用。

1. 土地利用规划体系全面建立

全省新一轮土地利用总体规划批准实施，省、州（市）、县、乡四级土地利用总体规划体系全面建立，土地利用总体规划评估、修改机制不断健全，为落实土地用途管制和加强宏观调控提供了基础依据。全省各地依据规划批地的意识逐步增强，有效地防止了违规批地现象。

2. 土地计划指标执行良好

强化年度用地计划对各类新增建设用地的整体管控和统筹安排，实行指令性管理，严格执行考核，落实奖惩措施。2008～2013 年，国家下达青海省用地计划指标近 42.6 万亩，农用地 26.94 万亩（耕地 14.16 万亩），未利用地 15.66 万亩，确保了一批重点项目、基础设施项目、民生项目计划指标和建设用地需求。

3. 建设项目用地预审进展顺利

依法严格落实用地预审制度，发挥预审源头把控作用，严控新开工项目用地规模，坚决核减不合理用地，把好土地闸门。2008～2013 年，办理建设项目用地预审 727 件，涉及用地规模 94.3 万亩，其中农用地 56.91 万亩。通过预审核减不合理用地近 2 万亩。

4. 城乡建设用地增减挂钩试点顺利起步

稳慎启动增减挂钩试点，在不突破国土资源部下达青海省挂钩周转指标规模的前提下，将提出申请使用增减挂钩周转指标的德令哈市、海晏县、湟中县、互助县、平安县、湟源县、大通县作为试点地区，下达增减挂钩周转指标1.45万亩。完成拆旧面积0.56万亩，为新农村建设筹集资金8500余万元，盘活了农村存量建设用地。

5. 国土资源差别化管理政策有效实施

按照国家实施藏区差别化土地管理政策的统筹部署，积极争取国家倾斜性优惠政策，国土资源部出台了《关于支持加快青海藏区经济社会发展有关措施的函》（国土资函〔2010〕732号）等文件，在土地规划管理、计划安排、耕地保护、土地整治等方面给予政策倾斜，为青海省“三区”建设提供了有力支撑。

（二）耕地保护责任有效落实

全省各级政府高度重视耕地保护工作，通过落实工作责任、加强规划管控、开展执法监察、强化督导考核、夯实工作基础，确保了全省810万亩耕地和651万亩基本农田数量不减少，质量有提高。

1. 分级负责的耕地保护责任制全面建立

每年省政府与市州政府签订耕地保护目标责任书，将耕地保护工作落实情况纳入了市州政府目标责任考核，形成了年初落实任务、年中督促督导、年底考核表彰的工作机制。各县层层签订目标责任状，将保护任务分解到乡（镇）、村、农户，使基本农田落实到地块、标注到图斑、登记到台账、责任到农户。全省新核查划定基本农田41.85万块，与村组和农户新签订目标责任书4.84万份，建立基本农田保护标识牌2084块。

2. 规划对耕地管控作用有效落实

在土地利用总体规划修编中，将《全国土地利用总体规划纲要（2006～2020年）》确定的651万亩基本农田保护指标，逐级分解下达，结合全国第二次土地调查，重新核查划定基本农田，实际划定面积667.77万亩，比国家下达的规划控制指标多划16.77万亩，从规划源头落实了全省基本农田控制指标。

3. 土地执法监察工作进一步强化

将耕地和基本农田保护作为土地执法的重要内容，通过加强土地执法，有效地促进了耕地保护。2008～2013 年，全省共查处土地违法案件 1439 件，涉及土地面积 3256.89 公顷，其中耕地面积 1136.33 公顷。拆除构筑物 15 万平方米，收回土地 23.92 公顷，其中收回耕地 1.77 公顷，收缴罚没收入 2811.15 万元。

4. 耕地占补平衡任务顺利实现

从 2007 年开始实行耕地占补平衡缴费制度，凡建设项目占用耕地一律按规定将耕地开垦费足额缴入省级财政专户，全省统一安排土地开发整理项目补充耕地。2008～2013 年实施占补平衡土地开发整理项目 37 个，投资 4.49 亿元，建设规模 24.12 万亩，新增耕地 20.77 万亩，全面完成了耕地占补平衡任务。

（三）农村土地整治成效显著

以高标准基本农田建设项目、黄河谷地百万亩土地整理项目为平台和抓手，推动农村土地整治向集约化、规模化发展，土地整治项目在促进社会主义新农村建设、带动区域经济发展方面发挥了重要作用。

1. 土地开发整理项目顺利实施

按照“统筹规划、集中连片、整体推进”的原则，推进土地整治项目从零散、小块项目向集中连片、规模整治项目转变。2008～2013 年，青海省筛选实施土地整治项目 112 个，建设总规模 86.25 万亩，新增耕地 26.17 万亩，投资 15.28 亿元。其中，开垦费项目 37 个，建设规模 24.12 万亩，新增耕地 20.77 万亩，投资 4.49 亿元；新增费项目 75 个，建设规模 61 万亩，新增耕地 5.4 万亩，投资 10.79 亿元。通过集中连片建设，普遍建成旱涝保收、高产稳产的高标准基本农田，生产能力普遍提高了 10%～20%，为农民增收、农业增效做出了积极贡献。

2. 高标准基本农田建设初见成效

2012 年，青海省先期在大通、湟中、民和等县开展高标准基本农田整治，建设万亩以上连片高标准基本农田13片。2012～2013年，累计投入资金12.4亿元（国家补助1.58亿元、青海省新增费10.82亿元），实施项目84个，高标准农田建设规模70.56万亩，超额完成了国家下达青海省2012～2013年高标准基本农田61万亩的建设任务。

3. 黄河谷地百万亩土地整理项目进展顺利

2010年，国土资源部、财政部批准了黄河谷地百万亩土地开发整理重大项目。这个项目是青海省建省以来国家投资的最大的涉农项目，投资达21.01亿元，建设规模63.63万亩，新增耕地20.38万亩，改善灌溉面积38.3万亩。项目实施中，省委省政府高度重视，省政府成立了黄河谷地湟水流域土地整理开发项目指挥部，进一步加强了对项目实施的组织领导。目前，该项目筹措资金达8.28亿元（中央资金7.98亿元，省级新增费0.3亿元），完成建设规模11.61万亩，完成投资3.82亿元，公伯峡北岸片区基本完工，公伯峡南岸、李家峡南岸正在全力推进工程建设。

（四）土地利用管理逐步规范

全省各地严格按照国家产业政策和供地政策批地用地，进一步规范土地市场秩序。国有土地使用权供应和出让金收支管理不断加强，土地储备制度从无到有逐步建立，土地出让管理取得新的成效。

1. 制度供给进一步加快

积极探索推进国有未利用地开发利用、支持新能源建设、土地资源化市场化配制等措施，出台了《关于进一步规范工业用地出让有关问题的通知》、《青海省国土资源厅关于进一步支持太阳能光伏风能发电等新能源产业项目用地的意见》等规范性文件，对规范土地出让、显化土地资产、推动区域经济发展提供了制度保障。

2. 土地供应管理进一步加强

土地市场动态监测与监管系统、土地交易合同网上填报服务系统全面运行，城镇分等定级和基准地价体系全面建立。对全省招拍挂出让国有土地使用权情况、《全国工业用地最低价标准》执行情况、房地产用地情况进行检查清理，进一步推进了土地出让各项制度落实。2008～2013 年，全省供应建设用地 30067.67 公顷，其中以划拨方式供应 21827.01 公顷，以有偿方式供应 8240.66 公顷。

3. 节约集约用地进一步推进

西宁经济技术开发区（国家级）土地集约利用评价、全省单位 GDP 和固定资产投资规模增长消耗新增建设用地考核、全省“十二五”单位国内生产总值建设用地下降目标分解等重点工作全面完成，推进柴达木地区循环经济发展与土地集约利用关系研究和柴达木地区现行土地集约利用管理评价研究，提高了节约集约用地水平。

4. 土地储备融资行为进一步规范

青海省 2012 年前成立并开展土地收储融资工作的主要是西宁市土地储备中心。为严格规范土地储备机构的土地收储、开发、供应及资金运作等行为，至 2013 年青海省 24 家土地储备机构通过国土资源部审核，全部纳入部级土地储备机构名录管理。为规范土地储备机构土地储备行为，对 14 家土地储备机构 2014 年度土地储备融资规模计划进行了审查，实现了全省土地储备机构土地储备监测监管系统的在线监管。

（五）保发展、保民生工作取得实效

在土地管理工作中，始终坚持为重点项目做好服务，始终坚持民生优先，较好地维护了社会利益和群众利益。在建设用地规模连年大幅增长、全国因征地拆迁引发群体性事件频发的情况下，相关部门通过创新工作方法，提高征地补偿标准，建立失地农民养老保险机制，保持了社会的总体稳定，没有发生大规模的群体性上访事件，受到了省委、省政府和国土资源部的充分肯定。

1. 全力保障重点项目用地

出台《关于简化和改进建设用地审批管理工作的意见》，对省政府审批建设项目用地材料由 21 项减为 14 项，审查时间由 15 个工作日减为 10 个。

采取省、州、县三级联动，有关部门及时碰头对接，国土资源部门上门服务等措施，加快了用地报批工作，2008～2013 年依法依规报有批准权的政府审查报批各类建设用地 54.2029 万亩（其中占用耕地 17.48 万亩），有效地保障了兰新铁路、阿岱至李家峡高速公路、涩宁兰天然气管道复线工程等一大批国家和省重点项目顺利落地。

2. 提高征地补偿标准

针对青海省经济相对落后、农牧民致富渠道单一的实际，以及过去征地补偿标准偏低、不统一的问题，2010 年发布实施了《青海省征地统一年产值标准和区片综合地价》，将全省的征地补偿标准在以往的基础上大幅上调近 50%，建立了调整机制。这一标准的发布结束了青海省建设项目征地没有统一标准的状况，改变了以往重点项目征地标准“一事一议、相互攀比”的历史。

3. 建立农民零缴费的失地农民养老保险制度

建立了符合青海特色的被征地农民社会养老保险制度，明确由申请用地者按征收费用的 30%～50% 缴纳被征地农牧民社会养老保险基金。截至 2013 年底，共收缴被征地农牧民社会养老保险金 5.34 亿元。这一制度设计实现了被征地农牧民养老保险全覆盖、个人自筹部分零缴费，在全国具有首创和引领意义。

4. 积极探索建立多元保障机制

积极探索被征地农牧民多元安置模式，保障被征地农民长远发展。全省大部分市县针对发放安置保障金、积极开辟就业渠道、加强职业技能培训、鼓励从事商业经营等方面出台了相关政策，为被征地农民自谋发展、自主就业打好了基础。

（六）土地管理基础工作不断夯实

全省第二次土地调查、农村集体土地确权登记、国土资源信息化建设取得新进展，进一步夯实了土地管理的工作基础。

1. 全省第二次土地调查全面完成

建立了集影像、图形、地类、面积和权属为一体的全省 46 个县级单位农村和城镇土地调查数据库，准确、翔实地查清了全省耕地、林地、草地、建设用地等各类土地的权属、位置、数量和利用状况。据二次土地调查，青海省辖区面积 69.66 万平方公里，其中：耕地面积 882.03 万亩，园地面积 9.12 万亩，林地面积 5316.88 万亩，草地面积 63193.91 万亩，城镇村及工矿用地 303.87 万亩，交通运输用地 104.71 万亩，水域及水利设施用地 4227.10 万亩，未利用地 30459.38 万亩。

2. 农村集体土地确权登记发证顺利推进

通过加强组织领导，健全工作制度，做好经费保障，加大培训力度，农村集体土地确权登记发证工作顺利推进。申请到所有权和使用权省财政补助资金 8844.41 万元，截至 2013 年，青海省集体土地所有权确权登记发证工作已发证宗地数为 8462 宗，发证率 98.6%。

3. 国土资源信息化建设取得进展

青海省国土资源电子政务管理信息系统全面建立，建设用地审批、建设用地预审、办公自动化等业务应用系统全面运行。全省土地利用现状数据库、全省县乡级土地利用总体规划数据库、土地开发整理规划数据库、基本农田数据库、农用地分等定级数据库整合建库全面完成，通过部级验收，为建立国土资源“一张图”管理平台奠定了基础。

二　青海土地管理面临的形势及趋势预测

近年来，通过严格规范管理，主动高效服务，土地管理较好地保护了资源、保障了发展，实现了社会整体利益和群众个人利益的有机统一。2014～2015 年，做好土地管理工作既面临着诸多的挑战，又面临着前所未有的机遇。

（一）面临的挑战

1. 土地管理始终面临着保护资源、保障发展的挑战

青海省 2008 年生产总值和固定资产投资不足千亿元，到 2013 年双双突

破2000亿元，全省项目建设迅猛增长，年度用地总量由2008年的2.6万亩增加到2013年的15万亩，用地量的刚性增长造成建设用地指标严重不足，未来的发展中需要在节约集约用地、统筹计划安排上探索更加行之有效的新方式。

2. 土地管理始终面临着耕地保护、节约集约用地的考验

2014年以来，习近平总书记、李克强总理等中央领导同志在中央经济工作会议、城镇化工作会议、农村工作会议上对国土资源工作做出了明确指示，对落实最严格的耕地保护制度和节约集约用地制度提出了更高要求，这对耕地资源禀赋并不好的青海提出了严峻的考验。其一，落实耕地占用先补后占难度加大。由于青海省补充耕地资金来源单一，补充耕地后备资源不足，耕地储备少，加之受气候的影响，建设项目施工期较短等原因，落实先补后占难度加大。其二，高标准基本农田建设有待加强。青海省虽土地面积大，但耕地数量少、质量差，且旱地所占比例大。因省级财政困难，耕地质量建设投入少，对中低产田改造、土地改良等覆盖面小，高标准农田比例不高，需要进一步争取国家资金，加大高标准基本农田建设。其三，节约集约用地有待进一步跟进。近年来，通过实施农村土地整治、黄河谷地百万亩土地开发整理等项目，土地节约集约利用取得了重要的进展。但是，由于土地后备资源有限，加之正在申报的湟水流域基本农田整治重大工程国家尚未批复，建设用地快速增长和保护耕地的双重压力一时难以缓解。

3. 土地管理始终面临着加强监督、规范管理的考验

全省土地有形市场发育不健全、不平衡，全省土地有形市场仅有西宁市、海东市、黄南州和海南州4家，难以满足市场需求。建设用地批后监管工作各主管部门缺乏配合，很多政策措施难以有效落地。同时，青海省特殊的自然环境条件，导致项目施工期短，而重点项目建设用地既对年度投资有限定又有工期要求，一定程度上造成项目用地的未批先用现象，需要进一步加强土地执法监察工作。

4. 土地管理始终面临着简政放权、提高效率的考验

土地审批中不同程度地存在审批时间过长、前置程序过多的问题。在精简审批事项、优化审批流程方面还需要出台更加行之有效的政策措施。同时，全省从事国土资源管理工作的人员仅为970名，基层力量薄弱，加之其工作变动频繁，业务能力不高，造成土地管理基础工作比较薄弱，需要在提高素质、强化效能方面切实改进。

（二）面临的机遇

1. 各级政府依法管地用地的意识逐步增强，全社会保护耕地、节约集约用地氛围越来越浓，为进一步做好土地管理工作迎来了难得的历史机遇

国家将耕地保护、节约集约用地提到了前所未有的高度，通过落实责任、加强监督、强化考核，各级政府保护耕地、节约集约用地的意识逐步增强，全社会保护耕地、节约集约用地氛围越来越浓，土地管理的共同责任机制逐步建立，为依法依规管理用地奠定了良好的基础。同时，青海省通过国家地政审计，进一步摸清了全省各地土地管理的基本情况、存在的问题，为下一步做好工作提供了依据，指明了方向。

2. 国家的一些重大项目还在持续推进，一些优惠政策还在“释放期”，为土地管理迎来难得的政策机遇

青海东部黄河谷地百万亩土地开发整理项目顺利推进，2014年6月，国土资源部组织专家对该项目进行了中期评估，为项目的后续工作奠定了良好的基础。同时，青海省争取到的国土资源差别化政策、玉树灾后重建特殊支持政策、国土资源援青政策将持续发挥释放效应，为继续做好土地管理各项工作，进一步提升保护资源、保障发展、维护权益、服务社会的能力提供了政策支撑。

3. 土地管理在经济社会发展中的基础性、支撑性作用逐步显现，国土规划统筹管控作用不断加强，为做好土地管理工作迎来了宝贵的现实机遇

国土资源管理支撑性、基础性作用不断显现，各行各业自觉依法依规用地的意识逐步增强，各部门衔接沟通力度逐步加大，国土规划管控作用进一步增强，为进一步做好土地管理赢得了机遇。

（三）趋势预测

2015 年，耕地保护共同责任机制将进一步完善，高标准基本农田建设顺利推进，120 万亩旱涝保收的高标准基本农田建设基本完成，80 处万亩连片的基本农田集中区逐步形成，力争互助、湟中、民和 3 县建设成为国家高标准基本农田示范县，互助、门源、大通、湟中、湟源、乐都、民和、同仁、平安 9 个县建设成为全国农用地整治重点县。土地管理基础工作全面推进，全省农村集体建设用地和宅基地确权登记发证工作全面完成。征地补偿标准进一步提高，西宁市征地区片综合地价以及 42 个市、县征地统一年产值标准得以调整，维护和保障被征地农民合法权益的长效机制逐步形成。

三　政策建议

（一）进一步明确耕地保护和基本农田保护是各级政府的主体责任

进一步落实耕地保护的责任和相关要求，加强耕地和基本农田保护工作，适时开展永久性基本农田划定和“菜篮子”基地划定工作，确保耕地质量不减少、数量不降低。全面落实政府领导干部耕地和基本农田保护离任审计制度，对领导干部任期内的耕地保护、基本农田保护、规划计划执行、土地征收、土地供应、土地储备融资、土地执法监察的情况进行全面审计，建立相应的责任追究制度。

（二）加快推进土地利用总体规划评估修编

配合全省区域发展战略，建立并完善土地利用总体规划评估修编机制，抓紧启动土地利用总体规划评估修编，以规划统筹用地空间布局，保障“三化”同步的用地需求。重点做好东部城市群建设等一系列发展目标的土地利用规划保障工作。

（三）统筹解决好建设用地计划指标不足的问题

通过“开源节流”拓展建设用地新空间。“开源”：积极做好与国土资源部的协调沟通，力争国家在土地利用计划指标方面给予青海省更大倾斜；切实做好增减挂钩项目的实施和工矿废弃地复垦置换指标工作，进一步拓展城镇发展空间。“节流”：着重加快转变土地利用方式，全面清理“批而未供”土地，盘活存量土地。建立节约集约用地倒逼机制，充分利用差别化政策，从严核定用地规模，确保土地高效利用。

B.15

青海特色工艺美术产业发展态势与对策措施

付国栋　祁鑫　许诚*

摘　要：青海省工艺美术产业是青海特色文化产业发展的龙头行业，一直保持着较快的发展速度。多年来，工艺美术行业取得了长足发展，在推动青海特色文化产业发展中凸显出龙头和示范引领作用。

关键词：工艺美术　行业发展　分析　青海

青海省文化资源底蕴厚重，矿产资源和旅游资源丰富，在开发青海特色工艺美术产品方面具有得天独厚的优势。2014 年，青海省确立“以工艺美术行业为突破口，着力推进特色文化产业发展”的思路，走出了一条以工艺美术产业为重点，民族演艺、出版印刷、艺术培训、动漫等其他产业协调发展的特色文化产业发展之路。

一　青海特色工艺美术产业发展现状

近年来，青海省工艺美术行业的部分企业和特色工艺产品在省内外、国内外树立起了良好的形象和品牌，取得一定的发展成就，呈现一定的发

* 付国栋，青海省文化和新闻出版厅办公室主任；祁鑫，青海省文化和新闻出版厅办公室主任科员；许诚，青海省工艺美术保护管理办公室副主任。

展优势。特别是在一些区域和领域，涌现出颇具特色的工艺美术产业发展典型。

（一）发展简况

目前，青海省工艺美术品共有8个大类，25个中、小门类，62个种类，8000余个品种。截至2013年底，青海省工艺美术行业上规模的企业（单位）83家，工艺品经营商店、个体作坊3345家，从业人员10.03万人，年销售额达25.76亿元，全行业持续以超过13%的速度快速增长。在青海省的8家国家级文化产业示范基地中，工艺美术类占5家；59家省级文化产业示范基地（单位、园）中，工艺美术类占32家。全省拥有国家级工艺美术大师6人，省级工艺美术大师21人（其中一级16人、二级2人、三级3人），省级民间工艺大师28人，省级民间工艺师182人（其中一级42人、二级140人）。

（二）主要亮点

一些特色工艺产品被列为西宁市旅游推荐产品，有些被省级博物馆收为馆藏品，有些被作为馈赠贵宾和外宾的礼品，尤其是黄南地区的“热贡艺术品”，青海藏羊地毯（集团）总公司的“藏羊”牌地毯系列产品，青海伊佳民族服饰有限责任公司和青海伊佳民族用品有限公司的“布哈拉”牌穆斯林民族帽、阿拉伯长袍、礼拜毯等民族系列产品，西宁市、格尔木市的“昆仑玉”产品，西宁宝光金银首饰实业总公司的“宝光”牌金银首饰系列产品，西宁新之奇文化艺术有限公司的“新奇”牌系列现代工艺礼品，青海工艺美术厂有限责任公司的工艺美术产品，湟中县的“八瓣莲花”特色工艺产品和品牌等。这些企业、单位先后被命名为国家级、省级文化产业示范基地（单位），不仅树立了良好的企业形象，而且产生了一定的品牌效应。在继承和发展的基础上，经过近年来的不断改造和提升，目前青海省热贡艺术的传统手绘唐卡和不断创新发展起来的掐丝唐卡等多个唐卡新品种，以及藏毯、民族服饰、昆仑玉雕、珠宝首饰、现代工艺礼品、绒毛画、黄河石艺画、民族民间工艺品等已成为发展青海省工艺美术产业的特色产品。

1. 以热贡艺术、贵南藏绣等为代表的传统藏文化工艺品、艺术品蓬勃发展

1988 年，同仁县夏吾才让先生荣获了第三届“中国工艺美术大师”称号，从这以后的 20 多年间，青海省再没产生过国家级大师。直到 2007 年，同仁县的启加、西合道、斗尕、更登达杰 4 位民间艺人荣获了第五届“中国工艺美术大师”称号；2011 年，同仁县的民间艺人娘本荣获了第六届“中国工艺美术大师”称号。2007 年，黄南热贡地区被文化部命名为“热贡文化生态保护区”；2009 年，热贡艺术成功申报“国家级首批非物质文化遗产保护名录”，并被联合国教科文组织列入人类非物质文化遗产代表作名录。2011 年，黄南州同仁县获得“中国唐卡艺术之乡”特色区域荣誉称号，成了青海省唯一的工艺美术产业集聚区，进一步提升了地区形象，扩大了其产品在国内外市场的知名度，带动了区域经济的发展。

2. 以青海藏羊地毯（集团）有限公司为龙头的藏毯企业发展迅速

近年来，青海藏羊地毯（集团）总公司为扩大生产规模，积极转变经济发展方式，先后从比利时和德国引进国际最先进机织生产设备，建设了机织藏毯生产基地，使企业产品由较为单一的手工藏毯调整为手工和机织藏毯并存的多元化产品结构。目前，藏羊集团产品有手工和机织藏毯近千个品种；“藏羊”牌藏毯荣获“中国名牌”和“国家地理标志保护产品”称号，“藏羊”牌商标被评为“中国驰名商标”；2008 年与省质量技术监督局联合制定了《藏毯国家标准》。截至 2011 年底，共取得 5 项实用新型发明专利和 268 项图案外观设计专利，其产品已远销海外 34 个国家及地区，在欧、美、日等传统地毯消费国有了稳定的销售市场，并相继开拓了俄罗斯、中亚和南亚等市场；国内经销商达 1300 多家。藏羊集团先后获得全国地毯十强企业、国家级文化产业示范基地、全国文化产业出口重点企业等称号。2013 年，国家向藏羊集团发放出口奖励资金 50 万元。

3. 以格尔木市、西宁市为中心的“青海昆仑玉”产业形成规模

1993年青海省格尔木市发现昆仑玉，引起了整个玉界的高度重视，作为我国唯一的中高档玉种，填补了新疆白玉日趋枯竭的空缺，其玉质也得到了广泛认可。尤其被选定为2008年北京奥运会奖牌用玉后，青海省昆仑玉市场迎来了前所未有的发展机遇。目前，青海省从事宝玉石行业人员超过3万人，固定商家达200家；西宁从事昆仑玉经销商超过60家，仅在南关街专卖店就有36家，南关街成为外地游客必去之地。2013年9月，青海省成功举办了首届“中国·青海国际昆仑玉（珠宝）博览会”，不仅提高了昆仑玉在海内外的知名度和影响，而且进一步推动了青海省昆仑玉产业的发展。

4. 以西宁地区为中心的现代工艺礼品、新工艺产品方兴未艾

西宁作为省会城市，近年来兴起的现代工艺礼品和新工艺品占据了市场较大份额。现代工艺礼品的代表企业为西宁新之奇文化艺术有限公司、青海省工艺美术厂有限责任公司等。青海工艺美术厂有限责任公司在省内下设5家子公司，拥有资产531万元，实现年创收突破1000万元。先后被命名为国家级和省级文化产业示范基地、青海省文化行业龙头企业、青海省民族民间文化产业园。这些新工艺产品成了独具青海民族特色的工艺美术品，得到了广大消费者的青睐，也为这些中（小）微企业带来了丰厚的经济效益。

5. 以“西宁宝光金银首饰实业总公司”为龙头的金银首饰业成绩斐然

西宁宝光金银首饰实业公司主要生产和经营黄金、铂金、钻石、银饰、昆仑玉、金镶玉、银镶玉、藏饰等具有青藏高原特色的首饰饰品及工艺品。目前，在省内和国内拥有8家子公司，资产规模达3亿元。近年来，宝光公司努力打造品牌，提升知名度，“宝光”商标先后取得“青海省著名商标”、“中国驰名商标”，“宝光”品牌受到了广大消费者的认可和信赖，成为青海特色文化产业的亮点之一。2009年、2011年宝光公司被中国轻工业联合会、中国工艺美术协会先后两度评为“中国轻工业工艺美术行业十强企业”。

6. 以湟中县为中心的“八瓣莲花”民族工艺产品独树一帜

近年来，湟中县政府大力实施以农民画、堆绣、镶丝、藏毯、雕刻、壁画、泥塑、银铜器为特色产品的“八瓣莲花”品牌战略，推进当地文化产业和旅游业的发展，呈现快速、健康、协调发展的良好态势，使“八瓣莲花”品牌效应逐步显现，影响力和知名度不断扩大。“八瓣莲花”民族民间工艺品展示体验销售中心、藏文化创意产业园二期演艺中心、河湟博物馆等文化旅游项目、陈家滩特色文化旅游产业园等项目相继落户园区。目前，全县“八瓣莲花”龙头企业发展到 10 家、生产基地 30 个、加工点 300 余处、省内外销售网点 500 多个，有省市级文化产业示范基地 8 个，从业人员 1.8 万余人。2013 年 2 月，湟中“八瓣莲花”申报“中国驰名”商标获得成功，成为青海省首个文化旅游产业全国驰名商标，不仅为做大做强“八瓣莲花”产业品牌奠定了基础，而且进一步促进了当地特色文化产业和旅游业的发展。

7. 以循化县为中心的黄河石艺画、绒毛工艺画等特色工艺品前景看好

以循化县圣驼民族工艺品有限公司、青海循化县博艺文化有限责任公司、青海循化县沙舟工艺品开发公司为代表的黄河石艺画作品朴实、典雅、自然，深受广大消费者的欢迎，其产品不仅在国内畅销，而且已远销到国外许多国家和地区。近两年来，在绒毛工艺画技艺在青海省近乎失传、消失的状况下，通过艺人们的不断挖掘和传承，已得到了较好的保护、恢复、弘扬和发展。2013 年，循化县沙舟工艺品开发有限公司设计开发的绒毛画系列作品，获得了 2013 年青海文化旅游产品创意设计大赛特等奖。

二　青海特色工艺美术产业发展中的主要问题

纵观青海省特色工艺美术产业的现状和发展情况，总体上看产业发展良好，并取得了一定成绩，但也普遍存在摊子散、规模化程度低、市场化水平差、政策扶持少、经营理念单一、科技创新能力弱、生产成本和人工成本

高、劳动生产率低、人才开发滞后等与经济社会发展需求不相适应的诸多问题，影响和制约着青海省特色工艺美术产业的可持续发展。

（一）经营分散与市场需求因素

青海省特色工艺美术产业具有门类多、品种多、分布广的特点，其上规模的企业少，民营、私营微小企业和个体作坊式生产企业居多，且散落在全省各地，生产经营极为分散，各自为政，形不成合力，发展很不平衡，难以形成规模化、品牌化、系列化生产水平，很难争取到政府有关政策和资金方面的扶持。分析其原因，主要是受地域经济不发达和市场需求等因素的制约。青海省的地理位置和自然环境特殊，经济相对滞后、欠发达，特色工艺品的市场规模化弱，销售渠道狭窄，广大群众的经济收入偏低，购买力不强，对文化产品、工艺品、艺术品的消费需求有限。

（二）主导型人才匮乏与经营理论水平不高

工艺美术品的专业性比较强，引领特色工艺品发展的主导型人才匮乏，尤其缺乏工艺创作设计的专业人员，开发、提高附加值的熟练技工较为短缺，人员流动性较大，队伍不稳定。分析其原因，主要是思想观念较为落后，创新意识淡薄，从业者的文化素质普遍较低，文化底蕴不足，创作设计水平不高，难以适应不断发展的市场需求；制作工艺落后，工艺上的突破速度缓慢；市场观念、商品意识、品牌意识薄弱；青海省缺少相应的专业创作设计机构，令工艺美术专业理论的引导作用不强。

（三）工艺美术技艺的传承与创新机制不完善

工艺美术行业的行业分散、师徒传承、手工操作、工艺保密等特点，要求工艺美术业必须采取以保护为主、在保护中传承发展的方针。传统工艺美术工作者的创作条件较差，待遇不高，创作积极性严重受挫；“父艺子不学、师技徒不受”的趋势日益明显；对工艺美术技艺的传承与创新方面的资金投入不足，培养工艺美术专业人才的合理性、针对性不强。

三　青海特色工艺美术产业发展思路及对策建议

在加快青海文化名省建设进程中，充分发挥工艺美术行业在发展青海特色文化产业中的龙头、示范引领作用。

（一）主要思路

进一步改善工艺美术生存环境，着力提高工艺美术行业文化地位和文化影响力，不断增强市场竞争力；通过政策支持，大力培育龙头、骨干企业，重点扶持中（小）微企业和特色鲜明的产业集聚区，不断延伸特色工艺美术产业链；积极引导行业企业提高设计创意水平，拥有自主知识产权，运用新材料、新工艺创造著名品牌，发挥科技创新的推动作用；充分挖掘民族文化元素，突出地域特色，强化品牌意识，加快工艺美术产业从传统走向现代，促进青海省特色工艺美术产业又好又快发展。

（二）对策措施

青海工艺美术产业蕴藏着巨大的发展潜力，是进一步增加旅游收入、弘扬传统文化的基础产业。加快发展青海工艺美术产业，需要从市场主体培育、市场竞争力提高、政策资金扶持、产业转型、人才培养等方面深入推进。

1. 大力培育特色工艺美术市场主体

企业是挖掘整理工艺美术资源、发展特色工艺美术产业的主体。通过规划指导、政策扶持、资金引导，支持特色工艺美术产业，尤其是中（小）微企业平衡、协调发展。以园区模式和基地经济为载体，充分发挥青海省国家、省级文化产业示范基地的示范引领带动作用；以培育骨干工艺美术企业为重点，加快推进特色工艺美术产业群建设，着力发展唐卡、昆仑玉、藏毯、民间刺绣、民族服饰、民族出版印刷六大特色文化产业；着力建设唐卡、昆仑玉、民族服饰、民族刺绣、现代工艺礼品、皮绣（农民画、皮影）、奇石七大民族文化产业基地，使小产品、小作坊逐步实现规模化、产业化经营生产，不断做大做强青海省特色工艺美术产业。

2. 努力提高特色工艺美术产业的生产能力和市场竞争力

一是提升工艺美术产业层次，做大做强昆仑玉产业。加大昆仑玉的宣传推介力度；推动昆仑玉产业自主创新和新产品研发能力，研发高端产品，扩大产业规模；培育昆仑玉龙头企业，实现昆仑玉产业与资本市场对接，为产业发展奠定扎实的基础。二是扩大藏毯的品牌知名度和产业规模，不断扩大出口创汇，打造国际藏毯之都。三是以热贡文化生态保护试验区规划和建设为契机，统筹规划和布局热贡唐卡、堆绣等艺术品的加工生产。四是认真实施“十二五”规划的重点文化产业园区建设项目、国家藏羌彝文化产业走廊青海片区项目，引导支持特色工艺品、艺术品生产经营向园区集中，逐步形成品牌优势。

3. 加大对特色工艺美术产业政策、资金等方面的扶持

在项目、资金和金融服务及税收等方面给予积极支持和倾斜，尤其是对技艺精湛、文化底蕴深厚、民族元素独特、具有鲜明民族特点的特色工艺美术品给予相应的政策扶持，促进特色工艺美术产业逐步向规模化、专业化、品牌化方向发展。

4. 加快特色工艺美术产业从传统走向现代

一是实施品牌战略，鼓励工艺美术企业树立品牌意识，提高产品档次和艺术品位，鼓励各类工艺美术生产企业在继承、引进传统工艺美术品种和技艺的基础上研发新品种、新工艺。二是打造特色区域，鼓励有条件的地区建设特色工艺美术特色区域，建设有特色的工艺美术产业园、产业集群和工艺美术品集聚地。三是充分挖掘民族文化元素，突出地域特色；有效保护传统技艺，不断开发新技术、新工艺、新产品，逐步促进保护传承与创新发展密切结合，发展现代工艺美术；加快传统工艺美术产品与创意设计、现代科技以及时代元素融合，增强文化含量和科技含量，提高产品的附加值。

5. 加大对工艺美术人才的培养

突破传统手工艺品传承模式，加大从事手工艺品人员技能培训力度，定期组织相关企业尤其是小微企业和民间艺人到省内外学习先进技术，交流经验，引进优秀人才，不断提高技术水平，增强产品研发和市场开拓能力。引导、鼓励工艺美术企业、单位培养相关工艺美术人才；鼓励、支持工艺美术大师带徒授艺；鼓励有条件的职业院校开设工艺美术课程；与工艺美术生产企业或者工艺美术行业协会联合建立工艺美术人才培训基地。

特　色　篇

Special Reports

B.16
青海多民族文化和美共荣发展与民族团结进步创建研究

赵宗福　鄂崇荣*

摘　要：青海是多民族多元文化共存共荣发展地区。从历史看，是民族文化认同交融史；从现实看，是民族文化多元一体共荣地。青海多民族文化的发展特点是“和美共荣”，体现的模式表现为：一元主导、多元共生，自我认知、相互尊重，互动交流、团结进步、和美发展、共同繁荣。青海多民族共荣发展现状成为展示中华民族多元一体历史现状场景的微缩景观，是凸显全国民族团结进步成果的重要展示区和先进区。

关键词：青海　多民族文化　和美共荣　团结进步

* 赵宗福，青海省社会科学院党组书记、院长、教授，研究方向：民俗学、民间文艺学；鄂崇荣，青海省社会科学院民族宗教研究所副所长，研究员，研究方向：民族学、宗教学。

青海地处青藏高原东北隅，是西通新疆、南接西藏、北去蒙古、东往中原的中间站，是连接祖国边疆与内地的重要孔道。在历史长河中，各民族频繁迁徙交往，曾相互精诚团结、同舟共济，也曾因资源利益、信仰差异等原因发生过冲突。但发展的主流是各民族和谐共处。特别是青海实施民族团结进步先进区创建活动以来，更加展现出一个多民族、多文化共存共荣、相互融合、你中有我、我中有你的良好局面。

一　青海多民族文化共荣发展的基本状态

青海处于中原儒道文化、西藏佛苯文化、西域伊斯兰文化、北方草原萨满文化的交融地带，属多元文化汇集地、多个文明叠合区。青海多民族文化在某一区域聚拢或者接触初期，曾因资源利益、文化差异而彼此间产生了一些误会和隔阂，甚至造成一些摩擦与冲突。但随着时间的推演，各民族频繁交流，促进了多民族文化间的对话和磨合，最终达到沟通理解，彼此尊重，甚至深度融合或相互弥补。

中华人民共和国成立以来，青海省委省政府高度重视民族宗教工作，坚定不移地贯彻落实党的民族、宗教政策，为社会主义新型民族关系巩固，为多民族文化共荣发展奠定了坚实的基础。而近些年来的全省民族团结进步先进区创建活动，越发使青海多宗教、多民族、多语言和美共荣，各民族和睦相处，相濡以沫，共生共荣，形成了多民族、多文化同处共存、彼此尊重，相互弥补、相互融合，共荣发展乃至深度融合的大好景象。

青海籍学者班班多杰先生通过实地考察提出：青海多民族文化的涵化史实是统一多民族中国的典型缩影，其特征是“和而不同”。[①] 我们则根据青海多民族文化“和而不同”和多宗教“和谐共存”的历史传统与现实情景，并受前人学者研究启发，认为青海多民族文化的发展特点是“和美共荣”。

---

① 班班多杰：《和而不同：青海多民俗文化和睦相处经验考察》，《中国社会科学》2007 年第 6 期。

概括地说，青海多民族文化“和美共荣”体现的模式表现为：一元主导、多元共生，自我认知、相互尊重，互动交流、团结进步，和美发展、共同繁荣。而青海民族团结的最大成果和最终目标是：对主流文化的高度认同，对自我文化的准确认知，多民族之间相互认同包容和尊重理解，激发发展活力，个体发展选择充分自由，最终达到共同繁荣。

二　青海多民族文化共荣发展的特征与功能

（一）青海多民族文化共荣发展的特征

1. 一体性与多元性并存

一个文化多元的国家或地区可以从多元文化中得到发展活力，但同时也要承受文化冲突的风险。法律政策等顶层设计至关重要，虽不能决定一个民族的文化，但可以影响多元文化的前进方向和发展路径。一体性体现在多样中立主导，中国特色社会主义文化具有统领、主导作用，社会主义核心价值体系引领青海多民族文化发展。

这一特征还体现在“以昆仑文化为主体的多元一体文化格局”的青海文化定位上，体现在同一民族文化或宗教文化内部的多元文化上，如青海藏族文化内部分安多文化（安多文化内部又分化为华锐、卓仓和阿柔等多个部落文化）、康巴文化等，土族文化内部也分互助、民和和同仁不同的文化片区。藏传佛教、伊斯兰教内部也分诸多教派，凸显不同文化特色。

同时还体现在历史上青海多民族对中央政权所具有的强烈认同感和归属心上。历史上，青海各民族正式通过朝贡觐见、领受封赏和寺院供奉万岁牌以及从军保家卫国等多种形式表达对中央政府的忠诚和高度认同。如明太祖朱元璋为全国清真寺题书的“百字赞”镶嵌于东关清真大寺中五门墙体内。青海省乐都县瞿昙寺隆国殿、平安县红水泉清真大寺大殿内，都供奉着“皇帝万岁牌”，牌的正面金书汉藏梵 3 种文字的“皇帝万万岁”。清代驻锡于北京的 12 名呼图克图之中，青海籍的占 7 位。青海湖被藏、蒙等民族视为神湖，从清代雍正时期开始形成了由中央派大员主持、蒙藏等上层王公贵族参加的大型祭湖制度，民国时期汉族、回族也加入其中，成为一种展示国家权威和民族团结的社会象征。

明代后期，青海各民族将领受命于国家危难之际。土族将军李英、李文随驾征讨北漠，防守北疆，皆以功封为伯爵。蒙古族将军祁秉忠战死辽东疆场，五百家兵牺牲殆尽。清代回族将军马进良、高天喜、马彪，土族将军本进忠等均致力于国家的统一和边疆的稳定，敕封谥号。近代以来，青海维护祖国统一、遏制分裂的作用更加凸显。1919 年，甘边宁镇守使回族将领马麒沥血发“艳电”，反对《西姆拉条约》，挫败英帝国主义分裂中国的阴谋。而在抗日战争时期，青海各族群众不仅踊跃捐资献物，还派出子弟组成青海骑八师奔赴抗日前线，奋勇杀敌。新中国成立以来，青海各民族更是拥护中国共产党的领导，坚持民族大团结，坚持走社会主义道路。如 1949 年 10 月 1 日中华人民共和国成立之际，十世班禅从海西香日德寺致电中央，表示竭诚拥护中央人民政府，推动了西藏和平解放。青海各族人民以实际行动彰显了对国家的认同和对多元一体局面的维护。

历史的经验和教训告诉我们，只有在以中央为核心的政治一体的前提下才能保持文化的多样性，也只有在多元文化的背景下，才能有多民族国家的统一和团结。

2. 独立性和互补性并存

青海多样的自然环境和气候为青海多民族文化即游牧文化、农耕文化、商贸文化、城镇文化的生成、发展和演变提供了相对独立的空间和场域，并使青海多民族文化互动交流，使其整体上凸显互补性和联系性。在青海传统生产方式中，汉族主要从事农业、工业生产；藏族、蒙古族主要从事畜牧业、林业生产；回族、撒拉族主要从事商业活动。如果洛等地藏族居处偏远牧区，长于畜牧业，短于商业。而青海穆斯林认为商业是真主所喜爱的事业，勤奋地从事商业活动可得到真主的喜悦。许多穆斯林深入藏区腹地从事商业贸易，藏区畜产品、土特产品与生活用品的贸易常依赖于穆斯林商人，在历史上形成了互利共生现象。青海一些藏传佛教寺院或藏族群众对穆斯林的商贸活动提供了各种便利。如隆务寺六世夏日仓·罗桑丹贝嘉措（1859～1915年）主持隆务寺后，为了发展隆务地区商业和手工业，由寺院出资在隆务街修建铺面房舍，于光绪初年从河州、循化等地招来多位穆斯林的工匠和商人，活跃了经济发展。又如在20世纪50年代以前，青海循化地区撒拉族不足的粮食、柴草，需要文都、道帏等地的藏族农业区和化隆的回族供应，而藏族需要的蔬菜、果品、茶、布、工艺品等则由撒拉族和其他族转运过去，并将藏族居住区的羊毛等畜产品转运外地。

近来新开展的"党政军企共建工作"活动，规模逐步扩大的"对口援青工作"，兴盛起来的"西繁东育"、"东草西储"、"拉面经济"等项目，进一步促进了各民族相互交流、开放融入，形成了和睦的民族关系。

3. 自主性与包容性并存

信仰是一个民族的文化核心，具有很强的自主性。但青海各民族文化都有共通的价值取向，相信"善有善报，恶有恶报"，向往以善除恶，做有道德的人。如儒家的"仁、义、礼、智、信"追求，佛教的"平等慈悲、容忍布施"理念，道教的"齐同慈爱，异骨成亲"思想，伊斯兰教的"行善施舍，赈孤救贫"等思想。加之，青海多民族文化交流频繁，特别是多民族杂居地区，各民族、多民族文化在发展过程中相互采借，呈现独特的包容样态。

青海多民族语言、生产生活方式和商贸交易习惯甚至信仰仪式均为多民族所共享。多种宗教并存的地区，藏传佛教寺院举行重大活动时，当地伊斯兰教清真寺、道教道观派人前往祝贺，反之亦然。如1998年5月14日至1999年10月20日，西宁东关清真大寺举行临街旧房改造与扩建工程的过程中，一些汉族、藏族群众积极捐款，湟中县鲁沙尔镇汉族金匠加工了大寺主楼顶部和宣礼塔弯顶上的宝瓶和月牙。在竣工典礼上，塔尔寺西纳活佛、夏格日活佛，西宁北山土楼观喇宗静道长携礼到会祝贺。

交流首先从学习语言开始。在藏、汉两种语言中，有不少借词延用至今。如青海汉语方言中的"闪巴"（屠夫）、"拿巴"（残疾人）、"当玛"（过去）等都为藏语借词，而有些词语则是藏汉合璧，如"大惹斧头"

（“大惹”为藏语，“斧头”之意）。藏语中也有许多汉语借词。由于经济贸易等原因所需，在青海穆斯林民族中，会说两三种民族语言者大有人在。青海各民族在民间进行商贸交易时，不用语言谈价钱，而在袖筒中或在一块布单下捏手指谈。

饮食习惯上，藏族、蒙古族的手抓肉、糌粑为各民族所接受，而汉、回等民族的饮食习惯也为藏族、蒙古族所接受。许多藏族、蒙古族饮食中不再是单调的手抓肉加糌粑，学会了做各种面食的技巧，烙饼、面条、米饭等已进入一日三餐中。再如节日习惯，藏、蒙、土等民族除庆祝本民族的节日外，也庆祝汉族的春节、端午等节日。在东部农业区，无论是哪个民族，都采用汉族的民居建筑样式，只在布局和内部陈设方面有各自的特色；而许多汉族人习惯了喝藏式奶茶，外出劳动、游玩也接受了藏族帐篷为家、三石为灶的习惯。

青海多民族传唱的花儿基本上都用汉语歌唱，其歌词格式、音乐曲令、歌唱程式在适度保持地域性和民族性特色的同时，几乎完全一样。各地花儿会当地各民族群众都热情参与，他们不分彼此，相互唱和，和睦亲密，集中体现了多民族文化认同、多民族文化交融结晶的河湟文化特征。塔尔寺花架音乐，虽然30多首乐谱都以藏族传统曲子为主，但其中部分来自五台山汉传佛教寺院音乐，有些还借鉴了湟水流域汉族民间曲牌。① 正是因为河湟花儿、塔尔寺花架音乐吸纳了多元民族音乐，所以才能被各民族群众所接受，成为多民族共享的经典音乐。

4. 封闭性与嵌入性并存

青海多民族文化受不同自然地理、人口分布和治理制度的影响，具有一定的封闭性。但青海部分地区特别是青海河湟等地，由于历史政治、经济和文化等原因，形成了多民族杂居、相互嵌入的社会结构和社区环境。青海多民族文化在小区域或社区中互动与互渗共享，对青海多民族多元文化格局的

① 赵宗福：《西北花儿的文化形态与文化传承——以青海花儿为例》，《西北民族研究》2011年第1期。

形成与发展，促进各民族文化理解与认同发挥了重要作用。如河南县蒙古族由于长期处在藏族文化的氛围之中，经过长期与藏民族的交流、融合，他们从信仰观念、价值取向、思维方式、审美情趣、风俗习惯、语言文字等方面已向藏文化深度涵化。① 撒拉族先民迁徙到循化地区后，为了族群的延续和发展，历史上选择了与藏族联姻。因此，至今撒拉族称藏族为“阿让”（“阿舅”之意，藏语借词），“阿舅”在撒拉族中具有至高无上的地位。一些清真寺的建筑风格吸收了一些藏文化元素，甚至在修建时得到周边藏族群众的热情支持。如循化街子清真大寺、科哇清真寺在修建过程中，尕楞乡、斜昌沟等地藏族群众出工出力，捐赠木料。又如化隆卡力岗人使用藏语安多方言，生活习俗也与当地藏族相似，但又虔诚地信奉伊斯兰教。阿訇诵经时用阿拉伯语，宣讲伊斯兰教教义思想时用藏语，同时夹杂阿拉伯语和汉语。此外，河湟地区卓仓等藏族部落长期生活在青海汉文化中心，带有浓厚的汉文化特色。

尤其是中华人民共和国成立以来，经济社会文化生态诸文明的建设、多民族城镇社区的“嵌入式”建设，更是带动了多民族的团结进步发展。这种城镇化过程中，各民族文化多元一体，文化上相互认同、和睦发展。生产生活方式相互尊重甚至融合，趋同性日益明显，甚至族际之间的通婚也逐渐增多，促进了多民族文化之间的互融。尤其是教育方面，“双语”乃至“多语”教学模式得到城镇少数民族干部的拥护，如达日县藏族干部群众认为，藏语是母语，也是民族传统的载体，而学好汉语有利于下一代融入主流社会，有利于就业发展，学好英语才有可能走向世界。

5. 传承性与开放性并存

青海多民族文化具有相对稳定的传承性，但同时具有一定的开放性。由核心文化吸纳外来多种文化元素后，加以综合与提炼，并构成一个完整而和谐的民族文化体系。也正是与这些多元文化的互动和对这些多元化元素的吸

---

① 班班多杰：《和而不同：青海多民俗文化和睦相处经验考察》，《中国社会科学》2007 年第 6 期。

纳，各民族文化呈现兼容性和开放性，并能够共生共存。

青海虽然地处西部，但在历史上面向全国乃至世界的开放发展。汉代以来青海各民族就不断融入汉民族大家庭，流布于内陆各地。最迟在吐谷浑时期就开通了丝绸之路南道，往西贸易远及中西亚乃至欧洲，往东频繁于中原内地，都兰热水古墓就出土了大量波斯王朝、中西亚诸国和来自中原的珍贵文物。青海在唐蕃古道尚处于最长的路段，为链接汉藏两大民族的友谊做出了贡献。原游牧于果洛的党项羌走出青海，建立了西夏政权。诸如此类，不胜枚举。

而在中华人民共和国成立尤其是改革开放以来，这种开放性更具有开阔的空间。一是来自五湖四海的干部职工在这里与少数民族文化相互认同、相互尊重，并成为开放奋进的新型“青海人”。二是青海文化以“大美青海”的形象走向全国、走向世界，和全国和世界同步发展、同时进步。青海的民族传统文化在发展中得到了保护，在保护中得到了发展，融入了中华文化的大格局当中，焕发了前所未有的生命力。

（二）青海多民族文化共荣发展的社会功能

青海多民族和美共荣发展有着无可替代的社会功能，概其要者，主要有以下几点。

1. 规范功能

文化普遍地渗透到社会体制、调节机制和人们的行为方式之中，青海多民族文化包含着各民族人民历史认知，世界观、人生观和道德伦理观，无形之中起到规范功能。同时，青海多民族文化的认同和传承对当下社会文化发展中出现的各种裂痕具有修复与整合的功能。

2. 认知功能

青海多民族文化间的接触和交流，使各民族间产生了自我与他者的文化认知，产生了彼此间文化共通性的认知。历史上中央和地方政权在青海多民族地区大力推行和传播官方文化，使各民族加深了对国家文化的认知和认同，促进了内附心和凝聚力。

3. 维系功能

青海多民族聚居、多元信仰并存、多种文化传统传承，不同文化的交流与碰撞形成了多种文化认同层级，从对村落、地域、民族文化认同扩升到对整个青海区域的文化、国家主体、中华文化的认同。文化多元才能维系文化生态平衡，文化生态平衡才有文化之间的理解与和谐。

4. 建构功能

青海多民族文化的和谐共生，最后形成文化互补、文化互敬、文化借鉴、文化交融等多种建构模式。青海多民族文化和谐共处为未来发展和创造提供了活力源泉和文化元素。

三　青海多民族文化共荣发展和民族团结进步先进区建设在全国的经验价值

青海省委省政府将创建民族团结进步先进区工作纳入中华民族多元一体的大视角下进行审视，从新丝绸之路和多元文化互动的历史背景和时代发展预判中进行定位，从政治、经济、文化、社会等大文化角度考虑，推动了青海多宗教、多民族、多语言和美共荣，各民族和睦相处、相濡以沫、共生共荣格局的巩固与升级。青海多民族文化共荣发展模式和民族团结进步先进区建设路径为全国的民族团结进步提供了丰富而宝贵的经验，具有普泛性的时代价值。

（一）对接历史传统与当代现实，维系和强化多元文化和谐

青海形成的多民族文化多样并存、和美共荣格局，不仅与青海独特的自然区域结构和历史文化传统息息相关，而且还与青海省长期以来实行民族团结进步创建活动，特别是近年来“创建民族团结进步先进区”战略的实施紧密相关。只有有效对接历史传统与当代发展现状，才能促进多元文化和谐共处、共同繁荣。比如，对以昆仑文化为主体的多元一体民族文化的建设，对邓训、阿柴、文成公主、三世章嘉、十世班禅大师、喜饶嘉措等杰出历史

人物的爱国主义和民族团结的优良传统的传播。尤其是通过玉树抗震救灾和灾后重建让各族群众更加团结，更加相濡以沫，感受到了社会主义制度的优越性和祖国大家庭的温暖。

青海各级党委政府在创建民族团结进步先进区的工作实践中，以问题为导向，紧紧抓住思想引导、“双语”教育、生态保护等关键环节，有效引导和集中解决，夯实了思想基础，凝聚了创建力量。以“双语”教育为例，青海六州藏区、西宁和海东两市各藏族乡民族学校均开设藏语课程，4 所学校开展蒙古语文教学，1 所学校开设哈萨克语课程。青海藏区教育部门提供多种“双语教学”模式，藏族学生既可以自主选择以藏语讲授各门课程、加授汉语的模式，也可以选择以汉语讲授各门课程、加授藏语的模式，还可以选择进入普通中学学习。而且有的学校还给汉族、回族等其他民族的学生开设了藏语兴趣班。[①] 又如以藏医药继承和发展为例，青海相关部门支持企业组织藏汉双语专家，搜集、抢救、挖掘散落于民间、濒临灭绝的藏医药经典古籍文献，推动了藏医药在国内的传承与发展。与此同时，青海金诃藏医药集团积极与青海大学藏医学院合作，在美国弗吉尼亚大学开设了藏医药课程，推动了藏医药国际化进程。[②] 以生态建设为例，青海始终把生态文明建设作为维护民族团结、社会稳定的一项历史责任，把创建生态文明先行区作为“三区”战略之一。由于青海各族人民在青海这块特殊的土地上形成了对周围自然环境有关的传统知识，形成了地方性生态智慧。许多宗教经典和民族传统观念中蕴涵着在脆弱敏感的青藏高原如何保护环境、珍惜有限的生态资源等生态理念。青海各级党委政府，正确理解和充分尊重地方性生态智慧，建立资源开发听证机制，邀请基层干部、宗教代表人士、信仰群众参与和评估开发项目对地方文化生态、文化系统的影响，并根据群众真实意愿决定实施或取消开发项目。

---

① 辛元戎：《双语教育让藏族学生拥有更广阔的发展前景——访中央民族大学藏学院院长才让太》，《青海日报》2014 年 7 月 27 日。

② 辛元戎：《双语教育让藏族学生拥有更广阔的发展前景——访中央民族大学藏学院院长才让太》，《青海日报》2014 年 7 月 27 日。

（二）贯通顶层设计与民间社会，增强民众国家意识

民族团结进步不仅仅是国家和政府的政治活动，更是一种深深地蕴涵于各族群众思维观念和日常生活之中的文化建设。当下在青海，国家和政府多层面、多角度进行促进民族团结的引导和努力，得到民众对顶层设计的积极响应。

青海将民族团结与群众路线实践活动、加强“三基”工作等活动结合起来，坚持重心下移，着力改善民生，实施了教育惠民、文化惠民、全民健康等重大惠民工程。坚持小财政办大民生，将财政的75.6%用于民生建设，“两基”攻坚任务全面完成，城镇职工和居民医保、新农合参保参合率分别达到97.9%、96.38%和98.3%，广播和电视人口综合覆盖率达到89.5%和92.1%，民生改善促使青海各族人民对国家认同意识普遍增强。

青海积极探索寺院传统管理方式与现代民主管理相融合，探寻出具有青海特色的宗教管理模式。青海还把民族团结进步创建与特色文化乡、村落建设紧密结合。如门源县将泉口镇窑洞村、西滩乡边麻掌村、东川镇孔家庄村分别列为回族宴席曲非遗传承、眉户戏非遗传承、儒家文化特色村落，而东关清真大寺、都兰班禅行辕、湟源文庙、贵德文昌庙等一些宗教寺院和民间信仰场所，以讲经说法、开办寺院诊所、撰写纪念碑铭、举行宗教仪式等多种形式更加自觉地维护民族团结和宗教和睦。玉树地区干部群众还提出了“绿色感恩，生态报国”的口号，彰显出对国家和主流文化的高度认同。

（三）坚持一体与多元相统一，主流与多样并存

巩固各民族共同团结奋斗的思想基础，是创建民族团结进步先进区的重要前提。长期以来，青海省委省政府坚持用中国特色社会主义共同理想引领社会思潮，凝聚社会共识。对一切精神文化产品、传播渠道和宣传阵地，坚持正确导向，紧紧把握“两个共同”主题。大力推进主流文化传播，弘扬

和创造社会主义先进文化。将民族团结进步教育融入国民教育全过程，贯穿青少年成长的各阶段；将民族团结进步教育延伸到学校、社区、村落、机关和企业。为增强各民族的中华民族认同、文化向心力和文化归属感，积极推动政府、社会和个人形成文化创造和制度创新的互动合力，维护民族团结和各民族共同繁荣发展提供了整合路径。

与此同时，青海省委省政府高度重视青海多元文化发展，着力推动各民族文化繁荣发展。大力实施“特色文化品牌打造工程”，深入挖掘青海历史文化、民族文化、宗教文化、当代文化等资源，精心打造出昆仑文化、河湟文化、青海湖文化、三江源文化、柴达木文化等区域性文化品牌。各民族非物质文化遗产得到有效保护，截至2014年初，青海有64项国家级非遗项目，有57名国家级非遗传承人，29个“中国民间文化艺术之乡”，145项省级非遗项目，142名省级传承人。黄南热贡文化生态保护实验区成为继闽南、徽州之后第三个国家级文化生态保护实验区。这些措施使青海各民族更加深入了解不同民族文化，增进了包容和理解，实现文化自觉，提升文化自信，对中华文化认同感进一步增强。

（四）促进经济文化的互补性，提升民族间的互助与认同

经过多年来的探索与实践，青海区域发展布局不断优化，地区特色逐步显现。青海通过经济产业布局调整等措施，三江源生态保护综合试验区、东部城市群、海西城乡一体化示范区等建设初具规模，“四区两带一线”优势互补、良性互动发展格局基本形成。城乡面貌发生深刻变化，城乡发展差距显著缩小，2014年初青海城镇化率达到48.5%。经济产业布局调整促使各区域间比较优势得到有效发挥，进一步促进了青海各民族相互交流和开放融入，特别是地处偏远地区的少数民族群体对中华民族和祖国的归属感进一步增强，不同民族间文化认同度不断提升。许多民族既坚持自身文化的特点和独立性，又能够对异文化进行合理的吸纳借鉴。不同民族在竞争中协作交流、在良性交流中互补的生产生活方式，逐步消弭了多民族之间因缺乏了解所形成的刻板印象甚至误解。

许多外省国有企业和民营企业纷纷进入青海民族地区，投资领域涉及所有产业，并形成山东、甘肃、江西、陕西、湖南等异地商会22个，会员总数达到3000多人。中央企业和外省企业不但在解决青海部分群众就业、增加税收、繁荣市场等多方面发挥了积极作用，而且还自觉承担社会责任，以“惠民生、办实事”为主旨，通过多种方式和途径，积极为部分少数民族群众文化建设、卫生医疗、扶贫助学捐资捐物。一些企业在开工施工等环节充分尊重和理解当地民族文化，促进民族团结，如正平路桥集团等企业由于施工多在农村牧区，充分尊重施工所在地的风俗习惯，爱护当地生态环境。在城镇中新出现的许多多民族杂居社区呈现一派和谐、和乐、和睦、和顺的新气象、新氛围。

四　现实定位与未来发展

（一）历史与现实定位

青海是多民族多元文化共存共荣发展地区。从历史看，是民族文化认同交融史；从现实看，是民族文化多元一体共荣地。青海多民族文化和美共荣的历史背景与发展趋势，为当下青海深化和提升创建民族团结进步先进区提供了深厚的文化根基和现实基础。

青海世居民族的来源和文化表现形态各不一样，但长期以来和谐共处、共荣发展，其历史传统和现实基础在中国多民族地区具有典型性和示范性。

青海多民族共荣发展现状成为展示中华民族多元一体历史现状场景的微缩景观，是凸显全国民族团结进步成果的重要展示区和先进区。

（二）进一步以和美共荣发展促进民族团结进步先进区创建

1. 坚持“尊重差异，包容多样”的实践导向

文化多样性是世界文化发展的基础，在经济全球化背景下更要重视文化多样性与差异性。文化多样性对于人类如同生物多样性一样会带来丰富的物

种，会带来抵抗各种生物潜在的以及直接威胁的基因，使人类社会绚丽多彩，为文化创造提供不竭资源。深化青海民族团结进步先进区建设，需要更加尊重包容多元文化，在主流价值观的引导下激发青海各族群众的文化创造活力，实现文化创造的自由。

2. 坚持“一体统领”的发展路径

对主流文化的高度认同是民族团结进步先进区建设和多民族文化和美共荣发展的重要前提。青海多民族聚居、多宗教并存、多元文化共生等特点，决定了必须以社会主义核心价值体系引领青海多民族文化发展。将社会主义核心价值体系建设融入国民教育体系、公共文化服务体系、文化产业体系以及各种形式的文化产品和服务等各种体系和领域之中。通过主流文化引导，进一步筑牢青海民族共同团结奋斗的思想基础，培育各民族共同理想，推动社会主义核心价值观在青海各族人民中内化于心、外化于行。

3. 实现“和美共荣”的繁荣局面

促进青海多民族文化共荣发展，提升创建民族团结进步先进区水平，不仅需要保护和尊重文化多样性，也要求在主流文化引导下每一民族文化更具兼容性和开放性，相互之间能够共生共存，形成青海独特稳定的文化生态结构。正确处理继承吸收与发展创新、主旋律与多样化、民族性与现代性的关系，积极促进民族优秀传统文化元素与时代精神相融，使之不断充满生机和活力。

参考文献

段继业：《青藏高原地区藏族与穆斯林群体的互动关系》，《民族研究》2001 年第 3 期。

关桂霞：《构建青海和谐民族关系的调研报告》，《青海社会科学》2007 年第 1 期

赵宗福：《西北花儿的文化形态与文化传承——以青海花儿为例》，《西北民族研究》2011 年第 1 期。

赵宗福、鲁顺元、鄂崇荣、张生寅：《青海在实现“中国梦”中的重要价值》，《青海社会科学》2013 年第 6 期。

鄂崇荣：《多元文化和谐共处 共同构建大美青海》，《青海日报》2009 年 3 月 9 日。

鄂崇荣：《青海多民族文化认同现状的分析与思考》，《青藏高原论坛》2013 年第 2 期。

B.17

以公共外交助推青海丝绸之路经济带建设研究

孙发平　王恒生*

摘　要：近年来，青海公共外交取得了长足发展，特别是青海与中亚、南亚等地经济、文化的交流活动日渐频繁，为提升青海知名度和对外交往发挥了重要作用，为青海共建丝绸之路经济带奠定了重要基础。在今后丝绸之路经济带建设中，必须十分重视开展公共外交，广泛开展民间文化友好合作，推动人文交流，进一步增进青海与各有关国家的相互了解和友谊，使国外更多的人不断加深对青海的认同程度。

关键词：青海　公共外交　助推　丝绸之路经济带

要深化和加强我国与丝绸之路沿线国家的国际关系，离不开公共外交工作的支持。青海是丝绸之路的战略通道和重要支点，是丝绸之路经济带建设的重要组成部分。为加快共建丝绸之路经济带，必须重视开展公共外交，为青海与丝路相关国家的务实性交往奠定民间基础，营造良好的国际环境。

一　青海在当代丝绸之路经济带中的地位和作用

青海曾作为丝绸之路的河南道，是中华民族与欧亚各民族间政治、经

* 孙发平，青海省社会科学院副院长、研究员，研究方向：区域经济；王恒生，青海省社会科学院研究员，研究方向：经济学。

济、文化交流的友谊桥梁，历史上为东西方的文化交流、文明传送、科技传播、商贸流通产生过积极的作用和重要的影响。当今的青海不仅有较完善的交通网络，而且具有重要的生态地位、丰富而独特的自然资源和人文资源。随着丝绸之路经济带的建设，青海必将成为中国西部名副其实的中心地带，发挥着不可替代的重要作用。

（一）青海是承东启西、北接南拓的综合性对外交通枢纽

目前，国家在青海现有交通设施的基础上，正在加紧进行铁路、公路等建设，不久将形成青海连接新疆、河西走廊的东、中、西 3 条通道，通往藏、滇、川、渝等西南省区 4 条运输主通道格局，并建成通达全国、连接国际的航空网，发挥连接欧亚大陆桥战略通道和沟通我国西北、西南等地区交通枢纽的作用。在铁路方面，目前正在建设和即将兴建的有青藏铁路西格增建二线、兰新铁路第二双线、格尔木至敦煌、格尔木至库尔勒及西宁至成都、格尔木至成都、西宁经玉树至昆明等几条重要铁路工程。在公路方面，正在加快省际通道升级改造，横向构建两条通道：一是兰州、西宁、格尔木至拉萨，向西南延伸至加德满都；二是自兰州新区经互助、德令哈、茫崖至新疆若羌，通过吐尔尕特、伊尔克斯坦口岸连通中亚、欧洲地区。在航空方面，在构建以西宁机场为中心、格尔木机场为次中心，辐射高原、加密省内、通达全国、连接国际的青海航空网络，并合理布局丝绸之路航空驿站。在输电管道方面，建设格尔木至喀什油气管道，将形成西接中亚、西亚、南亚国家和地区的油气能源安全大通道。

（二）青海是与中亚、西亚能源等资源开发合作的主要基地

近年来，我国与哈萨克斯坦天然气管道（西气东输二线起点）建成使用，与土库曼斯坦、乌兹别克斯坦、哈萨克斯坦的天然气管道（西气东输三线起点）正在建设之中，西气东输四、五线也正在规划之中。青海是能源消费市场的中间地带，具有很强的区位优势和能源加工、储备、中转优势，是承接中亚油气加工转化及储备的理想基地。此外，青海是资源富集

区，柴达木循环经济实验区已基本形成包括盐化工、电气化工、煤化工、金属冶炼、新能源、特色生物产业在内的循环经济框架。青海将通过共建丝绸之路经济带，进一步拓展与中亚各国在新能源、新兴产业和循环经济等领域的合作和交流。

（三）青海在宗教信仰、民族风俗方面与中西亚各国人文交流中具有深厚的民间基础

自古以来，青海是个多民族地区。目前，全省共有人口 570 万人，其中藏族 137. 51 万人、回族 83. 43 万人、撒拉族 10. 71 万人、土族 20. 44 万人。根据第六次人口普查信息，少数民族人口占全省总人口的 46. 98%。这些民族中，藏族、土族多信奉佛教，与尼泊尔、不丹、印度等国的宗教信仰相似；回族和撒拉族是信仰伊斯兰教的，而且据考证这两个民族中部分是唐朝之后，从大食、波斯国沿丝绸之路经商而来的阿拉伯人；部分是 13 世纪初蒙古西征后，阿拉伯、波斯等伊斯兰国家的人随军动迁到青海境内的。其中，撒拉族来源于土库曼斯坦。回族、撒拉族与中亚、西亚有着特殊的文化和历史渊源。这种宗教信仰和风俗习惯方面的相似性和认同感，使青海与中亚、南亚地区的交流合作源远流长，形成了深厚的传统友谊，营造了人文交流的良好环境，是青海共建丝路经济带重要的民间基础。

（四）青海拥有丰富多样而独具特色的文化魅力

青海是历史、民族、民俗和民间等人文资源富集的地区。古往今来，多民族文化交融共存，形成了独具地域特色的高原文化。从区域角度看，有昆仑文化、河湟文化、青海湖文化、三江源文化和柴达木文化品牌；从历史角度看，有史前文化、古羌文化、彩陶文化、唐蕃古道文化、南丝绸之路文化品牌；从人物角度看，有文成公主、宗喀巴、十世班禅大师、根敦群培、王洛宾等历史名人和西王母、格萨尔、大禹等传说人物；从民族文化角度看，有藏族歌舞、青海“花儿”、藏戏、土族纳顿等民族文化品牌；从民俗民间工艺文化角度看，有热贡艺术、昆仑玉、藏毯、民族服饰、刺绣、堆绣、盘

绣、皮绣、皮影、木雕、排灯、金银铜器、奇石等品牌；从红色文化角度看，有原子城、西路军纪念碑、班玛红军沟等品牌；从宗教文化角度看，有塔尔寺、东关清真大寺、瞿昙寺等品牌。青海文化之悠久独特和丰富是中国乃至世界所少有的，对国际社会，特别是对丝绸之路沿线国家民众有很强的吸引力。因此，对青海文化资源的开发，必将为青海共建丝绸之路经济带发挥强有力的助推作用。

二 公共外交与丝绸之路经济带关联性分析

（一）公共外交的历史使命

当今世界，随着经济全球化和社会信息化深入发展，各国几乎都陷入了“我们是谁”的身份认同危机，差异化、多样化和多元化日益成为全球时代的特征，各种矛盾和摩擦此起彼伏。在军事、科技、经济等领域的传统硬实力竞争依然激烈的同时，以意识形态、价值观念、制度模式、政治主张、宗教信仰、民族精神、国家形象和文化传统影响力等为主要内容的“软实力”竞争日益升温，不同文化间的和谐共处成为国际上最难解决的问题。寻求全球治理一体化，妥善协调矛盾、谋求全球正义，成为这个时代的一个重要任务。公共外交所关注的就是不同国家公民之间的关系、跨国民众交往对外交提出的挑战、不同文明和价值观之间的关系，其核心主题是解决全球化发展过程中的某一文明传统的未来合法性问题，其长远的历史使命和价值追求是“超越文明的冲突”，在全球共同的视野中实现传统文明的创造性功能，确立一种国际政治文明多样化共同发展的新文明秩序。目前，世界各国特别是主要大国高度重视公共外交，都把开展公共外交作为一项“国际民心工程”纳入国家的大战略。大力推进公共外交已成为国际潮流，以至于越来越多的有识之士认为：“当今世界正步入公共外交时代”。

为实现公共外交的历史使命，必须通过塑造国外公众认可的国家形象，以加强国家之间的文化沟通和文化交流，控制不同文明价值观念的合力，弥

合不同文明的裂痕，跨越文明造成的国际关系的鸿沟，从而影响国家决策和政策，促进国家间的和平与合作。其追求的主要目标为：一是知晓度或知名度。这是首要目标，是实现其他目标的基础。一国为提高外国受众对本国的知晓度，通过发展有吸引力的文化交流项目，发展本国的对外信息传播渠道，将有吸引力的信息传播给国外公众，使他们对本国充满兴趣和好感。二是美誉度。这是公共外交追求的重要目标。为提升一国在国际社会的美誉度，除依靠其国际认可的外交政策和外交行为外，还需媒体外交的努力。国外公众对一国信息的接受是有偏好和选择的，一国政府通过购买政治广告时间或制造新闻事件，展示最有利于形成海外公众偏好的信息，或者力求驾驭新闻浪潮，引导公众形成其所希望的偏好。三是认同度。这是公共外交所追求的理想目标。认同度是指国际公众对一个国家身份和形象认可的程度。它意味着国外受众对一国的价值原则、组织体制、制度规范和国家行为给予支持肯定并赞赏的态度。公共外交的目标一旦提升到认同度的水平，就形成了一国国际形象的知名品牌。国家认同度的形成主要取决于所创造的文明和文化，它要通过长期的人文外交来完成，需要在不断的教育文化交流中检验、累积和形成。

（二）公共外交在丝绸之路经济带中发挥的作用

习近平总书记在共建丝绸之路经济带的讲话中提出“政策沟通、道路连通、贸易畅通、货币流通、民心相通”的“五通”要求，公共外交主要解决的是“民心相通”的问题。回顾古代丝绸之路的贸易活动有几个明显的特点：一是商团常常跟随政府使团，打着官方使节的幌子从事商贸活动；二是商团与僧侣结伴而行，赴他国从事商贸活动；三是当时东西商业交往的主流是民间贸易，商品的交易是伴随着民族风俗习惯的适应、语言的交流、民间感情的融洽进行的。由此可见，丝绸之路国家间的商贸活动从来是与外交联系在一起的，其中商团利用僧侣或僧团经行的方便从事商业活动，以及与他国民间文化的适应与交流，实际上具备了我们今天所讲的公共外交性质，只不过当时还不可能认识到公共外交在国家交往中的深刻意义。

青海与丝绸之路沿线国家在文化上有许多共同之处，建立了深厚的传统友谊，但各国的文明毕竟总在不同的历史、传统、自然环境中形成，在相互交流中难免会出现矛盾和误解，产生沟通上的障碍。因此，在丝绸之路建设中，必须十分重视开展公共外交，广泛开展民间文化友好合作，推动人文交流，进一步增进青海与各有关国家的相互了解和友谊，使国外更多的人不断地加深对青海的认同程度。

三　近年来青海公共外交成就

近年来，青海公共外交取得了长足发展，特别是青海与中亚、南亚等地经济、文化的交流活动日渐频繁，为提升青海知名度和对外交往发挥了重要作用，为青海共建丝绸之路经济带奠定了重要基础。

（一）创办了“中国（青海）藏毯国际展览会”

近年来，青海省依托优质的羊毛资源优势和传统民族工艺，打造了具有地方特色的藏毯产业，形成了从洗毛、纺纱、织毯到销售的产业链和产业集群，已发展成为世界最大的羊毛地毯生产基地和国际地毯集散地。为促进藏毯业国际化，中华人民共和国商务部、青海省人民政府、西藏自治区人民政府本着“交流合作、创新发展”的宗旨，于2004年创办了一年一度的“中国（青海）藏毯国际展览会”，这在当时是青藏地区唯一的国际性专业化展览会。该会展坚持与“大美青海”展示、社会效益与艺术取向、时尚文化与民族特色有机结合，其展品图案精美，造型别致，品种繁多，有国际流行的丝毛地毯、藏毯、波斯毯、印度毯，还有唐卡、堆绣、藏饰品、佛教用品、藏医药、藏式家具、藏酒等。每年有30多个参展国和采购商，主要有巴基斯坦、印度、伊朗、阿富汗、尼泊尔、德国、土耳其、蒙古国、希腊、澳大利亚、意大利、美国、日本等国家，其中大部分国家是中亚、南亚的。此外，国内有20多个省（自治区、直辖市）有关企业参展。每次展会大约有国内外客商5000人，其中外国客商约300人，实现交易额各年不等。以

2011 年为例，参会企业数 748 个，参展商数量 4500 个，成交额 7100 万美元，观众数量 21 万人次。“中国（青海）藏毯国际展览会”的举办具有深远的意义，它不仅确定了青海在世界手工地毯业的地位，推动了青海地毯业的发展，而且为世界地毯经营搭建了品牌展示、贸易洽谈和信息沟通的国际性平台。

（二）创举办了“中国（青海）国际清真食品及用品展会”

近年来，青海省清真食品业发展很快，已成为省内新的经济增长点，并享誉国内外。2007 年，青海省在西宁创办了首届一年一度的“中国（青海）国际清真食品及用品展会”，该展会每年吸引 30 多个国家和地区的 100 多家展商和全国各地 700 多家企业参展。仅 2011 年第 5 届展会上，就有来自 26 个国家和地区的 120 家展商和全国各地的 700 家企业参展。为期 4 天的展会中，参观人数超过 15 万人（次），100 余家中外参展商和采购商签订贸易合作协议 130 多个，金额超过 4.5 亿美元。该展会为国内外清真食品及用品企业提供了产品贸易、投资合作、标准推广和技术交流的综合性服务平台，架起不同国家和地区之间、各类企业之间互动的桥梁，构筑了“优势互补、互利双赢、开放合作、绿色发展”的重要平台，受到参会各方和境内外客商的高度认可，正在成为全国乃至国际知名的专业清真食品及用品展览会，并带动西宁成为著名的清真食品产业基地和国际性清真食品集散地。

（三）伊斯兰民族服饰大量出口伊斯兰国家

青海伊佳民族服饰有限责任公司和青海伊佳民族用品有限公司分别成立于 2005 年和 1998 年，是目前亚洲最大的伊斯兰民族用品生产企业，拥有资产 3.8 亿元，员工 3000 余名。公司主要生产伊斯兰民族帽、阿拉伯男女长袍、阿拉伯挂毯、礼拜毯、女士纱巾、阿文刺绣及床上用品等民族系列产品。公司商标“布哈拉”为中国驰名商标，公司产品为中国名牌，其生产的伊斯兰民族帽和阿拉伯长袍获国家知识产权局专利局 65 项实用型发明专利，通过了有关认证。公司产品 90% 出口中东等伊斯兰国家，并在沙特、阿联酋、巴基斯坦、马来西亚、尼日利亚等国设立销售公司。该公司仅2011年完成帽系列产品2000多万顶，服装系列产品来料加工150万件，服装系列产品自主品牌生产60万件，完成销售额1.77亿元，还计划2015年实现销售额5亿元的目标，并在“十二五”期间，把公司打造成伊斯兰用品的国际著名品牌，建成亚洲乃至世界上最大的伊斯兰民族用品生产和销售基地。

（四）与南亚国家开展公共外交获得显著成效

近年来，西宁市利用青海的地缘优势和文化、宗教等资源特色优势，积极开展与南亚国家的公共外交活动，先后与斯里兰卡的卡鲁塔拉市、尼泊尔的帕坦市、印度的孟买市开展了外交、旅游、经贸和文化等方面的友好交流与合作，其中与尼泊尔的帕坦市的友好往来频繁，取得了显著成效。2013年，尼共（毛主义）常务委员、前财政部长和帕坦市市长一行30人来西宁参加了“青洽会”，并与西宁市共同举办了“夏都国际论坛——中尼项目推介与合作洽谈暨西宁市与帕坦市缔结国际友好城市签约仪式”。西宁市经济技术开发促进会还在帕坦市设立了事务所。近年来，西宁市与尼泊尔广泛开展了商贸、文化、国际人才、环境保护、农牧业技术、青少年文化等方面的交流，西宁市许多穆斯林、藏族等商人与尼泊尔开展饰品、唐卡、佛像等宗教文化工艺品交易，尼泊尔商人还投资4000万元人民币在西宁设立唐卡、佛像等旅游商品加工基地。此外，西宁市有的企业看好尼泊尔市场，在尼开展进出口贸易，并投资设立建筑材料、农畜产品加工基地。总的来看，西宁市与南亚国家，特别是与尼泊尔的文化交流与务实合作呈现常态化和规模化的发展态势。

虽然青海与丝路沿线国家的文化交流与商贸都有较快发展，但总体上看种类少、规模小，尚处于起步阶段。丝绸之路经济带的建设将进一步拓展青海省丝路通道，形成连接东亚、西亚、南亚的交通运输网，进而与中东、欧洲相连接，形成青海省对外开放的主渠道，对青海对外交流和外向型经济的发展产生巨大的推动力。

四　公共外交助推青海丝绸之路经济带建设的对策建议

为推动青海省积极建设丝绸之路经济带，必须在解决其他相关问题的同时，广泛深入地开展与丝绸之路沿线国家的公共外交，当前需要有针对性地做好以下工作。

（一）开展调查研究

丝绸之路必将成为青海对外开放的主渠道，丝路沿线国家无疑是青海省开展公共外交的重点目标对象。虽然，青海省与丝路沿线部分国家已有较好的交流与合作的基础，但是要使公共外交适应于丝绸之路经济带的建设，还有许多问题需要深入调查研究。青海省应坚持科研前行的原则，组织省内外专家，必要时可组建公办研究机构，一方面对丝绸之路沿线国家的国情进行深入的调查研究，另一方面深化对省情的认识，以准确把握新形势下全省经济社会发展的新特征。在此基础上，谋划制定公共外交的专项规划和实施方案，进一步明确和细化青海与丝路沿线国家公共外交的结合点、战略定位和发展路径，为政府决策提供依据。

（二）加强宣传与教育

在共建丝绸之路经济带中，如何相应地开展公共外交是一个容易被忽视的问题，应重点做好宣传教育工作。一是鉴于目前公共外交还是一个陌生的概念，有必要通过各大媒体，以及有关研讨会、报告会、专家论坛等，广泛宣传公共外交内涵及其在建设丝绸之路经济带中的意义和构想，以统一全省各部门、各地区的认识，增强它们开展公共外交的自觉性和创造性。二是加强公民素质教育。公民素质教育是开展公共外交的重要基础。青海省应在社会文明建设活动中，加入公共外交教育，使广大干部群众普遍树立公共外交意识，熟悉公共外交知识和国际礼仪，加强社会公德、职业道德修养。三是重视外向型企业的国家责任教育。在国际上，企业的经营活动与国家外交工作密切相关，企业的形象会影响到国家或地区的形象，有时企业的品牌就等于国家或地区的品牌。因此，企业如果不能在海外承担社会和经济责任，就有可能影响到外交关系，甚至导致外交危机。在丝绸之路经济带的建设中，青海必将有不少的企业“走出去”，必须重视教育引导它们在做好国际“公民企业”的同时，还要在国际上担当起国家责任、外交责任。

（三）重视人才的培养与引进

人才不足是青海开展公共外交工作的一个“瓶颈”性问题。为使外交人员队伍的素质、数量和结构适应开展与丝绸之路沿线国家公共外交的要求，急需培养和引进相关专业人才。一是应采取有效方式，对现有在岗人员进行培训、考核，在普遍提升专业水平的同时，重点培养一批熟悉国际惯例，具有国际视野和开放性思维、懂外语的骨干人才。二是应重视在全省范围内发现人才，将那些知识功底深厚、对公共外交工作有兴趣的相关专业人才，通过调动或招聘的方式整合起来，扩大完善公共外交人才队伍。三是政府有关部门和企事业单位可依据工作需要，以引进或聘用等方式从国内外引进相关人才。四是加强与丝路国家教育领域的合作交流。一方面选派学生到欧亚国家学习；另一方面可有计划地吸收欧亚国家学生来青海留学，为促进青海省与丝路国家的交流与合作培养人才。

（四）重点开展文化交流

青海融入丝绸之路经济带应坚持人文先行、民心相通的原则。首先，应加强与丝路国家间的文化交流。一是应借助西宁市国际凉爽城市品牌、青海省举办的青洽会、藏毯国际展览会、唐卡艺术与文化遗产博览会、国际清真食品及用品展览会、西宁夏都论坛等平台，广泛开展文化交流活动，以展示青海特色文化的魅力，并支持更多文化产品出口，组织工艺美术大师走出国门，开展民间文化交流，以增进相互了解，加深友谊，为其他领域的交流合作集聚人气，营造良好的氛围。二是开展文化旅游合作。应将丝绸之路旅游

与生态自然旅游、民族宗教文化旅游、红色文化旅游、历史文化旅游结合起来，重点开展观光、探险、科考、极限挑战、寻根问祖等主题旅游项目，建设一批多姿多彩的旅游精品线路。三是应充分利用青海的区位优势，联合西部相邻省区共同开发和整合不同地区文化资源，打造丝绸之路文化产业带，促进与欧亚国家的文化交流与合作。

（五）积极建立国际友好城市

国际友好城市是青海省对外开放的平台，也是开展公共外交的重要载体。近年来，西宁市本着“立足周边、面向发达国家、联系世界各地”的思路，与俄罗斯伊热夫斯克市、尼泊尔帕坦市等14个国家城市建立了友好城市或国际友好交流城市，广泛开展了交流与合作，取得了显著成效。为使青海省深度融入丝绸之路经济带，在丝路沿线国家建立友好城市是必不可少的，建议政府应以“态度积极、步骤稳妥、友好为先、注重实效”和布局合理的原则，积极创造条件，逐步建立一批友好城市，同时将友城工作与经济、文化、旅游的交流合作，与国际教育、民间往来等紧密结合起来，以充分发挥友城在国际交往中的作用。

B.18

青海“三基”建设的理论探索与实践创新研究

青海省社会科学院课题组*

摘　要：中共青海省委十二届六次全会审议通过了《中共青海省委关于加强“三基”建设提升执政水平的意见》。“三基”建设成为探索治青理政规律的重大理论创新；是推进治理体系和治理能力现代化，全面深化改革、加快科学发展、促进社会和谐、建设法治青海以及推进党的建设新的伟大工程的重大实践创新；是深入开展党的群众路线教育实践活动的重大创新性成果。

关键词：“三基”建设　治青理政　理论创新　实践创新　党的建设　青海

2014年8月1日，中共青海省委十二届六次全体会议审议通过了《中共青海省委关于加强“三基”建设提升执政水平的意见》，对青海省“三基”建设工作做了全面系统的部署。加强“三基”建设，是把中国特色社会主义在青海坚持和拓展好的重大战略举措，是解决当前青海改革发展稳定

* 课题组成员：孙发平，青海省社会科学院副院长、研究员，研究方向：区域经济；张生寅，青海省社会科学院文史研究所研究员，研究方向：青海区域史；高永宏，青海省社会科学院政法研究所副研究员，研究方向：社会法、司法制度；王亚波，青海省社会科学院《青海社会科学》编辑部研究员实习员，研究方向：中国哲学；崔耀鹏，青海省社会科学院政法研究所研究员实习员，研究方向：中共党史。

中突出问题的有效途径，是推动青海各项建设事业持续健康发展的治本之策，是新形势下中共青海省委对治青理政规律的又一次创新性探索和科学实践。

一 “三基”建设是青海探索治青理政规律的重大理论创新

“三基”建设是一项具有基础性、全局性和长期性意义的战略部署，具有重大的理论和实践意义。

（一）在理论上科学界定了“三基”的基本内涵及其相互关系

中共青海省委对“三基”内涵进行界定，指出基层组织是指以基层党组织为核心的基层政权组织、人民团体组织和群众自治组织等各类组织；基础工作是指各级各类单位履行职能必须做好的最基本工作和内部基础性管理；基本能力是指各类工作人员胜任岗位必须具备的基本知识、基本技能和基本素养。① 首次把三者作为一个整体来系统部署，继承了我党重视基层基础工作的传统，为系统梳理基层基础工作中存在的问题找到了突破口，为实现治理体系和治理能力现代化提供了理论支撑。

“三基”共同构成了社会良性运行的有机整体，建好基层组织、做好基础工作、练好基本能力，三者之间紧密联系、相互影响。中共青海省委强调“以强化基层组织为关键，以做实基础工作为路径，以提升基本能力为手段”，② 这是对“三基”建设辩证关系的科学概括，展现了其对加强“三基”建设工程系统而成熟的理论指导。

（二）“三基”建设深化了对治青理政特点和规律的认识

“三基”建设体现了中共青海省委坚持发展的眼光看问题，尊重和运用

① 《中共青海省委关于加强“三基”建设提升执政水平的意见》，2014 年 7 月 31 日。

② 《中共青海省委关于加强“三基”建设提升执政水平的意见》，2014 年 7 月 31 日。

规律解决问题。实现青海发展，至少要遵循两个层次的规律：中国特色社会主义事业建设的特殊规律、青海治青理政的具体规律。

“三基”建设体现了中共青海省委坚持矛盾的观点看问题，做到“两点论”与“重点论”的统一。实现青海的发展，重在把握关键问题。发展不足是青海最大的省情，加快发展是青海的第一要务。导致青海相对落后的因素有很多，但是基层、基础薄弱是众多矛盾中的主要矛盾。在基层、基础薄弱的矛盾中，基层组织不强、基础工作不实、基本能力不足又构成了矛盾的主要方面。“加强‘三基’建设，是有效攻克薄弱部位、夯实党的执政根基的固本之策”。[①]“三基”建设直接切中制约青海发展的关键因素，做到了在统筹兼顾基础上抓住重点和主流。

“三基”建设体现了中共青海省委坚持群众观点，牢固树立为人民服务的宗旨意识。中共青海省委书记骆惠宁同志指出：“加强‘三基’建设，是密切联系和服务群众、深化拓展教育实践活动的重大举措”，[②]凸显了群众观点是“三基”建设的重要理论基础。基层基础工作中存在的问题会直接影响到党的形象，也会阻碍人民群众的积极性。因此，中共青海省委加强“三基”建设，可以有效地推进基层的全面进步，从而实现治青理政水平的显著提高。

（三）“三基”建设体现了马克思主义方法论

“三基”建设体现了协调发展的方法论要求。“三基”问题的解决，不可能毕其功于一役。中共青海省委提出了两年见成效、七年大变样的“两步走”奋斗目标，为协调发展提供了充足准备。通过两年时间集中解决一批“三基”方面的突出问题，使“三基”建设成为全局工作的重要内容。进而在两年的基础上，再用5年的持续努力，实现“三基”建设规范化和常态化。这种循序渐进的规划，统筹了当前和长远，兼顾了需要和可能，真

① 《中共青海省委关于加强“三基”建设提升执政水平的意见》，2014年7月31日。

② 《中共青海省委关于加强“三基”建设提升执政水平的意见》，2014年7月31日。

正做到协调发展，呈现了系统性。

“三基”建设体现了一切从实际出发的方法论要求。“三基”建设必须从实际出发，从干部群众最关心、最迫切的问题入手。中共青海省委根据青海基层组织保障发展的强度不够、基础工作支撑发展的作用不足、干部职工推动发展的办法不多等现实问题，分别对基层组织、基础工作、基本能力予以分析，突出了针对性，提出了切实可行的指导，做到了一切从实际出发、实事求是。

“三基”建设体现了与时俱进、开拓创新的方法论要求。把“三基”建设作为系统工程来谋划，在青海还是首次，新问题、新现象会不断涌现。因此，在加强“三基”建设中必须敢于改革创新，做到与时俱进。中共青海省委立足省情，尊重群众首创精神，大胆采用适合青海地区行之有效的新方法、新思路、新探索，将改革创新精神贯穿于始终，体现了创新性。

二 “三基”建设是青海推进治理体系和治理能力现代化的重大实践创新

“三基”建设工程涉及国家、政府、社会等多层面，但最大亮点是实现了对微观层面社会治理能力现代化的实践创新，表现如下。

（一）系统治理

首先，中共青海省委兼顾了“三基”之间的系统性，为基层社会治理划定了“宽度”。其次，兼顾了“三基”建设目标的系统性，为基层社会治理确定了“高度”。再次，兼顾了“三基”建设过程的系统性，为基层社会治理开拓了“深度”。中共青海省委要求“三基”建设要坚持统筹谋划、分类指导，上下联动、标本兼治，继承传统、改革创新，全面推进、重点突破的基本原则和构筑党委统一领导、党政齐抓共管、组织部门统筹协调、各地各部门上下联动、干部职工全员参与的工作格局，为系统推进基层社会治理提供了思想、工作和组织保障。

（二）依法治理

中共青海省委提出要通过加强“三基”建设，使党员干部法治意识和依法办事能力明显增强，基层社会依法治理工作规范有序，全省法制建设进程明显加快，体现了依法推进治理体系和治理能力现代化。中共青海省委强调要更加重视发挥法治在“三基”建设中的保障作用，大力推进依法治理工作，全面开展法治城市、县（市、区）、乡镇（街道）和民主法治示范村（社区）创建活动，提高基层组织、干部的法治素养和依法办事能力，在“三基”建设健康有序进行的同时，也对未来一段时间法治青海建设产生深远影响。

（三）综合治理

在治理方式上，注重综合施策、多管齐下，着力推动基层组织在社会治理中不断创新发展；在治理路径上，强调重心下移，加强乡、村和街道、社区调解、综治维稳机构建设，推动网格化管理向村（牧）委会、移民小区、寺院、学校延伸，着力推动基层组织在社会治理中完善体制机制；在治理主体上，讲究群策群力、有序参与，推动社会组织管理体制改革，鼓励和支持社会各方面有序地参与社会治理，着力推动基层组织在社会治理中发挥主体作用。

（四）源头治理

一是牢固树立问题导向，抓住了“三基”存在的源头性问题，为提升基层社会治理能力指明了方向；二是找准了解决问题的根本路径，提出了以强化基层组织为关键、以做实基础工作为路径、以提升基本能力为手段的总体要求，为加快推进青海改革开放和现代化建设奠定了坚实基础；三是明确了解决问题的突破口，从干部群众最关心、最迫切的问题入手，着力解决联系服务群众“最后一公里”问题，为建设法治型、服务型基层政府，提高依法行政水平和服务群众能力提供了基本遵循。

三 “三基”建设是青海促进社会和谐、确保长治久安的重要固本之策

青海省集中了西部地区、民族地区、高原地区和欠发达地区所有困难和特点。加强“三基”建设，下大气力解决基层基础工作方面存在的问题，是确保青海社会和谐稳定的固本工程和长效之策。

（一）“三基”建设是有效夯实社会和谐基础的固本工程

“构建社会主义和谐社会，重心在基层。”把基层工作做好，构建和谐社会才有了坚实基础。基层既是产生冲突和矛盾的“源头”，也是疏导矛盾的“关口”。只有把基层基础工作做扎实了，多种矛盾冲突才能得到有效疏导，社会和谐也就有了牢固的基础。因此，打牢基层基础，既是构建和谐社会的重要内容，也是有序推进和谐社会建设的重要保障。将“三基”建设与社会主义和谐社会建设紧密结合，就会实现基层基础工作与和谐社会建设双促、双赢的积极效果，谱写青海社会和谐稳定发展的新篇章。

（二）“三基”建设是扎实推进民族团结进步先进区创建的重要途径

青海少数民族人口占全省的47%，民族自治区域面积占全省的97%。做好民族工作，不断巩固和发展平等团结互助和谐的民族关系，深化平安建设，始终是青海一切工作的基础，是青海工作的大局。① 中共青海省委历来高度重视民族团结进步事业，2013 年提出了用 8 年时间建成民族团结进步先进区。当前，要确保全省民族团结进步先进区创建工作取得实效，切实加强“三基”建设是重要途径。强化基层组织，发挥基层党组织的战斗堡垒

---

① 骆惠宁：《把中国特色社会主义在青海坚持好拓展好——学习习近平同志系列重要讲话精神体会》，《求是》2013 年第 22 期。

作用，有效推动基层政权组织增强执政行政能力，充分发挥其他基层组织应有作用，更好地服务基层各族群众，为民族团结进步先进区创建提供有力保证。打牢基础工作，形成职能清晰、管理精细、权责明确、高效规范的工作运行机制，为民族团结进步先进区创建提供坚实基础。提升基本能力，大幅提升干部职工推动改革、促进发展、维护稳定、服务社会的能力，为民族团结进步先进区创建提供人才保障。通过“三基”建设进一步促进、深化民族团结进步先进区创建活动，推动青海各民族和睦相处、和谐发展。

（三）“三基”建设是打牢党在民族聚居地区的执政根基的长效之策

道路问题是关系党的事业兴衰成败第一位的问题，道路就是党的生命。[①] 因此，把中国特色社会主义在青海坚持好和拓展好，是青海实现跨越发展和长治久安的必然选择。“三基”建设必将把基层基础工作提升到新境界，从根本上解决影响青海社会和谐稳定发展的突出问题，夯实党的执政基础。必将有效推动各级党员干部不断深化党在民族地区执政特点与规律的认识，提高战略思维和正确处理民族问题的能力，进一步增强治青理政的本领，巩固党在民族地区的执政根基。必将进一步增强广大民族地区坚持社会主义道路、坚持党的领导的信心，始终坚定道路自信、理论自信和制度自信，使中国特色社会主义牢牢植根于青海大地，永远焕发出蓬勃生机与活力。

四　“三基”建设是青海立足省情实际、创造性推进法治青海建设的重大基础工程

党的十八届三中全会指出，必须坚持依法治国、依法执政、依法行政共

---

① 习近平：《毫不动摇坚持和发展中国特色社会主义在实践中不断有所发现有所创造有所前进》，http：//news. xinhuanet. com/2013 -01/05/c_ 114258698. htm。

同推进。“三基”建设就是中共青海省委创造性地推进依法执政和依法行政，建设法治青海的一项重大基础工程。

（一）建设法治青海，首在依法执政，重在依法行政

依法治国，首在依法执政，重在依法行政，要通过科学立法、严格执法切实转变政府职能，建设法治政府。青海法治建设经过多年的发展，取得了一定的成效和经验，特别是2011年以来，省政府出台了《加强法治政府建设的行动方案》等一系列规范性文件和改革措施，从制度层面对行政执法进行了规范，法治政府建设步伐明显加快。但就基层基础工作而言，在依法执政、依法行政等方面与中共青海省委确立的目标还有不小的差距，如突出地方、民族特色的法规体系不够健全；部分执法机构职能不清晰现象依然存在，基础工作还不够规范；部分干部群众缺乏法律信仰，传统习俗、宗教因素对法治建设的影响比较突出，基层干部依法执政能力还比较薄弱。基层基础工作中存在的这些问题，成为建设法治青海的牵绊。通过“三基”建设，逐步形成决策科学、执行坚决、监督有力的权力运行体系，实现建设法治青海的宏伟目标。

（二）“三基”建设在推进法治青海建设进程中发挥着重要的基础性作用

“三基”建设作为建设法治青海的重大基础工程，发挥着以下几方面的功能。

一是以“三基”建设助推全省法治建设进程。针对青海法治建设相对滞后，党员干部运用法治思维和法治方式深化改革、推动发展的能力还不强的突出问题，通过“三基”建设，将使全省法治建设进程明显加快，党员干部法治意识和依法办事能力明显增强，法治青海建设全面推进取得显著成效。

二是在“三基”建设具体举措中强化了基层组织依法治理的要求。中共青海省委提出，要研究制定一批地方性法规、规章，为巩固基层政权奠定

了法治基础；通过推进基层民主政治建设，支持乡镇人大依法决定重大事项，行使法律监督、工作监督职权，为依法执政提供了制度保障；通过推进法治型、服务型乡镇政府建设，提高依法行政能力，为法治政府建设注入动力；加快实现乡镇派出所、司法所全覆盖，合理设置乡镇法庭，逐步建立乡镇检察工作联络站等举措，为进一步深化司法体制改革进行了有益尝试。

三是将依法行政作为“三基”建设的发力点。中共青海省委提出，要清理和规范各类行政审批事项，严格清理行政性收费项目，深化政务公开，规范涉企部门执法行为，坚持用制度管权管人管事，全面推行首问负责制、服务承诺制、限时办结制、AB岗制、离岗告示制等制度。这些举措，既是“三基”建设的发力点，也是法治青海建设的重要支撑点。

四是更加重视发挥法治在“三基”建设中的保障作用。中共青海省委指出，要围绕推进法治青海建设，牢固树立法治理念，更加重视发挥法治在“三基”建设中的保障作用。重视“三基”建设立法工作、大力推进依法治理工作，必然会带动基层组织和全社会遵法、学法、守法、用法，推动各级干部提高运用法治思维和法治方式促进改革、推动发展的能力和水平，认真解决损害群众利益的各类问题，全面促进社会公平正义。

五 “三基”建设是青海全面推进党的建设新的伟大工程的重要着力点和突破口

省委高度重视党的建设的伟大工程，不断加强基层基础工作，在全面提高党的建设科学化水平上取得了相当成效。但在基层党建工作中仍有一些突出问题未得到有效解决，“三基”建设作为全面提高党的建设科学化水平的着力点和突破口，必将推进全省党的建设新的伟大工程再上一个新台阶。

（一）采取强有力措施加强基层党组织建设

省委通过制定整改规划，解决突出问题，完善政策措施，健全工作制度，切实加强各地区、各单位、各领域基层党组织建设，实现了党的组织建

设重心下移。同时积极探索党员干部队伍建设新途径，将乡镇党委书记纳入市（州）管干部范围，注重选拔党性强、能力强、改革意识强、服务意识强的“四强”党员担任基层党组织书记，定期整顿软弱涣散的基层党组织，全面推行党代表工作室、党代表接待日、党代表履职承诺制度，能够更好地引导和推动基层党员干部充分发挥各自的职能与作用。

（二）全面加强基层党组织制度建设

建立健全基层党建工作述职评议考核制度，实行村“两委”主要负责人轮流坐班制度，及时解决村情民情事务，健全基层组织主要负责人绩效考评、民主评议、离任审计和过错问责制度，将有助于形成规范的基层党建责任制度。完善党内关怀帮扶机制，建立基层干部保护机制，探索乡镇干部任用考察制度，从政治、经济、人事、生活待遇等方面全方位关爱基层党员干部，有助于形成规范的基层选人、用人、助人制度。把好发展党员“进”、“出”口关，全面推广“双推双选”制度，建立入党积极分子近亲属报告制度，开展处置不合格党员试点工作，将有助于形成规范的党员发展与管理制度。

（三）促进基层形成作风建设长效机制

一方面，针对作风问题具有顽固性的特点，中共青海省委强调要继续深入贯彻中央关于加强和改进工作作风、密切联系群众的决策部署，持续开展正风肃纪行动，以切实提高基层党组织和广大党员干部的执行力。另一方面，把作风建设与深化党建制度改革相结合，探索建立健全作风建设长效机制。领导干部“一岗双责”、“一站式服务”、“一线工作法”、联点蹲点接访下访、万名干部下乡宣讲、定点扶贫等制度和做法，已经成为探索建立作风建设长效机制的成功范例。完善作风建设群众评判机制、干部作风建设考核机制、对党员领导干部权力监督与制约机制等常态化制度，发挥其在作风建设中的激励与约束功能，将进一步健全以基层党的建设为基础的作风建设长效机制。

六　加强“三基”建设是扎实深入推进群众路线教育实践活动的重大创新性成果

当前，青海党的群众路线教育实践活动正处在巩固第一批教育实践活动成果和推动第二批教育实践活动整改落实、建章立制的重要阶段。加强“三基”建设是青海扎实深入推进党的群众路线教育实践活动的重大创新性理论成果。

（一）加强“三基”建设是巩固和扩大党的群众路线教育实践活动成果的理论创新

在青海第一批党的群众路线教育实践活动中，领导干部带头，突出问题导向，以问题整改开局亮相，以问题整改注入动力，以问题整改交出答卷，取得了重要阶段性成果，贯彻群众路线的长效机制和刚性约束逐步形成。但是，在青海第一批教育实践活动收尾之际和第二批教育实践活动开局之时，仍有一些亟待整改的问题：漠视群众、工作上“灯下黑”、搞“走读”、优亲厚友、贪图舒服不作为等。中共青海省委书记骆惠宁同志指出：“从活动中查找出来的问题和需要整改的内容看，很多都与‘三基’有关。”[①] 基层组织不强，基层干部就缺乏服务群众的使命感，基层党员就缺乏对党组织的归属感；基础工作不实，基本职能难以履职到位；基本能力不足，党政干部就不能完成执政为民的神圣使命。中共青海省委提出加强“三基”建设的战略部署，对教育实践活动中出现的问题从根本上加以系统全面解决，是巩固和扩大教育实践活动的理论创新。

（二）加强“三基”建设是深化和拓展党的群众路线教育实践活动的实践创新

青海第二批教育实践活动开局良好，是更大规模的党内生活实践。第二

① 骆惠宁：《在省委十二届六次全体会议第一次会议上的讲话》，《青海日报》2014 年 8 月 1 日。

批活动是在老百姓家门口开展，要把教育实践活动继续引向深入，就必须下大功夫。在第二批教育实践活动中的整改落实与建章立制阶段，加强基层组织、基础工作和基本能力建设，才能切实发挥基层领导机关的积极性、主动性和创造性，构建上下联动抓整改的工作格局；才能切实发挥基层干部的积极性、主动性和创造性，把正风肃纪一抓到底；才能强化制度执行，切实提高党员干部依法办事意识，坚决纠正有令不行、有禁不止、无视制度的问题。

（三）加强“三基”建设是促进党的群众路线教育实践活动长效化的制度创新

党风问题具有顽固性和反复性的特点，因而形成优良作风不可能一劳永逸，克服不良作风也不可能一蹴而就。实践证明，整顿党内存在的不正之风，必须发挥制度的作用，以制度化推进作风建设常态化。中共青海省委从基层组织、基础工作和基本能力 3 个方面对教育实践活动进行了制度化总结与安排，是建立健全作风建设常态化的重要抓手，是着力构建重心下移、力量下沉、保障下倾工作机制的本质所在，是促进党的群众路线教育实践活动长效化的根本之举，是把青海党的群众路线教育实践活动推向深入的根本指针。

参考文献

人民日报社理论部：《深入学习习近平同志重要论述》，人民出版社，2013。

骆惠宁：《政府工作报告》，《青海日报》2013 年 2 月 1 日。

B.19
青海枸杞产业市场竞争力分析与发展策略

周勇峰　金正兵*

摘　要：青海枸杞被农业部誉为“昆仑山下洁净圣果”，青海诺木洪农场被吉尼斯大世界认定为“世界海拔最高的连片枸杞种植基地”。为使有机、绿色、无污染的青海枸杞产业（品）在国内外市场快速发展，本文对青海枸杞产业状况进行了分析和阐述，对青海枸杞脱去“宁夏装”穿上“青海衣”，实现从“有实无名”到“实至名归”，使青海枸杞产业走高端、精品之路，有效开拓国内外市场提出了一些见解。

关键词：青海枸杞　竞争力　发展策略

近年来，青海省按照“东部沙棘、西部枸杞”的发展思路，依托独特的自然条件，积极培育枸杞资源，枸杞产业取得了长足的进步，为调整全省轻重工业比例，促进青海经济发展，培育青海枸杞产业品牌，开拓枸杞产业国内外市场，提供了十分难得的机遇。

---

* 周勇峰，青海省商务厅进出口公平贸易处处长，研究方向：对外经贸、商务经济；金正兵，青海省商务厅进出口公平贸易处副调研员，研究方向：电子商务。

一　青海枸杞产业发展现状

（一）种植状况

青海枸杞种植区主要分布在柴达木盆地的德令哈、格尔木、都兰、乌兰等市（县）。2013 年青海省国民经济和社会发展统计公报显示，经多年栽培，枸杞种植面积从 2008 年的 4 万亩扩大到现在的 33 万亩。尤其是近两年，枸杞种植发展迅速，在西宁、海西、海南建立了年产 1150 万株的优质枸杞种苗基地，合格率达 100%，质量高、成效好。预计到 2020 年全省枸杞种植面积将达到 70 万亩。枸杞产业的快速发展，增加了农民收入，提高了林地生产率，对改善生态环境起到了积极作用，生态效益十分显著。

（二）加工销售情况

青海枸杞加工尚处在初级阶段，加工能力较低，多数作为宁夏枸杞的加工原料和宁夏品牌销往国内外。出口产品以干果为主，出口额非常小，产品主要销往欧美、新加坡、日本等国家和地区。枸杞籽油、枸杞多糖、枸杞黄酮等的提取刚刚起步，还远远没有形成规模，一些高端产品处于空白阶段。

二　青海枸杞产业市场竞争力分析

（一）发展优势

1. 生态优势

青海枸杞生长在 2000 ~ 3000 米的世界“四大超净区”之一的青藏高原，种植区域海拔高、气温低、日照时间长（2530 ~ 3200 小时）、气候干燥、光辐射强、昼夜温差大，无霜期较长（94 ~ 146 天），植株光合效率高，夜间消耗少，生长期雨热同期，空气相对湿度低，无高温影响，成熟期长，这些因素决定了果品品质、营养成分、有机物质的积累等都优于其他地区。加之青海属于工业欠发达、人口少地区，种植区远离城镇、工矿区，生产环境洁净，水体、土壤、大气基本无污染，病虫害相对较少，农药使用量及使用频次极少或不使用，特殊的地理区位、气候条件，原始半原始、无污染的生态环境及优越的光热水土资源给素有“宝树”和“药树”美称的青海枸杞提供了得天独厚的生长条件。

2. 资源优势

世界枸杞种植95%在我国，青海枸杞种植面积已居全国第二，到2020年青海枸杞种植面积达70万亩，将跃居全国第一。

具有柴达木盆地绿洲之称的诺木洪广泛分布着至今堪称国内树龄最长的天然野生枸杞树群，有黑枸杞等6种枸杞植物种群；在都兰县乌龙沟分布有迄今发现的国内面积最大、最为集中的天然枸杞群落。这些珍贵的天然枸杞种质资源，为枸杞新品种培育提供了丰富的遗传基因。2012年，青海诺木洪农场被吉尼斯大世界认定为“世界海拔最高的连片枸杞种植基地”。据测算今后3~5年，青海柴达木地区将有20多万亩枸杞进入盛果期，产量将从3万吨左右提高到10万吨以上。青海枸杞种植规模每年以5万亩以上的速度快速扩张，30%的枸杞已达到国际有机标准，80%的枸杞达到无公害标准，90%的枸杞达到特级以上标准。已认证枸杞绿色食品2个，认证面积10万亩；认证有机产品2个，认证面积4万亩。从事枸杞产业的专业合作组织达140余个，枸杞种植加工企业达19家，枸杞种植面积已接近25万亩。其中，进入采摘期的枸杞达15.05万亩，枸杞干果产量2万吨以上，产值达6亿元以上，枸杞种植面积和生产总值已分别排在全国第二位和第三位。

3. 品质优势

青海枸杞鲜果色红粒大，玲珑剔透，娇艳欲滴，状似红宝石；干果粒大饱满，籽小肉厚，大小均匀，无霉变，无杂质，糖分多而甘甜，有利于人体健康的枸杞黄酮和枸杞多糖比其他种植区高一倍以上。与外产区比，青海枸杞180~220粒/50克的贡果级占70%以上（外产区只占30%），其中100~

130 粒/50 克的超大果占 15% 左右（外产区无超大果），总糖含量高达 53.6% ~59.6%。2007 年，中科院西北高原生物研究所对青海德令哈地区与宁夏中卫地区的枸杞抽样测定，青海枸杞营养成分、维生素、矿物质、氨基酸等含量优势明显，使柴达木枸杞的知名度和市场占有率大大增强。2011 年，青海省枸杞在第二届中国国际林业产业博览会上获得 2 个金奖。2012 年，在第五届中国义乌森林产品博览会上，青海省推出的诺木洪枸杞产品和大雪山公司枸杞产品分别获得优质产品金奖和优质产品奖，两家企业获得最佳参展奖。

特别是青海野生黑枸杞，在《四部医典》、《晶珠本草》等藏药经典著作的记载中：它可用于“延缓衰老、增强体质、调经养巢、护肝明目”。经测定，青海柴达木野生黑枸杞含 17 种氨基酸、13 种微量元素，其钙、铁、尼克酸含量分别为红果枸杞的 2.3 倍、4.6 倍、16.7 倍，所含的抗氧化“圣品”花色苷的含量（即花青素，红果枸杞不含），不仅高于新疆、宁夏等地的“同胞兄弟”，而且远高于“浆果之王”蓝莓。中国科学院西北高原生物研究所对柴达木野生黑果枸杞果实中的主要营养成分进行了分析，结果表明，黑果枸杞鲜果含水质量分数 85.03%，其干果蛋白质量分数 10.61%，脂肪 6.66%，多糖 4.28%，总黄酮质量分数 4.29%，原花青素 3.42%。果实含有 γ-VE 及 δ-VE，每百克分别为 0.0075 毫克和 0.016 毫克，从黑果枸杞籽中提取的枸杞籽油维生素 E 含量较果实要高得多，籽油富含 α-VE、γ-VE 及 δ-VE，每百克分别为 0.1906 毫克、1.8939 毫克及 0.045 毫克。黑果枸杞中氨基酸种类相对较丰富，亮氨酸、蛋氨酸、苯丙氨酸、异亮氨酸等含量相对较高。黑果枸杞中矿物质元素丰富，其中钾的含量最高，且远高于钠的含量，属于高钾低钠的延年益寿食品。

（二）竞争劣势

青海枸杞产业主要存在“差、小、窄、短、滥”5 个方面的问题。

1. 产业配套基础设施差

近几年，青海枸杞产业虽然发展较快，但与高原现代林业发展的新形势、新要求相比，发展仍然滞后，规模较小，枸杞产业发展整体水平不高，枸杞产业龙头企业少，装备水平较低；种植区基础设施建设滞后，灌溉渠老化，节水灌溉设施不足，田园道路标准化水平低，示范核心产区道路破旧；没有专门的枸杞产品质量安全监管机构和体系，枸杞产前、产中、产后缺少监测监管机制；化肥、农药使用与绿色有机生产矛盾突出，枸杞无公害防治工作滞后，生产的枸杞品质多数达不到国际市场的有机标准和要求；资源利用率较差，缺乏完善配套的综合交易市场，生产商无法就地完成分级、分拣、色选、包装等生产工序，难以发挥规模效益，需经宁夏中宁市场才能完成，本地市场只充当了中宁市场的“中转站”，制约了枸杞加工产业的发展，远不能适应产业发展需求，亟待改造提升。

2. 广告宣传推介力度小

青海柴达木枸杞被认为是高品质、无公害枸杞的象征，由于缺乏对外宣传和推介的力度，没有较为完善的交易市场，没有相对畅通、稳定的营销体系，没有形成更广泛的市场认知度，国内外大多数消费者只知“中国枸杞在宁夏”，而不知“精品枸杞在青海”。枸杞干果大多是商贩从种植户和集市上收购后，再卖给加工企业或销往异地，与目前已经成为中国枸杞产业代言者的“宁夏枸杞”待遇相距甚远，对区域经济和农牧民增收的带动力大打折扣，严重制约着青海枸杞产业的进一步发展。

3. 国内外市场营销范围窄

青海农业市场化起步晚，远离国内外主要市场，大多还停留在产—供—销一条龙的原始模式阶段，自种自卖，自产自销，缺乏规模化、高品质的出口基地，深加工力量薄弱，产品标准化水平低，与国际标准衔接不够，国际认可度不高，出口国别少，出口量小，出口产值低。简易包装的枸杞在省内仅卖25元/斤，许多外地厂家贴牌后以高出收购价10倍的价格销往国内外市场；而青海柴达木品牌的枸杞在市场上很少有人问津且售价不高。青海黑枸杞在市场上也是参差不齐，售价千差万别，假冒黑枸杞泛滥，产品单一。个别商家以次充好，掺假、造假，将外地花色苷含量在3.0毫克/克左右的

黑枸杞代替青海花色苷含量高达 4 毫克/克多的黑枸杞，或用其他类似果实染色和唐古特白刺果代替黑枸杞。甚至个别商家挂羊头卖狗肉，直接将外地黑枸杞贴上青海黑枸杞标签销售。青海枸杞缺乏协调一致的市场开发策略和营销合力，尤其是缺少国际市场的营销团队，致使好产品卖不出好价格，甚至假产品破坏了枸杞产业市场和美誉度。

4. 生产加工产业链短

当前青海枸杞近 80% 仍以干果形式出售，有些装在简易塑料袋中或铁盒中，有些装在专门定制的瓷坛或亚克力包装盒中出售，从事枸杞精深加工的企业较少，红枸杞的延伸产品大多刚刚起步，没有专门的研发团队，多属粗加工，产品档次低、种类少；精深加工基础差，研发水平低，高附加值的产品少，产业链条短，制约了产业链延伸和产品附加值的提高，远未形成具有一定规模、科技含量高、附加值高的精深加工产业体系和高效产业链的“拳头产品”。黑枸杞的延伸产品和医药类高附加值产品还处于空白，亟待强化精深加工研发。

5. 商标品牌注册培育滥

青海省枸杞生产加工企业缺少大企业支撑，众多小企业各弹各的调，各吹各的号，市场上有佳禾、亿林、诺木洪、柴杞、雪域圣果、红杞等一品多牌现象，没有形成统一的柴达木品牌，至今未能取得枸杞地理标志证明商标，这严重制约了柴达木枸杞在市场上的认可度，导致各个品牌的规模很难做大，形成不了优势，彰显不了特色。市场呈现相互拆台、压级压价等现象，为外省品牌枸杞将青海枸杞贴牌提供了空间，青海枸杞只能充当初级原料，缺少品牌包装，产销分离，以次充好，严重制约了自身品牌的发展，直接影响了青海枸杞的声誉，这种有产品无品牌、柴达木枸杞“有实无名”的现象，使产品优势形成不了商品优势。

如今在枸杞市场不论是红枸杞还是黑枸杞，不论是散装的还是盒装的，不论是买家还是卖家，都是以“色”论价，根本没有相应的质量标准和品牌来判断枸杞品质的优劣，品牌对经济的拉动力远远没有发挥出来。

三　青海枸杞产业国内外市场前景预测

枸杞含有大量的营养成分和诸多的医疗保健功效，特别是近年枸杞提取物和枸杞籽油对心脏病、癌症等具有显著疗效，使国内外市场需求量大增，这种高品质、无公害，具有医疗、保健功效的产品在国内外有着快速发展的巨大市场。

（一）国际市场

枸杞的营养保健功效逐步在西方国家得到验证与认可，枸杞系列产品逐渐由传统的亚洲和华裔社会进入西方主流社会，除销往东南亚、日本、中国港澳等国家和地区市场外，枸杞产品已不断拓展到欧洲、美国等地区和国家。海关统计数据显示，2013 年青海枸杞产品出口至欧洲、美国、日本和中国香港等国家和地区，直接出口贸易额已达 500 万美元，青海枸杞在欧洲、美国和日本市场前景看好，价格也高出其他产区很多。据预测，近几年枸杞产品市场价格将会翻番。

（二）国内市场

我国每年枸杞干果有 6 万吨以上在市场上流通，价格逐年上涨，枸杞产品也突破了中药传统行业，正向食品保健、医药化妆等行业发展。随着枸杞医药和保健作用的进一步确认，消费者对枸杞产品的特殊保健作用的需求会日趋上升，同时许多制药企业不断研发以枸杞为主要原料的药品和保健品，对枸杞干粉、枸杞多糖、枸杞黄酮和枸杞籽油的需求量逐年增大。据有关资料报道，以超临界二氧化碳萃取的枸杞籽油，市场紧缺，价格高达 160 万 ~ 180 万元/吨；枸杞黄酮高达 1500 万 ~ 1800 万元/吨。随着青海枸杞生产规模扩大、精深加工水平的提高，开发出了更多的食用、药用及保健用产品，会进一步增强青海枸杞的市场竞争力。

四　提升青海枸杞产业竞争力的目标与策略

（一）总体目标

坚持走区域特色农林经济发展的路子，依托资源，面向市场，优化品种，提高质量，增强效益，发展稳定、安全、有效的枸杞产业，以枸杞梯级系列开发为重点，扩大生产规模，组建产业集团，狠抓加工流通，培育龙头企业，加大推进枸杞产业发展的力度。

1. 种植目标

到2015年，枸杞种植总规模可达到50万亩，其中发展30万亩标准化种植基地（其中黑果枸杞种植基地2万亩），改造提升现有的20万亩枸杞种植基地，对相对集中的20万亩青海优质野生黑果枸杞种质资源保护利用；到2020年，发展20万亩枸杞规模化种植基地（其中黑果枸杞种植基地4万亩），使青海枸杞种植规模达到70万亩。

2. 经营目标和经济效益

依托青海柴达木枸杞、黑果枸杞等枸杞产品，着力开拓国际市场，争取到2015年生产及深加工产值攀升到17.4亿元，上缴利税3.7亿元，新增3万~5万个社会就业岗位，增加农牧民收入3.9亿元。到2020年，年产值达到222亿元以上，年实现增加值112亿元；野生黑果枸杞采集干果0.4万吨，年产值20亿元。逐步实现“由粗放向集约、由低端向高端、由普货到有机、由青海向世界”的发展战略，与外产地进行差别化竞争，旧土地能绿色就绿色、能转有机就转有机，新土地只许种有机、走精品高端之路，打造中国及世界最大的有机枸杞基地。

（二）重点策略

1. 努力打造青海柴达木枸杞产业园区

世界95%的枸杞种植在中国，青海省枸杞种植已位居全国第二，将跃居全国第一。据测算，再过 2 ~ 3 年，将有 20 多万亩枸杞进入盛果期，将从不足 3 万吨的产量提高到 10 万吨以上。因此，加强枸杞产业园区建设势在必行，按照政府引导、市场运作、企业主导的原则，科学定位，超前规划，合理布局，整合力量，提升枸杞种植基地的基础设施水平，完善服务功能，健全运行模式，通过示范引导，推进种植结构调整，抓好枸杞重点示范基地建设，培植一批枸杞种植专业企业、合作社和种植户，努力建成枸杞经销商的货源基地、枸杞加工企业的原料基地。制定柴达木枸杞产业发展各个环节中的技术标准和生产技术规范，将生产技术方式向国际大力提倡的有机化技术方式转变，将诺木洪农场纳入“政策‘三农’”普惠范围加强扶持，充分发挥示范带动作用，使其尽快成为柴达木枸杞产业发展的主力军和领头羊，为建成园区核心区做好铺垫，努力打造中国最优质的枸杞产区，有效推动青海枸杞产业跨越式发展。

2. 着力强化枸杞种苗培育和精深加工力度

充分利用园区平台，集中财政资金、以工代赈、扶贫开发、退耕还林、小额信贷等扶持资金捆绑使用，实施重点倾斜，建立多元化的投融资体制，为枸杞产业的又好又快发展搭建一个更高层次、更为广泛的种苗培育和精深加工研发平台。坚持依靠科技创新增加科研投入，培育具有自主知识产权的新品种（品系），大力推广优良新品种，提高良种普及率。充分利用野生枸杞种植地域等优势资源，发挥典型示范和辐射带动作用，把培育精深加工作为青海枸杞产业发展的关键环节，吸引一些科研单位、大专院校、生产企业及国内外知名大学合作研发、联合攻关，攻克精深加工工艺、技术和产品难关；引进枸杞精深加工尖端企业应用新技术、新成果，提升产业的科技含量，大力推广鲜果枸杞品种，研究鲜果保鲜技术，提高鲜果枸杞的市场份额，在鲜果打品牌、干果打市场上取得实效，实现枸杞产品从粗加工向精深加工的重大转变。挖掘枸杞加工转化增值潜力，结合国务院《生物产业发展规划》，培育新型科技生物制品，进一步挖掘枸杞在药用保健和深加工等方面的潜力，积极引进无果枸杞品种种植技术，开发无果枸杞芽茶和枸杞速冻鲜菜等产品，加大鲜果、籽、皮、叶、枝条等全方位利用和系列产品深度开发的力度，延长加粗枸杞产业链条；研发黑枸杞高度浓缩片、黑枸杞口服液，提取黑枸杞花色苷加工食品咀嚼片等产品，使青海黑枸杞像蓝莓一样做成大产业链，实现枸杞精深加工的规模化、产业化、精品化，加速青海枸杞产业种植上规模、产品上档次、产业上水平，促进枸杞产业提质增效。

3. 大力宣传推介柴达木枸杞

要叫响青海枸杞品牌，就必须立足国内外高端市场，充分利用国内外报刊、电视、电台、网络等各种媒体，多角度、全方位、持续性地进行品牌宣传推介，让消费者了解青海枸杞果体大，糖分高，各种维生素以及钙、磷、铁等营养成分含量优的特点，选择在枸杞消费较大的地区或城市召开专题新闻发布推介活动，组织企业积极参加国内外各种博览会、商交会和洽谈会。把产业发展与文化旅游业结合起来，通过“舌尖上的中国”等形式，举办枸杞舌尖之悦、青海柴达木枸杞节、枸杞观光、采摘旅游等活动，让枸杞产业与大美青海游、都兰文化游相得益彰，扩大青海枸杞的辐射面，提升青海枸杞的市场影响力和占有率，提高国际市场的认可度，从而增加出口国，加大出口量，提高出口值。

4. 强力开拓国内外高端市场

充分发挥资源、地域优势，加强与国内外大型食（药）品加工企业的合作，立足国际国内高端市场，坚持一个产业、一套班子、一个规划、一套政策的思路，做到生产定位标准化、产品定位精细化、质量定位有机化、市场定位高端化；加强枸杞产业化经营的宏观管理，完善青海枸杞有机栽培技术规程、有机枸杞产品质量标准等技术标准和生产技术规范，建立产品质检制度，完善质检手段，保证产品质量安全，组织开展种植基地和枸杞产品的有机认证工作，实现生产技术和国际接轨，落实从“田头到餐桌”的完整检查和监管。参照欧、美标准，研究制定有机枸杞标准，让柴达木枸杞标准成为中国标准和世界标准；强化产品质量监管，实施精品战略，加强产供销信息服务网络建设，搞好产销衔接，规避市场风险，运用产销直挂、连锁经营、电子商务等新型营销方式，开辟外向型、现代化的销售渠道；借助有实力的国内外营销企业，制定科学、有效的营销策略，扩大市场份额，发展订单生产；充分利用大中城市的药店、超市、专卖店、宾馆、会所开辟营销窗口，开展直销、代理经营，引导优质特色产品直接进超市。采取积极的外贸政策，支持各类营销主体大力开拓中亚、东南亚和欧美市场，参与国际市场竞争，以销售流通带动枸杞生产健康发展。

5. 大力培育和壮大枸杞品牌

培育和壮大柴达木枸杞产业品牌，应立足绿色、有机两大核心，汇集各方力量，形成对外一种声音、一个拳头，打造国际著名的“柴达木枸杞”大品牌，造就青海枸杞“品牌航母”。尽快申报成功青海柴达木枸杞地理标志证明商标，加强品牌的整合力度，走出一条在全国枸杞市场中与众不同之路，实施好枸杞种植的GAP认证、有机认证、绿色认证工作。在统一的柴达木枸杞品牌之下，拓展二级商标，全力打造国际化的“高原”、“绿色”、“有机”的“柴达木枸杞”出口品牌，尽早结束各自为政、各打各牌的混乱局面，加快形成抱团闯市场的合力，广泛提高青海“柴达木枸杞”的认知度，做到统一使用“柴达木枸杞”商标，标明具体的产地。支持和鼓励企业（专业合作经济组织）开展商标、地理标志的注册和认证，提高企业核心竞争力，通过品牌引领，促进产业的快速发展。大力改进产品包装材料、包装设计等技术，使分级包装技术自动化、系统化，产品包装设计人性化、艺术化，包装达到高雅、独特、新颖，使青海枸杞脱去“宁夏装”，穿上“青海衣”，成为全国一流、世界著名的绿色枸杞知名品牌。

参考文献

丁婕：《关于宁夏枸杞产业发展的思考》，《北方果树》2007年第5期。

高磊：《宁夏枸杞产业化发展存在的问题及对策》，《宁夏农林科技》2007年第

5 期。

李茜、任志远：《中宁县枸杞产业生产现状及优势产业开发途径》，《甘肃农业》2006 年第 3 期。

马得存：《青海柴达木枸杞产业化问题研究》，《经济师》2010 年第 3 期。

李冰：《青海枸杞产业现状分析与趋势研究》，《林业经济》2013 年第 4 期。

青海省林业厅编制《青海省枸杞产业发展规划（2011 ~2020 年）》，2011 年 12 月。

B.20

青海省新型城镇化进程中的制度演进与改革思路

李桂娥*

摘　要：完善的制度是新型城镇化发展的有力保障。当前，青海省正在为加快城镇化发展进行相关制度的协调改革。本文对青海省城镇化进程中制度体系的演进及其存在的问题进行了深入分析，并试图探索进一步改革的思路。

关键词：新型城镇化　制度缺陷　制度联动改革　改革思路　青海

近年来，青海省进入经济加速发展、产业加快转型的关键阶段，也步入工业化、城镇化加速推进的重要时期。与此同时，从我国城乡“二元”体制的历史轨迹来考察以户籍制度为起始点的刚性制度体系是造成城乡要素市场不统一、城镇化率不高的重要因素。青海省正处于经济社会发展的重大机遇期，必须从制度创新角度破题，实现青海省自身可持续的快速发展。2010年底，青海省全面启动了户籍制度改革，截至2014年，全省已有102.58万人办理了转户进城手续，应当说，户籍制度改革取得了可喜的成绩。调研发现，西宁、海东、海西等地的户改配套政策给转户农牧民吃了一颗定心丸，是保障户改工作平顺进行的主要因素。本文“制度”一词以“广义的制度”为其内涵，制度既包括法律意义上刚性的制度，也包括政府在改革中拟定的政策性的行为规则，并且对于制度的观察是在动态运行过程中予以把握。

---

* 李桂娥，中共青海省委党校法学教研部教授，研究方向：法理学、经济法学。

一　制度保障对推进新型城镇化的主要作用

改革开放以来，伴随着工业化进程加速，我国城镇化经历了一个起点低、速度快的发展过程。1978～2013年，城镇常住人口从1.7亿人增加到7.3亿人，城镇化率从17.9%提升到53.7%，年均提高1.02个百分点；城市数量从193个增加到658个，建制镇数量从2173个增加到20113个，城镇化更多是“土地的城镇化”。但是，户籍城镇化率只有36%左右，除了2亿多农民工及其家属没有真正享有城镇居民同等的待遇，还包括30余年城镇化进程中实际上完全过着城市市民生活、户籍仍然是农民的“城中村、城郊村”的人们。因此，根据中国共产党第十八次全国代表大会报告和《中共中央关于全面深化改革若干重大问题的决定》的精神，中国新型城镇化就是要完成“人的城镇化”，平等的待遇无疑是其本质含义，制度保障层面确立的“平等”地位就是最基本的条件。

（一）保障主体利益预期

2010年底，《青海省深入推进户籍制度改革方案》（以下简称《方案》）提出“对失去耕地的‘城中村’和‘城郊村’的农业人口，按照自愿原则，就地转为城镇居民户口”。但是，户籍制度改革并不仅仅是换个户口簿这么简单，关键还在于附加在户籍制度上的相关社会政策的协同支持。户籍改革若没有相关社会政策协同支持，极易导致类似于2001年广东省、2003年河南郑州市户籍改革的“昙花一现”①。因此，失地农民“农转居”关键在于打破城乡差异社会政策，构筑公平的社会制度，以确保其真正享有城镇居民待遇。正如罗尔斯所言：“正义是社会制度的首要价值，正像真理是思想体系的首要价值一样。某些法律和制度，不管它们如何有效率和有条理，只要

① 周小刚、陈东有、叶裕民、郭春明：《中国一元化户籍改革的社会政策协同机制研究》，《人口与经济》2010年第6期。

它们不正义，就必须加以改造或废除。”在《方案》配套政策出台之前，我们在西宁市和海西州格尔木市内就“农民转户的意愿及转户面临的问题和困难”进行入户访谈，共访102户。通过调研发现，70%的受访者不愿意转户，愿意转户的受访者基本上是已经适应城市生活并且家中有半数以上的人口享有“城镇职工养老保险和城镇职工医疗保险”或者家庭创业有一定基础的“城中村、城郊村”的村民。不愿意转户的受访者普遍认为转户后其利益保障无法预期，主要集中体现在“宅基地的性质”、“村集体收益的分配”、“国家的惠农政策”及其他既得利益。青海各地区出台配套政策时，都推行了“双轨并行”的运行机制，既转户登记为城镇居民户口，又保留农民身份。同时，将《方案》中的“5年过渡期”修改为“现阶段”。因此，真正实施的户籍制度改革选取了在现有法律制度的刚性体系下最大化地保障转户农民既得利益的方式，保障了潜在转户农牧民对转户行为的良好利益预期。据资料统计，2000～2009年的10年间，青海省城镇的人口总量由180万增长到233万，新增加53万多人，其中近27万为暂住人口。[①] 据青海省第12届人大常务委员会第7次会议上的《户籍制度改革情况的专项工作报告》，截至2013年10月底，青海省已有22.11万户77.98万人办理了转户手续。

（二）保障权力规范运行

中国的城镇化以“城市空间”的膨胀为其显著特点，伴随而来的是地方政府的“土地征收”与“土地出让”，这一方面催生了地方土地财政的快速增长，另一方面也为土地出让环节腐败埋下了利益空间。2014年，中央第一轮巡视腐败问题聚焦在矿产资源、土地出让、工程建设等领域。我们认为，一个国家的权力（利）生态的良好，有赖于3个力量的动态平衡：一是国家权力体系内部的平衡，即通常所说的权力对权力的制约与监督；二是

① 杨智：《地方户籍制度改革的现状分析——以青海省为视角》，《改革与开放》2014年第8期。

社会组织化权力与国家权力的平衡，即行业、社会组织的权力对国家权力的制约与监督；三是公民个人权利与国家权力之间的平衡，即国家保障公民个人权利的义务和公民对国家的监督权利协调统一。十八大之前的城镇化之所以能够实现“城市空间”的快速膨胀，本质上就在于制度设计上农民和农民集体的土地权利与政府权力的高度失衡。这种失衡集中表现在地方政府征地时垄断定价权，政府作为“理性经济人”的本色在征地时将制度设定的这种垄断定价权用到极致，以很低的地价从农民集体处征收到土地。我们就“征地补偿和土地增值收益分享”通过调查问卷、访谈、座谈会的方式分别向 178 位县处级党政公务人员、216 位被征地农民、24 位土地开发者进行调研。调研发现，76.8% 的党政公务人员认为给农民的征地补偿偏低；74.3% 的被征地农民认为补偿偏低；95% 的土地开发者认为政府支付给农民的征地补偿偏低。因此，要真正实现国家新型城镇化规划设定的目标，必须在制度创新设计上下功夫，从各种主体的行为规则上达成国家权力、社会权力与公民权利的动态平衡，从而实现国家权力的规范运行。

（三）保障利益冲突的有效化解

任何改革都会对现存利益结构产生影响，有时这种影响会是非常严重的，自然会发生利益冲突。任何一项法律制度或者是政策性的制度，除了正确的观念、相适应的权利义务关系以外，还需要高效的运行机制体制。目前，不论立法，还是政策制定，其所内置的观念（包括可持续发展原则、公平公正原则、以人为本原则、法治原则等）都是符合社会发展方向的，但是，相关主体权利义务的设立，运行机制体制出现了问题，导致了重大负面影响。在很长的城镇化进程中，地方政府实施“农转非”户改时，终究表现出鲜明的“理性经济人”本色——追求自我利益的最大化，忽视农民的利益，具体表现在“土地财政”模式中。[①] 同

---

① 陈云：《户籍改革的制度变迁与利益博弈——“农转非”的四种地方模式评析及反思》，《学术前沿》2014 年第 2 期。

时，司法对征地过程中政府行为的有效制约不足，进一步导致全国各地都发生了程度不同的因征地引发的群体性事件，甚至有的地方还发生了恶性的“自焚”事件。通过调研发现，青海省城镇化进程中也存在群体性“上访”事件。因此，必须通过完善制度来保障新型城镇化进程中利益冲突的有效化解。

二　青海省新型城镇化进程中相关制度的演进

我国二元城乡体制始建于新中国建立初期，开始于1958年的现行户籍制度。计划经济时代，我国采取优先发展重工业的战略，通过严格的城乡区分，将城市发展作为重心，通过农业生产支持工业发展。因此，我国的户籍制度不是单纯的人口登记制度，随着时间的流逝，城乡区别的待遇、政策甚至法律制度都沉积在户籍制度上，使户籍制度成为“一项包含多种利益分配的身份制度”①。改革开放后，随着市场经济的逐步发展，市场要素的流动成为必然。户籍制度及与“二元”体制相关的其他制度，也必然随着城镇化的进程而演进。但是，青海省在《方案》中没有涉及作为国家基本政治制度之一的二元基层自治制度。

（一）户籍制度的演进

总体而言，青海省户籍制度的演进体现出“基本依从中央安排，近期全面改革”的演进态势。从全国来看，中国户籍制度改革大致可以如下界分：小城镇户籍改革，表现为中央主导、地方执行。20世纪90年代，全国范围包括大城市在内的一揽子户籍制度改革搁浅。后来，大城市户籍制度具体改革转变为地方探索、中央默认的状态。具体体现在城市内部的“农转非”，不同城市表现出不同的改革路径。一般大、中型城市，采取了“限额

① 陈云：《户籍改革的制度变迁与利益博弈——“农转非”的四种地方模式评析及反思》，《学术前沿》2014年第2期。

取消、条件准入”的改革路径；特大城市，采取了“筑高门槛、开大城门”的改革路径。[①] 青海省对于在省会西宁市的落户仍然采取了较严格限制的政策，主要解决人才需求、夫妻两地分居、孩子落户的民众需求大的户籍问题。2000 年以后，中央明确提出改革城乡分割体制。户籍制度改革全面进入到“中央指导、地方创新”的新阶段。此时恰逢国家实施第一轮西部大开发战略，青海省集中力量“抓住机遇，谋求发展”，基本没有就户籍制度改革进行专项工作。2010 年，青海省户籍制度改革全面启动，适时推出了《方案》。此次户籍制度改革的基本内容是建立城乡统一的居民户口登记制度、大幅放宽海西州城镇落户政策、适度放宽西宁市区落户政策、全面放开省内其他地区城镇落户政策，并且出台相应的配套改革政策。

（二）土地制度的演进

1949 年以后，我国农村进行了土地改革运动、合作化运动和土地家庭承包经营责任制。每次制度变迁都给农民的权益带来巨大的影响。青海省城镇化进程中的土地制度演进，是局部区域与运行机制的缓慢演进，重点体现在土地所有权征收和土地使用权流转的制度上。征收制度形成于计划经济时代，从新中国建立后沿用至今，尽管期间在征地补偿标准方面做了一些调整，但是没有从根本上触动土地征收制度本身。现行土地征收制度在征地目的的界定、征地范围的划分以及征收安置补偿等方面都存在着与现行市场经济不相符合的问题，使得现有的土地征收制度与市场经济现实之间的矛盾日益突出。

农村自发地农地流转与国家农村土地承包经营制度的安排同时进行。国家层面在农村土地流转上经历了从禁止到鼓励的制度演进过程。但是，由于青海省自身经济发展、自然环境的制约以及农民自身素质造成的剩余劳动力转移困难，农地流转很难形成规模效应。2006 年，青海省《关于做好农村土地承包经营权流转工作的意见》，就青海省农地流转进行了全面规范。相

---

① 王美艳等：《户籍制度改革的历程与展望》，《广东社会科学》2008 年第 6 期。

关资料[①]显示，青海省东部农业区土地流转基本不能形成规模化，流转的土地面积占耕地总面积的平均比例不足4%；参与土地使用权流转的农户平均比例不足10%。流转的方式也比较简单，主要集中在转包和出租方式上，而入股、委托经营的方式很少。2012年，青海省建立了39个县级农村牧区土地、草场流转服务指导站和230个乡镇农村土地流转服务中心，健全了农地流转的运行机制。但是，用于城镇化进程的建设用地必须在土地一级市场通过政府征收。直到2004年，依据国家规定，符合规划的农民集体所有建设用地使用权可以依法流转。十七届三中全会《关于推进农村改革发展若干重大问题的决定》提出“逐步建立城乡统一的建设用地市场”，标志着农村集体建设用地开始向市场化方向迈进。十八届三中全会《关于全面深化改革若干重大问题的决定》明确提出“建立城乡统一的建设用地市场”，中央从政策层面全面就农村经营性建设用地的市场化流转提供了制度建设空间。但是，农村宅基地的流转是一个特殊问题。国家制度层面，宅基地的转让没有具体的安排。青海省农村集体建设用地的流转情况主要有：继承、兑换、赠予、房屋买卖（包括农户调庄出现空巢家庭、农村务工人员进城等）、乡（镇）村办企业集体建设用地转让等，其中更多涉及的是宅基地转让的情况。[②] 加之青海省乡村企业总量不大，农村经营性建设用地转让的现实制度需求并不强烈。青海省的农村建设用地流转制度基本处于空白状态，能够收集的文献资料主要集中于农村建设用地的管理制度。

（三）社会保障制度的演进

农民工和失地农民的社会保障问题是城镇化进程中突出的一个问题。青海省提前国家目标10年于2010年实现新型农村牧区社会养老保险制度全覆盖，包括6个藏族自治州所辖27个县在内的青海省40个县、市、行委已全部纳入国家新农保试点。我们入户访谈的调研中，93%的受访者家中都有外

① 石鹏娟：《青海省农村土地使用权流转现状及路径分析——以海东地区为例》，《北方经济》2012年第5期。

② 史德：《青海集体建设用地状况对策建议》，《青海国土经略》2010年第6期。

出务工的农民工，发现 71.3% 的农民工是“外出赚钱，回乡养老”；6.5% 的农民工能够自己承担城镇职工社会保险的费用，但是，只能承担养老保险的费用；4.2% 的农民工由用工单位按照 60% 的最低档购买了城镇职工养老保险；10.7% 的农民工由用工单位按照 60% 的最低档补贴 30% ~50% 的社保费用，大部分直接补贴在工资中；1% 的农民工由用人单位按照 100% 的保险档承担了城镇职工养老和医疗保险；1% 的农民工购买了商业养老和医疗保险；5.3% 的农民工没有参加任何社会保险。2012 年 12 月底，青海省出台了《被征地农民社会养老保险暂行办法》，失地农民能够享有被征地农民社会养老保险的同时，还能够享有新农保的保险待遇。

三　青海省新型城镇化进程的制度缺陷

2000 年后尤其是到 2010 年，青海省城镇化进程进入特别加速期。与城镇化进程相关的制度也在逐步渐进式改革，青海省正在实施以相关制度联动改革的户籍制度改革，其最大的亮点在于统一户籍登记制度、剥离户籍的“身份特征”及相关制度的联动改革，尤其是剥离户籍的“身份特征”切中问题的实质。但是，由于土地制度、基层自治制度属于国家的基本经济和政治制度范畴，其刚性必然影响地方改革的创新程度，导致进一步推进青海省新型城镇化发展的制度供给仍显不足。

（一）剥离户籍“身份特征”的现实困难

众所周知，城市居民享有的公共服务是户籍制度“身份特征”剥离最大的障碍，尤其是大城市公共服务的成本巨大。但是，现实生活中还存在许多严重影响户籍“身份特征”剥离的障碍。

1. 剥离户籍“身份特征”，相关部门协调困难

户籍“身份特征”是 60 余年的历史沉淀，其涵盖的身份待遇都有主管的部门、资金的来源、审批的标准、审批的程序等，而这些与户籍登记的农民或者居民的身份有关。如果审批的标准、资金的来源不是由青海省自身决

定的，剥离户籍“身份特征”必然存在多方协调的问题。有的问题可能好协调，可以是改变工作方法和工作方式的协调；但是，有些问题就不好协调，比如办公自动化程度高的审批项目，如果资料完全是联网审批，其中户籍登记是重点条件之一时，整个自动化系统的变化可能就不是仅仅有愿望就可以实现的，因为涉及全国户籍制度改革的步调不一致、改变系统需要资金投入、工作人员的学习成本等问题。

2. 剥离户籍“身份特征”事关政府的公信力

惠农政策和计划生育政策，也附着于户籍“身份”上。从理论上讲，农牧民转户后，应当以城镇居民身份不再享有惠农政策，也不应当享有农村计划生育政策。《方案》就计划生育政策设定了5年的过渡期，按照《方案》规定：“5年过渡期后执行城镇计划生育政策”。那么，已经绝育的“双女户”的家庭正在享有和5年以后应当享有的农牧区计划生育奖励优待政策怎么办？农牧民对政府的“信赖”要不要保护？如何保护？《方案》没有明确。西宁市的户改方案就农村计划生育政策确定“现阶段”内继续享有，但是，“现阶段”的含义不明。

3. 村集体成员权不明确影响剥离户籍“身份特征”的实效

户籍“身份特征”还内含有“村集体经济的资产所有与收益分享”待遇。我国村集体经济组织是一个不清晰的法律主体概念，许多法律条文中使用了这一主体概念，但是，其法律意义上的内涵和外延并没有立法解释，从全国范围看，情况也极其复杂。村集体经济组织与村集体、村委会、村民的关系及其各自的法定权利和义务如何，也很难界分清楚。法律对此问题的界定始终是一个空白，这就造成究竟具备什么样的资格条件，一个自然人与村集体和村集体经济组织发生法律关系，成为集体的一员能够享有集体成员权。同时，集体成员权的具体内容是什么，法律法规也没有规定。目前，农村户籍是农民与村集体、村集体经济组织最可靠的关系纽带。整村转户后，会发生“撤村设居”的情况，村委会由居委会替代，这期间村集体经济资产的管理也会发生变动，在户改《方案》中没有任何关于“撤村设居”的制度设定。调研发现，村集体有集体经济或者共同财产的受访者，100%就户改可能对“村集体成员权”的影响保持高度敏感。

（二）制度创新及其运行机制不完善

青海省正在进行的户籍制度改革是在全国其他地区户改经验的基础上充分考虑了相关制度的联动改革。这为户改短时间内取得不错的成绩奠定了基础。但是，相关制度联动改革的法治化创新不足，导致运行机制与现实生活出现断裂。

1. 相关制度联动改革对基层自治制度关注不多

《方案》在基本原则部分确立了“综合协调原则”，其内容①根本没有考虑基层自治制度的协调。西宁市具体实施《方案》时，从剥离户籍“身份特征”的目的设计了“双轨并行”的运行机制，建立了“村集体成员制度”。前者对于整村转户的情况来说，原村委会与现居委会的并存运行，涉及两部基本法律，二者之间的关系会是一个全新的课题。这种状态无疑使法律制度运行尴尬、难堪，必然会损害法治的权威。后者涉及政府行政权是否干预了村集体自治权的问题。这是一个非常复杂的问题，首先要解决的是确定村集体的成员是村集体自治权范围内的事情，还是地方政府的事情。如果是村集体自治权范围内的事情，《立法法》规定基层自治的规则设定属于全国人大及其常委会的权限。如果是地方政府权限范围内的事情，西宁市户籍制度改革领导小组恐怕也不是一个合格的规则设定主体。

2. 制度创新超出了乡土农村的承受能力

进一步调研发现，西宁市四区整村转户时，有些村委会不向部分转户村民（如出嫁女、丧偶媳妇、上门女婿等）发放其“村集体成员证”，要求这些村民只有书面承诺“放弃任何村集体共同利益分享”，才

---

① 《青海省深入推进户籍制度改革方案》确定的“综合协调”原则内容是“户籍制度改革与农村产权改革、城市（镇）基础设施建设和各项公益事业发展相互协调、相互促进”。产权改革与土地制度直接相关，各项公益事业与社会保障制度有关。

能颁发“村集体成员证”。某乡镇干部就此问题专门咨询公安部门如何处理，公安部门的意见是乡镇政府刻一个“备注章”，在这些实际不被村集体认可为本集体成员的转户村民的“村集体成员证”上加盖“此证只用于证明持证人的农民身份”的备注章。现实中的这个改革结果基本属于无用功，政府制度创新的出发点非常好，但是制度创新的过程缺乏法治思维。

四 青海省推进新型城镇化制度联动改革的思路

（一）加强制度的法治化创新

改革必须制度创新，法治国家的任何改革必须以法治为保障。法治视角下，存在3种权利（力）模式，即国家的公权、社会的自治权和公民的权利，这三种权利（力）各有其运行的边界和运行的机制。每一种权利（力）中又存在各自小类，各小类权利（力）也各有其运行规律，如国家权力中的行政权和司法权就完全不同。在改革中一定要注意不同主体的权利（力）是不一样的，不同权利（力）的运行边界与运行规则也是不一样的，就如同经济民主与政治民主实现的方式不一样，适用的法律也不相同。制度的法治化创新，首先要保证制度创新涉及的权利（力）运行边界和运行机制符合法治要求。事实上，全国户籍制度改革完成后，农民是一种职业，而不再是一种身份。理论上，职业应当与经济功能直接相联系。比较城镇基层自治和农村基层自治的制度安排，城镇基层自治是单纯的基层政治制度，基本是“自我管理、自我教育、自我服务”的自治权范畴；农村基层自治不仅是基层政治制度，除承担与城镇基层自治同样的“自我管理、自我教育、自我服务”的自治功能外，还享有村集体经济发展功能的经济自主权。因此，将这两种功能分离，由村集体经济组织承担经济功能，由村委会承担自治功能，是完成剥离户籍“身份特征”的第一步。就青海省而言，西宁市、德令哈市等城市的城中村、城郊村有一定实力的村集体经济，少部分村有明确的村集体经济组织，以合作社、公司等形式存在，但是，大部分村集体经济由村委会管理。因此，村委会是村集体基层自治制度中的常设机构，行使的是自治权，属于政治范畴。显然，由村委会承担经济职能是不合适的。

（二）强化制度改革中程序保障

在新型城镇化进程中，程序正义具有需要特别强调的意义。改革在当下也是政府政绩的组成部分。政府的很多改革是从追求政绩开始的，这无疑调动了政府推进改革的动力。但是，改革很容易变成追求短期效果的“速食面”。而城镇化进程中的制度改革是联动式的改革，相互之间的协调至关重要，必须以程序正义予以保障。在具体改革过程中，首先进行村集体经济职能与政治职能的分离，将经济职能涉及的产权改革到位。以每个村具体的经济规模情况、资产情况、村民需求等因素，综合考虑村集体经济组织的法律性质，具体确立为公司、合作社或者有限责任合伙，等等，以相应市场主体法律法规的要求规范设立村集体经济组织。其次，理顺村集体（村民大会、村民代表大会及村委会）与村集体经济组织之间的关系。再次，完成村集体、村集体经济组织的土地确权工作。着眼于新型城镇化制度改革的长期性与延续性，所有农村都可以同时开展上述 3 个程序的改革工作。在此基础上，对于现阶段符合具体户改的农民个人、城中（郊）村集体就可以实施户改了。整村户改后，就可以直接“村改居”，撤销村委会，依法建立居民委员会。

（三）尊重立法凝聚的理性智慧

法律无疑是保守的、滞后的，总是让改革和制度创新充满了困惑。但是，法律又是凝聚了理性的智慧的。立法的程序和民主内涵保证了出台的法律是经过程序反复的酝酿，经各种相关主体的反复讨论、反复修改的，在人的有限理性下，立法可以凝聚较大的理性。尽管法学理论界和实务界关于“村集体成员权”的问题争执了近 20 年，但是，直到 2010 年《村民委员会组织法》修订时，也没有在立法上达成一致。同时，就农村承包经营来看，法律一方面确定集体成员承包经营[①]是指村民个人，另一方面又确定承包方是农户[②]。毫无疑问，这种立法实际上是由农村的现实情况决定的。法律是对现有物质生活条件的反映，不可能过于超前。如前文，西宁市“村集体经济组织成员制度”在落实中自然就出现了不可调和的矛盾。改革中应当尊重立法中凝聚众人的理性智慧，善于采用相应的法律资源来进行创新活动。目前，采用村集体自治权完成城镇化进程中的制度创新活动，通过行政指导性活动，帮助村集体形成合法、合理的村规民约来规范农户与村集体财产权益分配。一是与承包经营土地有关的收益性分配，严格按照承包经营合同分配到户，家庭内的具体分配由家庭内自行协调，将矛盾的涉及范围尽最大可能缩小；二是其他收益的分配，每一项具体分配严格执行法律确定的民主程序。

（四）进一步改革土地增值收益的分享制度

2012年12月底，青海省出台了《被征地农民社会养老保险暂行办法》（以下简称《暂行办法》），已经拉开了青海省土地增值收益分享制度的改革。《暂行办法》要求政府从土地出让金中支付一定比例的资金给被征地农民缴纳社会养老保险。但是，这种改革不足以保障新型城镇化发展的需要。土地增值收益的分享主体，绝不仅仅是被征地农民，也绝不仅仅只考虑被征地农民的生存权。在我国城镇化进程中，土地的用途管制是贯穿于其中的。被征地农民的投资是发生土地增值的因素之一。更大的因素在于国家的规划，土地被规划为开发区与被规划为农业区，其增值不可同日而语，因此，仅仅将土地增值收益的人群确定为被征地农民无疑是有失偏颇的。我们认

① 《土地管理法》第14条规定：“农民集体所有的土地由本集体经济组织的成员承包经营，从事种植业、林业、畜牧业、渔业生产。土地承包经营期限为三十年。发包方和承包方应当订立承包合同，约定双方的权利和义务。承包经营土地的农民有保护和按照承包合同约定的用途合理利用土地的义务。农民的土地承包经营权受法律保护。”

② 《农村土地承包法》第15条规定：“家庭承包的承包方是本集体经济组织的农户。”

为，应当进一步深化土地增值收益的分享制度，在城乡一体化的视角下，统筹考虑土地增值收益的分享。一是就征收土地而言，在土地出让金中，首先，对于已经考虑到被征地农民的养老支付部分，应当逐步提高；其次，设立被征地农民发展基金，着力提高被征地农民发展权的资金保障；再次，考虑规划农业区土地增值补偿基金，设立合理的补偿办法，保障城乡真正实现一体化。二是随着城乡统一建设用地市场的建立，村集体所有的建设用地必然产生巨额的增值收益，对于这个增值收益的分享，青海省应当建立惠及所有相关主体的分享制度。

B.21

青海农牧区公共文化服务设施建设研究

——以农牧区公共图书馆建设为研究重点

李秀东*

摘　要：图书馆是保障人民基本文化权益的重要阵地，是开展社会教育活动的终身课堂，是国家公共文化服务体系的重要组成部分。本文以青海省农牧区公共图书馆建设为例，针对农牧区公共文化服务设施建设存在的突出问题，提出了加强和改进农牧区公共文化服务设施建设的应对之策。

关键词：农牧区　公共文化服务设施　图书馆　青海

公共文化服务设施是公共文化服务体系的有机组成部分，公共文化服务设施建设是公共文化服务体系建设的基础平台和首要任务。加强和改进农牧区公共文化服务设施建设，是青海建立以农牧区为重点的公共文化服务体系的题中应有之义。

一　青海省农牧区公共文化服务设施建设成就

“十一五”以来，青海省以推进文化名省建设为契机，牢固树立文化为

* 李秀东，青海省委党校图书馆副研究馆员，研究方向：图书馆信息开发和资源共建共享。

民思想，坚持改革与发展并举，认真实施多项文化惠民工程，全面加强以农牧区为重点的公共文化服务设施建设，公共文化服务的能力和水平进一步提升。

（一）文化建设顶层设计更加科学

青海省委省政府高度重视文化建设，注重从经济、政治、文化、社会、生态协调发展的角度谋划和推动文化建设，着力处理好文化建设中意识形态属性与产业属性、改革与发展、继承与创新、政府与市场、社会效益与经济效益、事业与产业的关系，先后出台了《关于加快文化改革发展建设文化名省的意见》、《青海省“十二五”文化发展规划》、《关于实施“十二五”文化建设“八大工程”的意见》、《关于进一步加强基层文化建设的意见》等政策性文件，从加强组织领导、明确责任主体、加快职能转变、创新体制机制、形成社会合力等方面对加强文化建设提出工作要求和措施保障，为加强和改进以农牧区为重点的公共文化服务设施建设提供了保证。

（二）公共文化服务基础设施得到明显改善

“十一五”期间，国家和省级财政共投入公共文化建设资金 23.28 亿元，其中，文化新闻出版 14.1 亿元、广播电视 6.7 亿元、体育 2.48 亿元。通过开展乡镇综合文化站建设、文体场馆建设、县级广播电视基础设施建设，大力实施广播电视“村村通”、“两新工程”、文化信息资源共享、农村牧区电影放映、“文化进村入户”、“文化进社区”、“农（牧）家书屋”等一系列文化惠民工程，不仅使农牧区公共文化设施建设得到明显改善，而且初步形成了固定设施、流动服务、数字网络三位一体的覆盖模式。以“农（牧）家书屋”工程为例，投资 8338 万元完成覆盖青海的 4169 家农（牧）家书屋的建设；通过实施“寺庙书屋”工程，为青海 745 个藏传佛教寺院（活动点）建设了“寺庙书屋”，共配发图书 63.67 万册；通过实施文化基础设施装备工程，对 14 个县级“两馆”进行了维修改造，建成 140 个公共电子阅览室；通过实施文化信息资源共享工程，建设了省图书馆及6个市州的数字图书馆；通过实施送书下乡工程，向青海各级公共图书馆配发价值309万元的各类图书35万册。

（三）文化民生建设取得显著成效

一是着眼公共文化共享，实现了公共文化机构免费服务常态化，青海所有公共图书馆、文化馆（站）实现了无障碍、零门槛进入，公共空间设施场地及其提供的基本服务项目全部免费。二是创新服务路径，推动流动服务制度化。针对青海农牧区幅员辽阔、人口密度稀少、文化基础薄弱的实际，建立了以流动图书馆、演出车、电影队为主体的流动文化服务体系，把图书借阅、小型文艺演出、图片展览等文化活动送到了农牧民家门口、帐篷边。三是文化场（馆）等管理与服务更加科学化。在全国第三次文化馆评估定级工作中，青海有7家基层文化馆被评为等级馆，格尔木、互助县文化馆进入一级馆行列；海西州图书馆被评为二级图书馆，果洛州图书馆及海南、互助等13个县级图书馆被评为三级图书馆；格尔木市图书馆成为首批创建国家公共文化服务体系示范区。

二　存在的问题及原因分析

经过多年的改革与发展，青海省农牧区公共文化服务设施不断完善，群众精神文化生活更加丰富，为构建现代公共文化服务体系打下了坚实的基础。但与党的十八大提出的基本建成覆盖城乡、惠及全民的公共文化服务体系的战略任务，与人民日益增长的精神文化需求相比，青海省农牧区公共文化服务设施建设还面临许多困难和挑战。

（一）青海省农牧区公共文化服务设施建设中存在的问题

分析近些年来青海农牧区公共文化服务设施建设出现的问题，既有客观方面的因素，又有主观方面的原因。以图书馆建设为例，国际图书馆联合会20世纪70年代颁布的《公共图书馆标准》规定，每5万人拥有一所图书馆，一座图书馆服务辐射半径通常为4公里。而青海省目前仅拥有公共图书馆46个，其中省级图书馆1个，州地市图书馆7个，县市区行委级图书馆38个，按2012年末青海常住总人口573万人计，平均12万人才有一座公共图书馆，且这些图书馆绝大多数建于20世纪80年代，设施陈旧，设备简陋，功能不全。虽然有的图书馆这些年进行了修缮，但大多数图书馆无论从馆舍面积还是从图书馆硬件设施，都达不到国家颁布的《公共图书馆建设标准》的要求。由于面积狭小，缺少图书阅读、书库等必要功能空间，许多文献资料只能“束之高阁”，图书馆借阅能力受到限制，难以有效开展收集、整理、研究以及读者服务工作。更有甚者，有的县级图书馆长期被非文化单位挤占，业务难以开展。农（牧）家书屋工程实施以来，确实在解决农牧民读书困难方面发挥了一定作用，但由于这些农（牧）家书屋项目大多是由国家承办的，其提供服务的有效性受到一定的限制，原本要解决的农牧区缺乏有针对性图书的问题并没有解决，致使一些图书成了摆设，严重影响了农（牧）家书屋功能和作用的发挥。调查数据显示，农牧民希望获得的公共文化服务活动和现实供给仍存在较大差距，农牧民对于公共文化服务不太满意的比例高达48.4%，很不满意的比例达到13.1%，仅有11.6%的农牧民对当地开展的文化活动很满意。

（二）原因分析

1. 经济发展落后、投入渠道不宽、保障能力差是制约青海农牧区公共文化服务设施建设的根本因素

青海地处青藏高原，自然条件恶劣，经济基础薄弱，集中了高原地区、民族地区和经济欠发达地区的所有特征。据统计，2013年，青海生产总值为2013亿元，财政公共预算收入仅367.6亿元。多年来，虽然各级财政对文化建设投入不断加大，但总量有限，且多以政府财政投入为主，多渠道、多方式投入的保障机制尚未真正建立，事业发展所需资金严重不足，保障能

力差。一方面，虽然对应于全国各级别行政区划，乡以上公共文化设施已基本实现全覆盖，但随着城市化进程的推进和公共文化事业的快速发展，公共文化设施数量仍不能满足人民群众的文化需求；另一方面，由于公共文化设施的建设资金大部分投入到外部条件的改善，没有预留运行保障资金，已建设的文化设施有相当一部分只是停留在外部建筑物的使用上，内部图书资料的购置及相应软件无法保证，特别是基层的一些文化设施，由于缺乏资金，“有馆无舍、有舍无人”，运转困难的现象比较突出，造成资源的很大浪费。调查显示，公共文化基础设施“买得起马配不起鞍”的现象普遍存在于青海的农牧区，使得公共文化设施在公共文化服务体系建设中的作用大打折扣。

2. 地域广大、发展不平衡、统筹困难是制约青海农牧区公共文化服务设施建设的基本因素

青海生产力布局、人口分布很不平衡，青海70%的人口居住在仅占青海面积3%的西宁、海东经济相对比较发达的地区，而占青海总面积97%的其他六州人口仅占总人口的30%，除海西州外，其他各州经济发展落后，基本靠中央、省级财政转移支付维持运行。同时，城乡发展差距进一步扩大。如格尔木市作为全国首批31个“国家公共文化服务体系示范区”创建城市之一，2012年，全市完成工业增加值205.57亿元，约占青海的1/5；城镇居民人均可支配收入达到21340.97元，农牧民人均纯收入为9696.01元，分别高出青海平均水平3774.6元和4331.61元。这种地区、城乡发展不平衡状态为统筹东西部、城乡文化发展带来很大的难度，特别是在推进农牧区公共文化服务设施建设方面，“填平补齐”的任务十分艰巨。

3. 发展的体制机制及政策环境不够宽松是制约农牧区公共文化服务设施建设的主观因素

表现在发展的体制机制上，一方面，深化文化体制改革正在面上推开，向纵深发展，但还没有建立良好的运行体制和机制；另一方面，习惯于运用行政手段，总体缺乏市场意识，不善于运用市场机制，利用社会中介、社会资源促进文化发展。表现在用政策引路、以政策激励和保障上，一方面，对中央出台的许多推动文化发展、鼓励文化创新的优惠政策研究不够、理解不透、贯彻不力、落实不够；另一方面，在判定符合实际的更加具体的更有操作性的措施方面，用心不够、探索不力、胆识不足、协调配合不力，解决问题的视野不宽、办法不多。

4. 职责不清、人才匮乏、管理体制不顺是制约农牧区公共文化服务设施建设的内在因素

长期以来，对文化事业、文化产业的性质和功能缺乏科学认识，导致在文化行政管理上出现了职责不清、管办不分的偏差，造成文化政策行政执行力不断下降、行政成本日益增大，文化发展“共建共享”工作格局障碍逐步增多，行业壁垒和行政界线对文化发展的影响不减反增的现象时有发生。在公共图书馆领域，由此带来的一系列问题已经严重影响了事业的发展。比如，现有行政管理服务机构编制难以支撑图书馆的服务功能。以往在机构改革中，由于对农牧区公共图书馆建设缺乏客观认识，在各级图书馆的设岗定编中存在一定缺陷，“职”、“责”不对应、“岗”、“员”不对称的现象普遍存在于州县图书馆及其管理部门，部分图书馆的工作职能无法得到切实履行。乡镇图书馆基本上没有正式的专职工作人员，兼职人员“兼而不顾”的现象极为普遍；部分乡镇招聘临时工进行管理，由于待遇低，很难维持人员队伍的稳定。村级农（牧）家书屋由于无专人管理，国家投入的设施设备长期闲置，甚至成为村两委班子干部的家庭用品。基层文化队伍专业人员结构比例不合理，整体素质不高，特别是农牧区公共图书馆缺乏图书馆资源导航员及网络技术人才，专业能力严重不足，直接影响依靠技术支撑的文化信息资源共享工程作用的发挥。以海南州为例，目前在编的从事公益性文化事业的220人中，副高以上职称的有26人，主要集中在舞蹈和歌唱两个文艺门类，全州文化产业从业人员中90%以上是小学以下文化程度，大专以上文化程度人员只有13人，其中专门从事图书馆的专业人员少之又少，州县图书馆管理和专职从业人员由于供不应求，难以满足基层文化服务的基本需求。

三　进一步加强和改进农牧区公共文化服务设施建设的思考

从农牧区实际出发，在构建现代公共文化服务体系的框架下，进一步加强和改进服务设施建设，既要遵循全国一般性的要求，深化对相关规律的研究，又要突出青海地方特点，坚持实事求是，积极探索体现时代特征、适应农牧民需求的改革与发展之路。

（一）准确把握构建现代公共文化服务体系的内涵和要求

一要立足实际，体现地域特色，贴近群众文化需求。农牧区一般地处偏远，经济社会发育程度低，群众文化需求差异性较大。公共文化服务体系建设必须坚持与总体发展目标相适应，要按照必要、合理和适度的原则，突出解决群众最关心、最盼望的文化民生问题，有目的、有重点地确定基本公共文化服务的主要内容。二要体系完整，统筹推进，协调发展。现代公共文化服务体系不是单项内容的叠加，必须在完善内容、体制机制、硬件建设等方面具备完整性、系统性和协调性。要善于从总体上规划和安排各项改革和建设任务，全面规范和创新公共服务体制，改进公共服务方式，增强政府提供基本公共文化服务的能力和水平，在全面加强基本公共服务平台建设的基础上，加大投入力度，加快建设步伐，重点加强公共服务设施建设，加快形成比较完整的硬件保障系统。三要量化标准，体现均等，一体发展。把城市与农牧区、东部与中西部、发达地区与贫困地区作为有机整体统筹兼顾，推动文化资源向基层、农牧区、贫困地区倾斜，加快形成文化服务均等享受、文化发展同步推进的城乡文化一体发展格局。四要远近结合、软硬兼施，可持续发展。要加强顶层设计和统筹规划，建立健全公共文化服务指标体系和考核评价办法，确保提供模式持续更新，在发挥政府主导作用的同时，逐步推进基本公共服务供给方式多样化、建设和运营市场化，不断提高基本公共服务权益；确保保障能力持续增长，进一步完善公共财政体制，强化政府决策和监管职能，积极探索多元化融资渠道，促进转移支付制度规范化、制度化、法制化，提高基层政府履行基本公共文化服务职责的能力；确保社会公众满意度持续提升，要随着经济社会发展逐步扩大覆盖领域，提高供给标准，改善服务质量，让人民群众的基本文化要求不断得到有效保障。

（二）积极探索加强和改进政府对公共文化服务设施建设进行宏观调控的新途径

坚持政府主导，建立公共文化服务体系建设协调机制，提供优良的公共文化服务，是现代政府的一项基本职责，是推进农牧区公共文化服务设施建设的根本前提。一要推动政府职能向创造良好发展环境、提供优质公共服务、维护社会公平正义转变，推进政府向市场放权，充分发挥市场在文化资源配置中的决定性作用，推进政府向社会放权，更好地发挥社会力量在公共文化服务设施和建设与管理中的作用，进一步加强政府在基本公共文化服务设施建设中的战略规划制定、市场监管和公共服务的职能。在具体实践中，紧密结合新型城镇化建设，在基本公共文化服务上增强城镇对农牧区的辐射带动作用，建立以城带乡的长效机制；紧密结合户籍制度、农牧区土地使用制度改革等，让农牧民拥有与城市居民平等的文化发展机会和公共服务。二要建立和健全适应农牧区公共文化服务设施建设的体制机制。完善投入与财政保障系统，建立和健全农牧区公共文化服务体系财政预算支付条例和农牧区文化建设专项基金使用管理办法，实现农牧区基层各级政府依法执行财政支出并确保其质量、规模、效率和安全。完善规划与项目运行保障系统，在吸取传统经验的基础上，根据功能支撑和人民群众的实际需要，动态地规划富有农牧区文化需求的项目网络及其公共文化产品供应方式，在农牧区公共文化服务的体制层面形成具有地缘针对性的激励机制和保障机制，从而打破目前农牧区公共文化服务中普遍存在“供而不求”和“供而不足”的被动局面。三要完善绩效评估和政策调节保障体系。各级政府根据农牧区的实际情况，具体分解出下一级政府公共文化服务设施建设的明晰责任，切实做到农牧区公共文化服务网络总体性达标、基层公共文化服务设施运营经费年度性结算达标、岗位职能与服务功能基本达标，使农牧区公共文化服务设施建设成为一票否决制的刚性工程。四要建立文化对口援助制度，特别是在公共文化服务设施建设、人才培养、资源开发、惠民活动、地方文化遗产保护等方面，加大与内地发达地区的交流，探索文化援助的有效途径和形式。积极推进州（地）县图书馆、文化馆、群艺馆、博物馆四馆合一、集中布局建设，努力形成融宣传、文化、广播、体育、科技于一体的综合文化中心建设格局。

（三）切实加强基层文化队伍建设

农牧区公共文化服务设施建设，离不开一支专兼结合的基层文化队伍。切实加强基层文化人才队伍建设，在班子配备、人员编制、业务培训、经费保障等方面给予更加有力的支持，造就一支政治坚定、素质优良、扎根基层、服务群众的人才队伍。要统筹协调，多措并举，建立和完善充满生机和活力的农牧区人才培养和管理机制，配好配齐基层公共文化服务网络专职人员，探索设立公益性文化服务岗位，鼓励支持乡土文化能人在基层文化活动中发挥所长，壮大文化志愿者队伍，鼓励专业文化工作者和社会各界人士参与公共文化服务体系建设和群众文化活动，确保已经建成的公共文化服务设施“有人管”、“不流失”，基层文化服务“事有人干、责有人担”，努力营造有利于出人才、出精品、出效益的良好环境。

参考文献

中共中央办公厅、国务院办公厅：《“十一五”时期文化发展规划纲要》，2006 年 9 月。

中共中央办公厅、国务院办公厅：《关于加强公共文化服务体系建设的若干意见》，2007 年 8 月。

祁述裕、王列生、傅才武：《中国文化政策研究报告》，社会科学文献出版社，2011。

游祥斌、杨薇、郭昱青：《需求视角下的农村公共文化服务体系建设研究：基于 H 省 B 市的调查》，《中国行政管理》2013 年第 7 期。

《青海省文化和新闻出版厅公报》，青海省人民政府网站，2012 年 11 月 19 日。

区 域 篇

Regional Reports

B.22

海西资源型地区产业结构转型问题研究*

苏海红　詹红岩　马晓峰**

摘　要：当前，受宏观环境趋紧、需求不旺等多重因素影响，我国经济运行已进入了由高速增长阶段转入平稳增长的“新常态”，正处于转方式、调结构的重大转型期。在这种大背景下，青海省海西资源型地区的产业结构转型要以全面深化改革为动力，以循环经济和技术进步为基本路径，打造经济转型升级版。同时，在学习和借鉴好的经验和做法的基础上以制度创

* 国家社科基金项目“基于生态环境约束的青藏地区转变发展方式实证研究”（项目号：10XJL0016）阶段性成果。

** 苏海红，青海省社会科学院副院长、研究员，研究方向：区域经济；詹红岩，青海省社会科学院经济研究所研究员，研究方向：技术经济；马晓峰，海西州委副秘书长、州委政研室主任、青海省社会科学院海西州研究所所长，研究方向：区域经济。

新为突破口，推动科技创新，进而实现转型升级的新跨越。

关键词： 海西州 资源型地区 产业结构转型 问题研究

海西矿产资源占青海省总量的95%左右，具有储量大、品位高、类型全、组合好等特点，特别是石油天然气、盐湖、有色黑色金属、煤炭和建材等资源较为富集。海西州也是全省区域面积最大的民族自治州，承担着支援西藏、保护高原生态安全和开展全国循环经济产业园区试点的重任，具有其他地区不可替代的地位和作用。当前，受宏观环境趋紧、需求不旺等多重因素影响，我国经济运行进入由高速增长阶段转入平稳增长的“新常态”，正处于转方式、调结构的重大转型期，按照中共中央十八届三中全会精神和青海省第十二次党代会、十二届五次全会的部署，海西资源型地区产业结构转型必须以全面深化改革为动力，以产业转型升级破解发展的难题与困境，形成长效动力机制。针对2014年以来海西经济增长乏力的形势，青海省社会科学院组成课题组拟对海西资源型地区进行深入调研，结合全省发展的新形势、新变化，提出加快产业结构转型升级的思考与建议。

一 海西资源型地区产业结构现状及其转型困境

海西州资源型地区主要包括格尔木地区、德令哈地区、都兰地区、天峻地区以及州直辖地区（冷湖、茫崖、大柴旦等）。依托各地区资源禀赋，经过多年开发建设，目前海西资源型地区已基本形成了以盐湖资源开发为核心，融合石油天然气化工、金属冶金、煤炭、新能源、新材料和高原特色生物等产业为主导的七大循环型产业体系。

（一）产业结构现状

一是盐湖化工产业体系。依托海西地区盐湖资源优势，通过提升盐湖资源的梯级开发与综合利用水平，培育出了氯化钾、纯碱、氢氧化镁、碳酸锂、硫化碱等一批新的工业产品和经济增长点，目前该产业已进入成长期，培养形成以钾、钠、镁、锂、锶、硼、溴等资源梯级开发和以配套平衡氯气、氯化氢气体为辅的盐湖资源综合开发产业体系，以推动盐湖化工与油气化工、煤化工、有色冶金等产业融合发展，力争将海西建设成全国最大乃至具有世界影响力的盐湖化工产业基地。二是油气化工产业体系。依托石油天然气资源相对富集的资源优势，基本形成了以油气开采为龙头的油气化工产业体系，不断增强了青藏高原汽油、柴油、航油供应保障能力，满足区域经济社会和国防建设需要。同时，以平衡盐湖资源综合利用副产氯气、氯化氢气体为核心，积极推动盐湖化工和石油天然气化工产业的融合发展，打造区域性石油天然气化工基地。三是金属产业体系。近年来海西资源型地区加快铅、锌、金、硅、钢铁、镍钴、铜、钼等有色金属采选冶金等传统产业升级改造，积极发展高强镁合金、超轻镁合金、镁锂合金、轻金属压铸件、晶须材料、有机硅树脂、氟硅橡胶等产品，着力打造新型材料产业基地。四是煤炭综合利用产业体系。围绕煤炭清洁利用，推进煤炭清洁利用副产品及废弃物资源化再利用，构建煤焦化一体化，大力发展煤化、能源等下游产业，着力形成以煤焦化、煤焦油、粗苯加工、焦炉煤气甲醇、合成氨、尿素、煤制烯烃产业、有机氯化工、热电联产、煤矸石砖等产品为代表的煤炭综合利用产业链，为循环经济试验区提供电、热、液体燃料、原材料。五是高原特色生物产业体系。海西州将特色生物产业发展作为全州农业结构调整、农牧民增收、生态农业建设的重点工程进行扶持。积极调整农牧业种植养殖结构，规模化、标准化种植枸杞和养殖福牛、野血驴，延伸拓展农畜产品精深加工产业链。全州枸杞种植面积达30.3万亩，枸杞干果产量达3.95万吨，成为全国第二大产区。六是新材料产业体系。依托盐化工生产的镁系产品、PVC、纯碱和煤化工生产的丙烯等，重点发展了镁系阻燃剂、PVC特种镁系阻燃剂、PVC结构板材等新材料，延长循环经济产业链。七是可再生能源产业体系。海西资源型地区充分利用试验区太阳辐射强度大、日照时间长及大量的荒漠化土地的特点，相继建成74个光伏发电项目，目前总装机容量达到1693兆瓦，拟打造国家重要的新能源产业基地。

（二）产业转型困境

长期以来，在资源型地区既有共性的宏观结构失衡问题，也有资源型经济所特有的如产业结构重型化、初级化、单一化等问题，海西资源型地区也不例外，经济增长和产业发展呈现典型的“四高四低”特征，即“高投入、高消耗、高污染、高速度”与“低产出、低效率、低效益、低科技含量”，发展积累的矛盾较多，运行风险也在不断加大，既要按照国家经济发展大局解决经济结构失衡的问题，推动经济增长方式转型升级，又要根据海西州的实际情况，加快资源型经济转型，双重转型中面临着诸多困境。

1. 资源配置的难度逐年加大

资源优势是海西发展的物质基础和基本条件，由于地质勘查程度较低，除少数矿种和矿点得到了详查和精查外，大多数资源地质勘查程度较低，可供大规模工业开发的后备资源不足，加之近年来招商引资项目签约多、开工少，资源配置与项目建设存在一定的脱节问题，导致资源配置难度日趋加大。

2. 产业结构性矛盾较为突出

海西州工业结构仍以原材料工业及其低级加工生产为主，深精加工程度低，科技创新能力不强，特色优势产业发展水平和层次不高，资源融合发展刚刚起步，产业链条短、关联度低、集聚效应低，产品附加值低，资源有效利用率不高，使得资源优势尚未真正转化为经济优势。

3. 发展支撑能力不足

一是配套基础设施尚须进一步完善，部分资源开发区（工矿区）至今尚未通电、地区路网密度仍显不足、工程性缺水问题依然存在等，一定程度上制约着工业园区的发展。二是转型升级缺乏有利的市场环境，由于目前全国资源性产品价格持续走低，各生产企业经营状况不佳，此时企业的转型升级显得尤为困难。三是发展政策支撑不够，延伸产业链是转型升级的必要路径，但发展以原矿类产品延伸加工为主的原材料产业，由于市场竞争激烈，随着产业链的延伸，企业利润空间是递减的，企业投资下游产品的积极性较为欠缺。四是产业发展缺乏集聚效应。以单一的资源产业为主，产业链较短，加之低水平的城镇化进程和较少的人口，很难形成集聚效应。

4. 科技创新研发能力不强

循环经济发展最关键的开采技术、工艺技术、环保技术、节能技术和资源综合利用技术依靠自身研发难度大，资源的整体开发和深度开发技术水平偏低。目前，需重点解决周边盐湖镁资源综合开发利用关键性技术、蒸氨废液综合利用技术、太阳能光热发电技术和新能源一体化系统构件装备研制、油页岩资源综合开发利用技术、枸杞及白刺果和沙棘精深加工技术、中藏药新品种开发、卤虫资源精深加工开发、冷水养殖新品种开发等科技创新层面的“瓶颈”制约。海西生产生活条件艰苦，技术攻关、科技成果转化、人才培养及激励等方面的机制不健全，对人才缺乏吸引力，产业发展急需的高级管理人才、专业技术人才匮乏，加之研发经费投入不足，制约了科技成果的引进、消化、吸收和创新，在一定程度上影响了产业结构的转型。

5. 产业转型升级面临较大困难

一是海西资源型地区工业经济传统产业比重偏大，市场制约和政策性调整等影响发展的不利因素增多，企业组织生产和开拓市场信心不足。二是近年来受国内外错综复杂的大环境和产业政策等因素叠加影响，海西资源型地区重点行业产品市场低迷，产品价格持续下跌，企业利润空间缩小，经济效益下降。三是随着国家不断强化生态环境保护力度和全省“三区战略”的实施，政府对工业企业加强环保、节能降耗等刚性要求越来越严，作为以传统工业为主导的工业经济面临前所未有的困难和压力。四是企业配合参与转型升级主动性不强、积极性不高，伴随工业经济的快速发展和园区项目的陆续建成投产，产业工人也出现一定程度的短缺。

二　海西资源型地区产业结构转型的总体思路

围绕已形成的七大特色循环发展产业体系，着力加快重点技术、节电技术和控制性技术的研究和攻关，推动综合开发利用共伴生矿产资源和副产品、废弃物，使海西资源型地区特色优势产业逐步向规模化、集约化、精细化方向发展。

（一）主要思路、原则与目标

1. 主要思路

海西资源地区产业结构转型中应积极发展混合所有制经济，坚持以“减量化、再利用、资源化”的循环经济理念为统领，在充分发挥市场在资源配置中决定性作用的同时，更好地发挥政府作用，形成“政府推动、市场引导、企业主体、全民参与”的循环经济发展的体制和机制。产业转型按照“4+3+1”产业发展格局，即以盐湖化工、油气化工、煤化工、冶金四大基础原材料产业，特色生物、新能源、新材料三大战略新兴产业，以大数据、大网络为基础的信息数据及生产服务业，进一步优化产业结构、技术结构和布局结构，推动发展方式转变，进一步巩固和建成全国重要的八大产品生产基地。着力提高经济增长效益和资源产出率，以减少废弃物排放量为核心，以科技创新为支撑，以发展特色优势产业为重点，着力把稳增长与调结构、抓改革、惠民生相结合，使经济发展与资源开发、生态保护、民生改善同步推进，走出一条具有资源型地区特点的转型升级之路，把海西资源型地区建设成为全省循环经济发展先行区，建设成为全国资源型地区发展循环经济的示范和窗口。

2. 针对海西资源地区发展实际，产业结构转型应坚持以下原则

一是坚持加大资金投入。海西资源型地区尚处于投资拉动型阶段，投入是其经济持续发展的重要推动力，坚持加快固定资产和社会资金的投入，才能保证全州各项目标的实现，从而推动产业结构升级优化。二是坚持基础设

施先行。尽管海西资源型地区近年来基础设施条件得到较大改善，但一些重要矿产资源开发区的铁路运输、公路交通、电力、通信、金融、服务等基础设施建设仍然滞后，制约和影响着经济快速发展。三是坚持科技创新。科技作为推动经济发展的原动力，是海西资源型地区转型升级的关键环节，只有突出抓好产品创新、引进消化再创新等工作，才能逐步改善科技含量不高、精深加工不足和产品缺乏竞争力的局面，才能依据市场需求提高资源综合利用程度和改善产品结构。四是坚持人才兴区。海西资源型地区自然条件艰苦，加之区内不少企业缺乏人才意识，导致待遇偏低和发展机会少，很难留住高层次人才，加快经济转型升级必须坚持人才兴区战略。

3. 转型目标

一是率先发展。作为全省经济发展的排头兵，海西资源地区工业增加值增长应保持在10%以上，固定资产投资增长保持在20%以上，为本地区和全省经济持续增长和转型升级奠定基础，为青海探索一条以资源综合利用和新兴产业融合为核心的循环经济之路。二是试验区引领带动。加强项目建设，围绕延伸产业链条、发展优势产业、打造核心企业、培育产业集群、建设产业基地，优先将柴达木循环经济试验区建设成为全省提高资源综合开发利用水平、延长产业链、优化经济结构、实现产业升级的先行示范区，优先打造成为青海省发挥政策叠加机遇、建设丝绸之路经济带、承接产业转移和向国家争取更多重大项目的重要政策平台，把试验区建设成为全省经济发展的重要增长极，发挥国家级循环经济试验区的创新示范和战略引领作用。三是构建循环经济体系。到2020年，循环经济工业增加值占比达到85%以上，清洁可再生能源占能源生产比重达到50%，科技进步对经济增长的贡献率达到55%以上，节能减排再上新台阶，初步建成资源循环利用体系、特色优势明显的主导产业体系、综合配套的基础设施支撑体系，不断增强海西资源地区核心竞争力和可持续发展能力。四是构建现代产业体系。积极培育战略型新兴产业和现代服务业，推进现代农牧业提质增效，营造创新驱动环境，集聚科技创新要素，使海西资源地区逐步形成农牧业基础比较稳固、工业化比较发达、服务业发展迅速、科技进步在经济社会发展中的贡献份额提升比较快，核心竞争力不断增强的现代产业体系，探索出一条重点资源地区推进资源开发利用和新型工业化的可持续发展道路。

（二）产业结构转型升级须处理好的几个关系

1. 发展与转型的关系

海西资源型地区保持年均两位数以上的经济增长率，才能确保经济目标的顺利实现，也才能确保经济转型进程的顺利实施。首先，如若经济增速减慢，投资、消费、就业、收入都会相应下降，民生方面的诸多问题将会凸显；其次，经济增速缓慢无法缓解就业压力，会引起社会不稳定。在经济转型升级中保持适当的增速，是转型成功与否的重要保证。目前来看，全州的工业化、信息化、城镇化和农牧业现代化仍处于起步阶段，具有保持较高速增长的发展空间。

2. 改革与转型的关系

经济转型升级必须以更大的力度全面深化改革，依靠改革推进转型改革红利，建立一整套保障经济转型的制度，海西资源型地区产业转型升级才能由外部强制转变为内在需求，进而成为经济主体的自觉行动，以便充分发挥市场机制的决定性作用。

3. 传统产业与现代产业的关系

经济转型升级需要构建现代产业发展新体系。包括两个层面的内容：一是要遵循产业演进的规律，由工业经济向服务经济和知识经济转型升级，积极发展现代服务业和战略性新兴产业；二是要遵循产业链升级的规律，由低端向高端、由低附加值向高附加值转型升级。我国东部地区随着劳动力、土地等生产要素的价格上升，一些劳动密集型产业正在逐步向中西部地区转移。这种产业结构的自发性调整和产业技术的梯度扩散，有助于形成区域协调发展的良性互动格局。从这个层面上说，海西资源型地区的传统产业与战略性新兴产业都有较大的发展空间。

4. 自力更生与国家投资、对口支援的关系

在国家投资和对口支援的基础上，特别需要注重对口支援的“引智工

程”。借助对口支援及省内高校、科研院所的力量，建立产、学、研基地，紧紧围绕壮大支柱产业和优势产业，实施重大科技专项攻关，提升核心关键技术研发能力。积极探索自力更生与国家投资、对口支援相结合之路，用5~10年的时间使支撑海西资源型地区的循环经济技术和工艺取得重大突破与进展。

（三）结构转型的创新内容

遵循资源型经济转型规律，海西州需要着力在两方面加强创新。一方面，创新产业扶持政策。为促进资源节约和循环利用，根据不同地区所处的发展阶段，确定相应的主导产业和接替产业，促进高端制造业、战略性新兴产业、现代服务业和信息产业的加快发展。另一方面，创新体制机制，逐步建立衰退产业救助机制和新兴产业扶持机制，建立完善企业自主决策的投融资体制、与资源资本化要求相适应的金融体制、与“两型社会”要求相适应的财税体制、集产学研为一体的科技体制、促进城乡统筹发展和公平公正的社会管理体制等等。

三　海西资源型地区产业结构转型的主要任务

发挥区域发展优势，强化主体功能区的发展定位。重点依托能源、交通、水利等条件，进一步完善和优化产业布局，重点加强基础设施、技术创新和投融资平台建设，引导各类生产要素向工业园区集聚，加快推动资源型地区向土地利用集约化、企业发展集聚化、资源利用循环化发展。

——格尔木地区。自2011年12月被确定为国家循环化改造示范试点园区以来，格尔木工业园围绕做大产业和做实园区两个重点，实施了一大批重点项目，正在补齐主导产业链，园区循环经济产业体系日臻完善。格尔木工业园是柴达木循环经济特色工业产业发展的核心地区，也是工业项目建设的重点区域。今后，应把格尔木产业发展放到全国西部民族地区发展的大环境中，把握好国家消化产能过剩和扩大有效需求的政策着力点，努力为格尔木更好地建设丝绸之路经济带创造条件。全面贯彻落实藏青两省区关于建设藏青工业园区的总体安排，同时，加强与新疆维吾尔自治区有关方面的沟通衔接，促进青新产业园区尽快落地，将中央赋予西藏、新疆的特殊优惠政策、矿产资源与格尔木市的产业优势、稳定的社会环境融为一体，形成民族地区产业发展的新高地。发挥好对口援助机制的重要作用，加强柴达木浙江工业园格尔木区建设，积极推进全方位区域经济协作，进一步加强产业链招商，促进轻工业、服务业、旅游业等产业快速发展。积极承接好国家和省州重大改革举措，深化富有地方特色的改革任务，在方向明确、条件成熟的改革上取得积极突破，创造优良的发展环境。

——德令哈地区。在深入研究和科学分析地区资源禀赋、区位优势的基础上，德令哈地区应发挥区域的政策、资金、技术和人才优势，重点培育和打造盐碱化工、多联产化工、建材、装备制造、新材料、高原生物制品等优势主导产业，努力培育6～10家在省内外具有一定影响力的龙头企业。同时，德令哈地区作为海西州现代服务业发展的核心区，金融业、信息业、商贸业等产业具有得天独厚的优势，应加大对外开放度，推进和培育发展连接信息设备制造业和信息用户之间的中间产业——信息服务业，积极引导新型产业入驻，实现服务商品化、市场化、社会化和专业化，推动产业结构优化，进一步开拓全州发展空间。

——都兰地区。以特色优势资源综合开发利用为切入点，以循环经济工业园区建设为载体，统筹资源集约利用与产业协调发展，按照“全面提升、突出重点”的要求，从潜在价值、市场需求、开发能力等方面，加强对资源开发利用研究，将资源的综合开发、有效配置、循环利用作为主线，统筹考虑资源开发以及相关产业的形成和要素支撑问题。根据都兰地区资源禀赋和发展前景，依托现有产业基础、优势条件、发展方向，全面布局和重点规划建设以黄金开发、枸杞种植深加工、生物科技产业、多金属采选、石材加工、新能源开发为特点的六大工业园区。做大做强枸杞种植深加工产业，壮大有色金属采选及贵金属冶炼产业，发展石材加工产业，培育特色生物产业，推进新能源产业的规模发展，将都兰地区建成全省现代高效农牧业示范

区，建成循环经济试验区重要的有色金属工业资源接续地。

——天峻地区。一是充分发挥政府的政策引导作用，加大对企业的扶持力度，出台具体的政策，从土地、税收、融资等方面扶持一批优势企业实施科技开发，在提高产品质量上下功夫，通过增加洗煤、排矸石设备等措施，提升煤炭档次，提高煤质，以质量赢得市场，从而优化提升企业的综合竞争力。二是优化投资结构，促进发展方式转变和经济转型升级。全力引导民间投资，拓展民营资本发展空间。加大招商引资力度，着力引进一批高技术含量、高附加值、高产出率的重大项目。拉伸煤炭产业链，鼓励企业向上下游的产业延伸发展，培育高端产业，增强产业凝聚力和竞争力。

——州直辖地区（冷湖、茫崖、大柴旦等）。这些资源新地区都面临要打破传统的依靠矿产资源实现经济增长的思维，需要充分挖掘城镇内外的各种资源，优先完善城镇功能，推进城镇转型步伐。

冷湖地区。冷湖风能、太阳能、荒漠化土地资源丰富，魔鬼城雅丹地貌已入选青海省第四批省级风景名胜区行列，全区要在做大做强盐湖化工产业的同时，利用丰富的新能源和旅游资源，以发展石油天然气产业为基础、发展盐湖化工产业为主导、发展风能太阳能新能源产业为特色、发展文化旅游业为突破，加快转型发展步伐，将冷湖地区发展成为全省重要的风能、太阳能发展基地、西部地区资源型城镇转型发展示范城。

茫崖地区。以建设石油、石棉基地，打造“承内启疆”重要的物流集散地，建设“飞地经济”示范区，建成全国重要的石油开采和石棉尾矿综合利用基地等为目标，加快盐湖资源开发利用步伐，努力延伸产业链，培育盐湖化工系列产业和产品；加快石棉资源的综合利用与循环发展，推进石棉建材、新型材料基地建设；利用丰富的光能、风能资源大力建设新能源产业基地。高起点、高层次编制完善新兴产业发展专项规划，引领新兴产业集聚发展，推动产业转型升级。

大柴旦循环经济工业园。做大做强特色产业，着力培育发展新优势，推动园区发展向质量效益型、发展动力向创新驱动型、资源利用方式向绿色低碳型、产业布局向集约高效型、生产经营向品牌创造型方向转变，着力构建绿色低碳、创新驱动、特色鲜明、效益显著的现代产业体系，促进资源集约利用、产业集群发展、区域联动开发。

四　海西资源型地区产业结构转型的政策建议

以循环经济和技术进步为基本路径，海西资源型地区打造经济转型升级版，必须在学习和借鉴好的经验和做法的基础上以制度创新为突破口，推动科技创新，进而实现转型升级的新跨越。

（一）强化综合型多元化的转型升级

应准确认知产业结构转型升级是转变经济效益增长来源，而不是单纯的转行，产业升级既包括产业之间的升级，即产业结构根据经济发展的历史和逻辑序列从低级水平向高级水平的发展，也包括产业内部的升级，即某一产业内部的加工和再加工程度逐步纵深化发展，实现高加工度化与技术集约化。由此，海西州资源地区的产业结构转型应强化综合型和多元化，不仅要注重产业结构自身的转型升级，加快企业和企业家的转型升级，更要注重政府的转型升级。一是资源型企业需转变组织和管理模式以及经营方式，通过产业链的横向拓展和纵向延伸，减少企业对主导产品的过度依赖，减轻资源产品价格大幅涨落时所造成的波动，从粗放型、消耗型、科技含量低的企业转向集约型、节约型和自主创新型企业，强化企业产权制度创新、人才管理制度创新及企业文化建设。二是政府转型要实现统筹兼顾、综合治理、多方协调的管理职能，实现全方位、多层次、宽领域、立体化的跨区域、跨机构、跨部门间的管理，全面履行经济调节、市场监管、社会管理和公共服务四大职能。

（二）加大循环经济产业链重大项目资源配置力度

进一步优化生产力布局，积极引导各类生产要素向优势产业、企业和地区集中，推进资源的有效配置。建议学习和借鉴内蒙古、新疆等地的做法，将资源和项目捆绑在一起，捆绑配置、捆绑招商，加大对试验区优势产业、骨干大企业、循环经济产业链重大项目资源配置，对无深加工产业的企业原则上不配资源，推动循环经济产业向链条化、精细化、终端化方向发展。进行矿业权配置时明确下游项目及建设时限规模要求。鱼卡煤田、木里煤田、格尔木周边铁矿和有色金属矿等资源，是循环经济规划中煤化工、金属冶炼产业发展的重要基础。青海省煤炭资源不多，有效利用显得尤其重要。鱼卡矿区是可供建设大型矿井的整装煤田，鱼卡矿区煤炭资源在资源配置上，要立足精深加工，以产业发展需要配置资源，优势资源配置给优势企业，确保一定比例的矿业权配置到下游煤化工项目。依托丰富的矿产和能源资源，建设青藏高原区域性规模化、现代化、集约化钢铁工业项目的时机不容错过。同时，支持企业参与矿产资源风险勘探，以促进产业项目招商和产业链延伸项目建设；对已配置而未发展深加工产业的企业资源，授权试验区进行整合；对已配置而长期未开发的资源进行清理，授权试验区进行资源二次配置；鼓励园区内已取得采矿权的开采企业自主开发和合作开发尾矿资源及下游产业链项目，对未利用的共伴生矿、尾矿资源，授权试验区进行再配置；对光伏、风电装备制造项目和资源开发项目进行资源统一配置，捆绑上游装备制造、下游资源开发项目一体化招商。

（三）进一步增强区域经济发展的活力

积极吸引国内外优秀企业到海西资源型地区投资创业，促进对外经济交流和人员往来，支持非公有制经济大发展，增强区域经济发展活力。一是突出抓好招商引资。在海西资源型地区经济增长仍主要依靠投资拉动的情况下，做好招商引资工作，扩大利用区外资金，已成为促进经济转型跨越的重要途径。二是更加注重选商选资。在当前我国产能已出现严重过剩的大背景下，海西资源型地区工业经济在招商引资中应更加注重选商选资工作，对项目的引进提出更高的节能减排要求，以低消耗、低排放、高效率为目标，应将解决本地人员就业指标纳入相应的招商引资文件中。三是转变资源配置方式。要明确政府与市场的边界，确立企业投资主体地位，借助全面深化改革的契机，按照市场化配置资源、保障要素的原则，根据市场变化和宏观环境，适当取消或者下放项目核准权限，以保障两大循环经济试验区补链环节的要求。四是政府要把关注点从审批环节转移到监管环节。让所有的市场主体、社会主体有参与经济社会活动和创新的机会，同时对市场秩序的破坏者施以重罚。五是大力发展混合所有制。通过产权制度改革与完善，为海西资源型地区经济转型升级打造合格的市场主体。六是加快中小微企业的发展。积极培育市场主体，促进不同规模企业梯次发展，为工业及商务经济持续稳定发展积蓄后劲。七是进一步加大地勘精查力度，扩大矿产资源储备。海西资源型地区发展工业的现实基础仍然是矿产资源的开发，需要积极发掘和勘探，为下一步发展奠定基础。

（四）着力推进科技创新

坚持把转变经济增长方式和提升经济发展质量作为科技工作的核心任务，建立政府引导、市场驱动、企业投入为主体，多元化、多渠道的新型科技投融资体系，支持创新要素向企业集中，着力提升科技对经济发展的贡献率。逐步建立健全社会化人才体系和科研体系，改造提升传统产业，实现传统产业与新技术的对接，增强产业和产品竞争力。围绕盐湖、天然气资源综合利用，加强科技攻关，突破技术“瓶颈”，有选择、有重点地推进高新技术产品。围绕科技服务体系建设，推进科技服务面向社会和市场发展，加快科技成果向现实生产力转化。围绕制约循环经济发展的关键技术和共性技术，应设立重点产业科技攻关扶持和奖励机制，加快科研机构和教育机构去行政化改革，建设与资源型经济转型相适应的人才教育、培养和引进体系，充分调动科教人员的积极性、主动性、创造性。

（五）资源开发与生态保护更好地结合

海西资源型地区资源开发要进一步加强开发中的生态环境保护，因为这里生态环境脆弱，开发过程中适度开发相对较少，过度开发相对较多，造成开发规模过大，环境受损严重。今后要综合考虑市场需求和生态环境双因子的约束，特定情况下生态因子的重要性应该高于市场需求，只有这样才能保障实现可持续发展。柴达木盆地现有草场面积1.44亿亩，可利用草场面积为1.06亿亩，基本属于典型荒漠化草场，一旦破坏将很难恢复。海西又是全国循环经济试验区和全省重点资源开发区，各类重点工业建设项目的实施，将对海西资源型地区脆弱的生态环境造成相当大的压力。因此，应推动国家层面及早建立相关生态补偿制度，切实有效地解决资源开发与生态环境保护的矛盾。

（六）进一步优化税收优惠政策

实践证明，我国东部沿海地区优惠的税收政策，在大幅度提高投资回报率的同时，也大幅度降低了投资的政策与财务风险，相应地降低了在西部投资的可行性，特别是像冷湖、茫崖这种自然条件恶劣，水、电、路等基础设施落后，又无劳动力优势的地区，难以对投资者产生吸引力，只有靠资源吸引投资者。冷湖地区的税源目前全部来源于钾肥行业，而钾肥行业既可享受增值税先征后退的政策，同时还享受企业所得税优惠政策。钾肥资源的开采者税收成本几乎可以忽略不计，使钾肥行业成了暴利行业。钾肥开采者开采了宝贵的资源，污染了环境，但对地方经济发展贡献不大。因此，建议取消钾肥行业增值税先征后退政策，将中央收入的75%部分以国家直补方式对农业生产者进行补贴，县级收入25%部分留资源地用于地方经济发展和改善民生。与此同时，基于现有的循环经济发展专项资金和相关优惠政策，应进一步综合运用贷款贴息、风险补偿、直接融资奖补等多元化手段，强化财税政策对循环经济的支持力度。

B.23 青甘宁三省区经济税收分析研究

方复正　张宏娟*

摘　要：随着西部大开发进程的稳步推进，近年来青海、甘肃、宁夏三省区经济、税收均取得了长足发展。但由于所处的地理位置不同，自然环境各有差异，三地在经济发展中各具特色。税收作为经济的晴雨表，是衡量经济增长质量效益的重要指标，通过比对分析青海省与甘肃、宁夏两省区的税收差异，有利于辩证施策、强化措施，加快转方式、调结构，进一步壮大青海的经济税收实力。

关键词：青甘宁　经济税收　对比分析

近年来，在国家西部大开发政策的支持下，青甘宁三省区依托资源优势，经济持续增长，总量规模不断扩大，促进了税收收入的较快增长，为经济社会发展提供了有力的财力支撑。当前宏观经济形势复杂多变，外部需求减弱，给资源型省份经济税收的持续稳定发展带来了较大压力。面对困难，三省区均加大了转方式、调结构力度，助推经济税收发展，在发展环境、资源禀赋、交通运输能力等发展条件存在差异的发展背景下，三省区经济税收发展中也存在着一定的差异。

* 方复正，青海省国家税务局收入规划核算处处长；张宏娟，青海省国家税务局收入规划核算处主任科员。

一　青甘宁三省区经济税收运行基本情况

2009～2013年，青海省累计实现地区生产总值8096.65亿元，年均增长15.58%（根据当年价计算，下同）；甘肃省累计实现地区生产总值24446.88亿元，年均增长14.63%；宁夏回族自治区累计实现地区生产总值10051.52亿元，年均增长16.33%。从增速来看，三省区经济均保持了较快增长，宁夏经济总量增长最快，青海居中。

（一）三省区经济总量变化

2009～2013年，青海第二产业累计实现增加值4591.71亿元，年均增长16.67%；第三产业累计实现增加值2723.05亿元，年均增长14.13%。甘肃第二产业累计实现增加值11311.13亿元，年均增长13.92%；第三产业累计实现增加值9700.77亿元，年均增长15.78%。宁夏第二产业累计实现增加值4970.71亿元，年均增长15.71%；第三产业累计实现增加值4187.75亿元，年均增长17.79%。青海第二产业的增速在三省区中居首位，宁夏、甘肃两省区第三产业的增速均快于青海省。从总量来看，甘肃二、三产业规模在三省区中最大，二产总量是青海的2.46倍、宁夏的2.28倍，三产总量是青海的3.56倍、宁夏的2.32倍。宁夏二产规模与青海相当，但三产规模明显高于青海，是青海的1.54倍。青海第三产业的发展相对较弱（见图1）。

（二）三省区税收总量变化

2009～2013年，青海累计实现税收收入1265.58亿元（含海关代征收入，下同），年均增长21.36%；宁夏累计实现税收收入1641.79亿元，年均增长23.08%；甘肃累计实现税收收入3728.01亿元，年均增长19.2%。三省区税收收入的增速与经济增速基本一致，宁夏增速居首，青海增速居中。

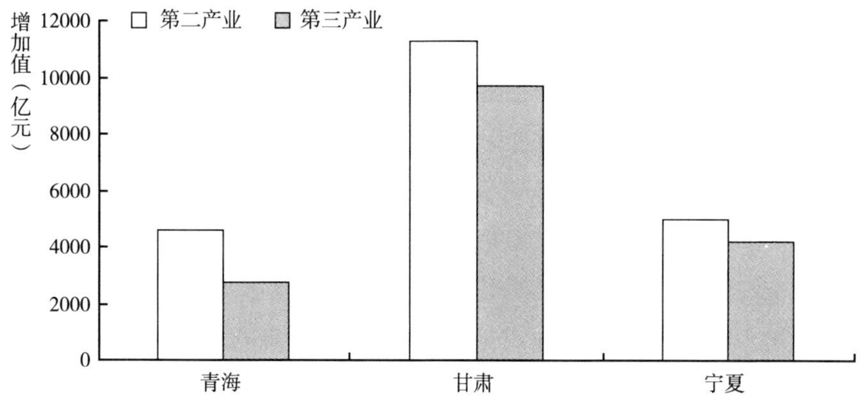

图1　2009～2013年青甘宁三省区二、三产业累计增加值

从主要税种收入完成情况来看，青海累计实现增值税493.3亿元，年均增长13.24%；消费税75.08亿元，年均增长68.42%；企业所得税200.69亿元，年均增长21.92%；营业税234.13亿元，年均增长30.36%；资源税67.46亿元，年均增长36.06%，5税合计占税收收入总量的84.6%。甘肃累计实现增值税1080.75亿元，年均增长10.1%；消费税854.53亿元，年均增长36.66%；企业所得税348.46亿元，年均增长13.53%；营业税569.92亿元，年均增长26.39%；资源税61.73亿元，年均增长28.56%，5税合计占税收收入总量的78.21%。宁夏累计实现增值税490.69亿元，年均增长11.37%；消费税146.4亿元，年均增长65.65%；企业所得税247.79亿元，年均增长33.43%；营业税372.54亿元，年均增长28.33%；资源税15.27亿元，年均增长33.94%，5税合计占税收收入总量的77.53%。

三省区中，青海增值税收入占税收收入总量的比重最高，达到38.99%，而宁夏、甘肃的占比分别是29.89%、28.99%，比青海低近10个百分点，这表明青海税收收入对增值税的依赖程度较高。同时，青海资源税规模、发展速度及收入占比均居三省区首位，表明资源开采业对经济、税收的贡献明显高于其他两省区；甘肃消费税占比最高，达到22.92%，比青海、宁夏分别高出16.99个、14个百分点；宁夏营业税占比最高，达到 22.69%，比青海、甘肃分别高出 4.19 个、7.4 个百分点（见图2）。

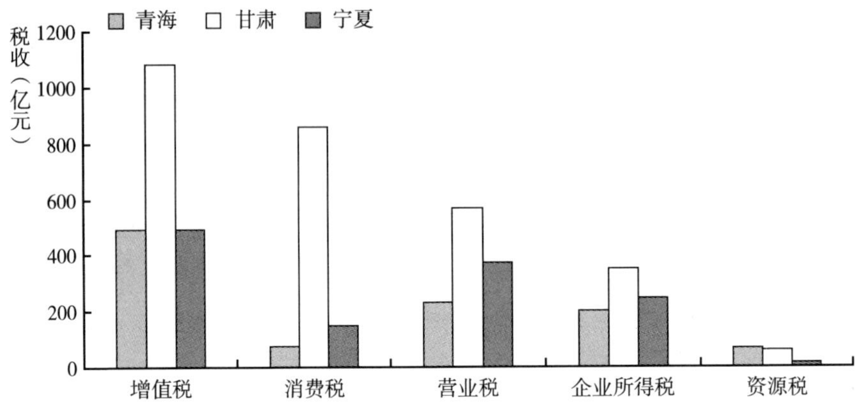

图2　2009～2013 年青甘宁三省区分税种累计收入

（三）三省区税负变化情况

2009～2013 年，三省区宏观税负基本保持稳中略升的态势，青海平均宏观税负率①为 15.63%，甘肃平均宏观税负率为 15.25%，宁夏平均宏观税负率为 16.33%，三省区中宁夏宏观税负最高。从税收弹性情况来看，青海平均税收弹性系数为 1.37，甘肃平均税收弹性系数为 1.31，宁夏平均税收弹性系数为 1.41，三省区税收弹性系数均大于 1，表明税收增速均快于同期经济增速，甘肃税收弹性系数最接近 1，税收与经济的协调发展程度优于其他两省区。

二　青海与甘肃、宁夏两省区税收差异分析

三省区近年来经济、税收运行虽然保持了较快的增长速度，但青海经

① 宏观税负率：指政府收入占 GDP 的比重，是衡量政府收入规模的重要指标，反映了一个国家或地区政府参与国民收入分配的程度。

济、税收规模仍然低于相邻的宁夏、甘肃两省区，差异主要体现在以下几个方面。

（一）产业结构差异

从产业结构看，2009～2013年青海一、二、三产业占GDP的比重分别为9.66%、56.71%、33.63%；甘肃一、二、三产业占GDP的比重分别为14.05%、46.27%、39.68%；宁夏一、二、三产业占GDP的比重分别为8.88%、49.45%、41.66%。三省区中青海第二产业占比最高，甘肃第一产业占比最高，宁夏第三产业占比最高。与全国同期水平相比，三省区二产占比均高于全国的平均值45.59%，其中青海高出11.12个百分点，宁夏高出3.86个百分点，甘肃高出0.68个百分点。三产占比均低于全国的平均值44.32%，其中青海低10.69个百分点，宁夏低2.66个百分点，甘肃低4.64个百分点。在经济总量中，三省区工业占经济总量的比重分别为46.47%（青海）、37.84%（宁夏）、36.92%（甘肃），与全国平均值38.84%相比，青海工业占比高于全国平均值7.63个百分点，宁夏、甘肃分别低于全国平均值1个和1.92个百分点。工业对青海经济的贡献明显高于宁夏、甘肃，而三产对宁夏、甘肃两省区经济发展的支撑作用强于青海。

在近年来的宏观经济发展中，第二产业特别是工业受外需的影响程度相对较高，而第三产业内项目涉及消费、运输、服务、文体、教育、娱乐、信息传输等与民生密切相关的领域，受内需的影响程度相对较高。当前国际经济发展趋缓，在国家通过不断扩大内需引导经济增长的背景下，内需增长明显强于外需增长，三产的发展形势好于二产，三产规模相对较高的宁夏、甘肃两省区税收减收风险低于青海省。2014年上半年，全国税收收入同比增长8.2%，第二产业税收同比仅增长4.2%，第三产业税收同比增长11.6%，对税收增长的贡献率达到75.7%，同期青海省税收收入同比下降1.5%，甘肃省税收收入增长13%，宁夏区税收收入增长9.4%。

（二）税源结构差异

从税收结构看，三省区的税收收入主要来源于增值税、消费税、营业税和企业所得税 4 个税种，占税收收入总额的近八成。通过对 2009 ~ 2013 年的平均数据进行对比可见，受税源因素影响，三省区增值税、消费税、营业税之间的差异较为突出。

1. 增值税税源结构差异

增值税的主要税源为二产中的工业及三产中的批发零售业。2009 ~ 2013 年，青海累计实现工业增值税 421.44 亿元，年均增长 12.4%；甘肃累计实现工业增值税 877.47 亿元，年均增长 8.85%；宁夏累计实现工业增值税 405.78 亿元，年均增长 10.59%。三省区工业增值税的占比分别为：青海 85.4%、甘肃 81.2%、宁夏 82.7%。由于青海经济发展中二产占比较大，相应地工业增值税占比最高。青海累计实现商业增值税 70.1 亿元，年均增长 15.95%；甘肃累计实现商业增值税 198.46 亿元，年均增长 13.67%；宁夏累计实现商业增值税 82.41 亿元，年均增长 12.89%。商业增值税的占比分别为：青海 14.23%、甘肃 18.39%、宁夏 16.77%。青海商业增值税在三省区中增长最快，但受地理位置、人口规模等因素影响，甘肃、宁夏批发零售业规模高于青海，增值税纳税能力也强于青海，税收规模均大于青海，甘肃和宁夏商业增值税规模分别是青海的 2.83 倍和 1.18 倍。

从工业环节看，依托于煤炭、油气、水电等资源优势，石油、煤炭、电力成为三省区共同的税收支柱行业，3 个行业在青甘宁三省区增值税收入中的占比分别达到 47.9%、43.84%、51.2%。其中：青海水电资源最丰富，电力行业发展最快，增值税保持了年均 15.82% 的增速，分别快于甘肃、宁夏 11.68 个和 8.95 个百分点；甘肃油气开采规模最大，石油行业增值税收入总量分别是青海的 2.46 倍、宁夏的 6.33 倍；宁夏煤炭储量丰富，自然环境及交通运输条件优于甘肃、青海，煤炭行业发展规模最大，煤炭增值税收入是青海的 1.79 倍、甘肃的 1.21 倍。除上述 3 个行业外，青海增值税收入的支柱税源还有盐化工、有色金属和黑色金属业；甘肃增值税收入的支柱税源还有烟草制品业、有色金属、黑色金属和农副食品加工制造业等；宁夏增值税收入的支柱税源有农副食品加工制造业、化工、非金属矿物制品业、烟草等。从税源结构看，青海的税源集中于资源、能源领域，但由于地处青藏高原，高寒缺氧，远离消费终端，开发成本和运输成本极高，同时缺乏前沿高端技术，难以有效延伸产业链，只能作为初级原料供应地，税源的发展对外部市场的依赖程度较高，特别是价格的波动对收入的影响巨大。在甘肃、宁夏两省区的税源中，均分布着高税负的烟草制造业，同时农副食品加工、制造业、纺织服装业等与民生密切相关行业的发展规模远高于青海，税源结构相对多元化，使甘肃、宁夏增值税减收风险低于青海。2014 年上半年，受重点工业品价格持续下行影响，青海增值税收入同比下降 14.4%，同期甘肃和宁夏的增值税收入同比增长 23.5% 和 18.5%。

2. 消费税税源结构差异

青海省消费税收入主要来源于成品油，占收入总额的近 75%，其余 25% 的部分主要由酒及烟草批发两个行业收入构成。甘肃、宁夏两省区消费税税源中除与青海省相同的成品油、酒及烟草批发等应税品目外，还有卷烟制造、汽车制造及汽车轮胎制造等品目，使两省区收入规模明显高于青海省。2014 年上半年，青海实现消费税收入 9.7 亿元，同比增长 0.7%；甘肃实现消费税收入 112.23 亿元，同比增长 13.9%；宁夏实现消费税收入 26.49 亿元，同比增长 5.9%。

3. 营业税税源结构差异

营业税的主要税源为二产中的建筑业和三产中除批发零售业外的各行业。甘肃、宁夏第三产业发展规模大于青海，相应地营业税税基高于青海，税收规模亦超过青海。2014 年上半年，青海、甘肃、宁夏分别实现营业税收入 39.51 亿元、96.3 亿元、48.96 亿元。

（三）投资结构差异

作为拉动经济发展“三驾马车”之一的投资，在经济税收发展中担负着较强的引导作用。近年来，三省区投资均保持了持续快速增长的态势，

2009～2013 年青海累计完成全社会固定资产投资总额 7627 亿元，年均增长 32.76%；甘肃累计完成全社会固定资产投资总额 21039 亿元，年均增长 30.19%；宁夏累计完成全社会固定资产投资总额 8943 亿元，年均增长 26.46%。青海投资增长最快，成为拉动经济发展的重要引擎。2014 年在宏观经济形势复杂多变、经济“稳增长”压力较大的背景下，投资继续在经济发展中发挥着领跑作用，上半年青海完成全社会固定资产投资 1203.86 亿元，同比增长 24.1%；甘肃完成全社会固定资产投资 3691.56 亿元，同比增长 23.27%；宁夏完成全社会固定资产投资 1123.18 亿元，同比增长 18.7%。从投资方向看，三省区第二产业投资占比分别为：青海 51.7%、甘肃 51.1%、宁夏 46.7%；第三产业投资占比分别为：青海 43.5%、甘肃 43.3%、宁夏 49.1%。青海在第二产业方面的投资力度依然强于其他两省区，2014 年上半年第二产业投资增长 16.5%，比甘肃和宁夏的增速分别快 0.61 个和 3 个百分点。由于第二产业特别是工业投资普遍存在着投资规模大、建设周期长的特点，在消费型增值税征税体系下，允许抵扣固定资产进项税额，大量的工业投资将形成大额的进项留抵税款，产生有投资无税源的现象，短期内不利于税收收入与经济的协调稳定增长。

（四）社会环境差异

青海地处青藏高原，位于甘肃、宁夏西部，自然环境较为恶劣，人口稀少，2013 年末常住人口仅有 577.79 万人，是同期甘肃总人口的 22.4%、宁夏总人口的 88.32%。同时交通运输等基础设施相对薄弱，2013 年青海货运量只有 13372 万吨，仅为同期甘肃的 26%、宁夏的 32.7%。人口规模小，交通欠发达，将会使青海的内需增长与甘、宁两省区存在一定差异，进而影响第三产业的发展水平，削弱税收“稳增长”的动力。另外，青海高科技企业相对偏少，缺乏新产品、新工艺、新技术方面的创新驱动，企业大多属于资本密集型和劳动密集型，发展依赖于产能扩张和生产要素成本优势，资源优势不能很好地转换为经济优势。

三　提高青海经济发展质量和效益的对策建议

通过税收层面对青甘宁三省区税收现状和发展差异的分析，我们可以清楚地看到青海经济发展的优势和不足，这有利于进一步拓展思路，从产业结构调整、税收结构优化、区域协调发展等层面考虑提高青海经济发展的质量和效益。

（一）加快产业结构调整

牢牢把握国家支持西部和青海经济发展的有利时机，主动融入国家新丝绸之路经济带建设，以“生态文明先行区建设”为指导，加强基础设施投资与建设，不断延长铁路、公路、航空里程，完善交通网络，提升运输能力，降低运输成本，优化投资环境，吸引更多的资金参与到“转方式、调结构”的进程中。一方面要大力发展循环产业，加强传统产业升级改造步伐，逐步淘汰化工、有色金属、黑色金属、建材等高耗能行业中的落后产能，引入先进技术，充分延长优质资源的产业链，大力发展深加工和精加工，提高资源的增值能力；另一方面要加快城镇化建设步伐，打造一批中心城镇，充分发挥辐射带动作用，促进特色旅游业、现代服务业、信息传输业、物流业、商贸业不断壮大，提升第三产业规模及发展水平。此外，要立足地方特色，充分发挥青海省独特的中藏药、矿泉水、高原农业、畜牧资源优势，着力培育一批高原特色农牧产品生产基地，促进普通产品向高档次、高科技含量、高附加值产品转变，利用网络平台加大推广力度，打造优势农牧产品龙头企业。通过不断的结构优化调整，积极培育优质稳定的税源。

（二）充分发挥税收职能作用

经济的发展必需依赖一定的财力支撑，财政收入增长不足会对经济、社会的发展投资造成一定的不利影响。因此，要充分发挥税收的职能作用，服务地方经济发展。一是要不断提高税收征管质量和效率，严格贯彻落实组织收入原则，确保应收尽收，努力将经济发展的成果反映到税收增长上来，为地方政府形成真实可用的财力。二是全面落实各项税收优惠政策，健全完善相关配套制度，引导国家鼓励的产业、行业加快发展，充分发挥税收在调控经济运行方面的作用，助推经济转方式、调结构。三是加快“营改增”、消费税改革等税制改革进程，进一步完善税收分配机制，减轻企业负担，提高增长的质量效益。四是不断优化纳税服务，以满足纳税人合理需求和维护纳税人合法权益为重点，优化办税流程，坚持公平公正执法，营造公开竞争的税收法治环境，提高纳税人的满意度和税法遵从度。

（三）加快区域协调发展

认真实施“四区两带一线”发展规划，根据东部地区、柴达木地区、环青海湖地区、三江源地区和沿黄河发展带、沿湟水发展带及兰青—青藏铁路发展轴线的不同资源禀赋和环境承载能力，明确发展方向和重点，完善区域发展政策，充分发挥各区域的比较优势，以发展循环经济作为转变经济发展方式的主攻方向和重要载体，提升特色产业发展的层次和水平，加强资源的开发和高效利用，大力培育、发展和壮大高原特色农牧业和新能源、新材料产业，同时促进以旅游业为龙头的第三产业发展，培育新的经济增长点。利用重点地区的辐射带动作用，提高经济社会发展的协调性和整体效益。

（四）提高企业核心竞争能力

随着国家对交通基础设施投资力度的加大，西部各省区经济发展所面临的交通运输瓶颈将得到有效改善，资源潜能也将得到进一步释放。由于青海省与相邻省份资源结构差异不大，企业间面临着激烈的同质化竞争，资源成本的比较优势较弱，企业只有通过加大科研力度，不断推出新产品、新技术，提高产品中的科技价值比重，才能在市场竞争中获得优势。党的十八大报告强调要把实施创新驱动发展战略放在加快转变经济发展方式部署的突出位置，习近平总书记在近期两院院士大会上也再次强调中国科技发展方向就是创新、创新、再创新。创新已成为经济社会发展升级的强大动力，必须抓住民族共识这一历史机遇，通过科技孵化园、产学合作、产研合作或引导企业对第三方科研机构的定向投入等模式，增强科技的转化能力，提高青海企业的竞争实力。

B.24

海北州创建全国民族团结进步示范州的创新做法与经验启示

青海省社会科学院课题组*

摘　要：2013年海北州被国家民委确定为青海唯一的全国民族团结示范州以来，通过统筹安排部署，切实形成了各级领导齐抓共管的工作格局和各方参与、各角度切入、各领域推进的创建体系。围绕经济发展，海北州着力改善民生，以制度建设为先导，破解社会矛盾核心课题，为创建工作奠定坚实基础。坚持群众路线，强化基层工作，引导群众积极参与。经过一年的努力，不仅初步形成了特色鲜明、内容充实的创建全国民族团结进步示范州的海北经验，也为青海省乃至全国的民族团结工作提供了深刻的启示和有益借鉴。

关键词：海北州　民族团结进步示范州　创新做法　经验启示

海北藏族自治州处于青藏高原与黄土高原过渡带，连接青海经济最发达的东部经济区和柴达木循环经济区，承东启西的区位优势明显，州辖区域内农业、牧业、农牧交错以及城镇、工矿等经济社会形态差异互补，发展潜力

* 课题组成员：苏海红，青海省社会科学院副院长、研究员，研究方向：区域经济；鲁顺元，青海省社会科学院科研处副处长、研究员，研究方向：民族社会；鄂崇荣，青海省社会科学院民族与宗教研究所副所长、研究员，研究方向：民族学；朱学海，青海省社会科学院社会学研究所助理研究员，研究方向：社会学。

巨大。境内有青海湖国家级、祁连山省级自然保护区，是青海湖、黑河等众多湖泊、河流的水源涵养地，生态地位突出。同时，自治州境内汉、藏、回、土等多民族“大聚居、小杂居”，社会文化多样共存，民族互动交往频繁。长期以来，全州在推动社会发展、促进民族团结、维护社会稳定中创新探索出了具有海北特色的民族团结进步创建模式，2011 年被海北州确定为青海省社会管理创新试点州，2013 年被国家民委确定为青海唯一的全国民族团结示范州，初步形成了政府主导、全社会参与的社会治理与民族团结进步创新经验。

一　海北州创建全国民族团结进步示范州的创新做法和成效

（一）统筹安排部署，强化组织领导，凝聚思想共识

海北州州委州政府十分注重创建民族团结进步示范州工作的统筹安排，围绕全省“三区”建设较早召开了全州民族团结进步先进区创建工作推进会，为创建示范州活动营造了良好社会氛围。示范州创建工作正式启动时又做了全面安排部署，紧密结合州情实际，制定了创建方案，进一步明确了创建工作的任务、目标、责任，建立了重点推进机制。通过多次召开全州创建工作现场观摩推进会，不断交流总结，创新方式方法。州委多次召开专题会议，及时梳理总结创建工作中的好做法和经验，深入有序地推进了创建工作。

海北州在开展全国民族团结进步示范州创建工作之始，就把强化组织领导摆在十分突出的位置。一是建立强有力的工作领导小组和协调办事机构。成立了州委、州政府主要领导分别任组长的创建工作领导小组和创建项目工作领导小组。各县、各部门抽调基层情况熟、群众基础好、懂双语的高素质干部安排到基层抓创建工作。二是落实责任制。除了落实“一把手”的责任，把创建工作作为地区或部门一号工程来推动外，还落实了领导包干、州

级领导重点承诺推进、分部门职责抓好工作、定期督查、充实一线工作5项责任。

通过统筹安排部署、强化组织领导、深化思想教育引导，凝聚起了全州各族干部群众的意志和力量，切实形成各级领导齐抓共管、干部职工以高度的政治敏锐性投入、群众人人积极参与民族团结进步示范州创建活动的局面，达到创新的工作思路、务实的工作作风、积极的工作态度的结合，保证了创建工作高起点、高效率，有特色、有实效。

（二）扎实开展调研，规范法规制度，典型示范带动

为保证创建具体政策设计的完整性、政策实施的科学性和创建工作谋划的高标准，州委州政府把调查研究、反复总结贯穿于示范州创建工作的全过程。一是在青海省委十二届四次全体会议部署民族团结进步先进区创建工作后，州委立即研究部署，选派两个调查组分赴内蒙古呼伦贝尔市等民族团结进步工作一直走在全国民族地区前列的地区考察，学习借鉴其典型做法与先进经验。二是积极开展州情大调研活动，由州级领导干部带队，深入基层调查研究，排查矛盾纠纷，限时解决；省州县三级党委常委成员也经常深入基层蹲点调研，梳理工作中存在的突出问题，有针对性地推进民族团结进步事业；由州属各行业部门牵头，围绕各自的工作领域，开展了经济社会发展、环境保护与建设、文化建设、教育工作、社会保障等多个方面的调查，深入查找、找准各行业各领域存在的问题，分析问题成因，优化不同行业落实民族团结示范州创建的责任和举措。

在深入调查研究的基础上，研究制定了《海北州创建全国民族团结进步示范州的意见》及10个配套文件，将创建重点任务归纳概括为十一大工程，细化分解成52项具体任务。一是明确各项分工由州委常委和州政府副州长依照各自分工牵头抓总，各牵头部门和实施单位的主要负责人承担领导和组织责任，州创建办会同州委州政府督查室、州目标考核办和州纪检监察部门督促检查的工作机制。二是统一制定民族团结进步示范点创建标准和考核验收细则，作为督促检查、验收以及县（部门）领导班子目标责任考核

依据。州人大常委会从立法保障、推进民族团结进步工作持续性角度积极参与创建工作，通过先期大量的调研，会同州政府起草制定《海北藏族自治州民族团结进步条例》，并经立法论证会讨论、州人大常委会通过，报省人代会，使海北成为全国继西藏拉萨市、云南德庆州之后出台民族团结进步条例的地区。三是制定有关培养选拔少数民族干部、宣传教育、平安共建、军（警）民共建等方面的工作方案，由州有关部门承担创建任务，形成了各方参与、各角度切入、各领域推进的工作体系。

（三）推动经济发展，不断改善民生，夯实物质基础

基础设施建设投入力度不断提高，围绕经济结构转型升级为中小微企业创造良好发展环境，大力发展特色产业经营，全面推动经济跨越发展，明显提高了经济发展水平和自我发展能力，为全州民族团结进步创建工作奠定了坚实的物质基础。2013 年，全州地区生产总值 112.26 亿元，增幅达到 16.3%，高于青海全省增幅 5.3 个百分点；全州城镇居民人均可支配收入达到 23377 元，农牧民人均纯收入达到 8795 元，增幅分别比全省的 12% 和 14% 高出 1.1 个和 4.3 个百分点；非公有制经济增加值达到 555328 万元，占全州地区生产总值的 57.9%，比全省 32.8% 的平均水平高 25.1 个百分点。筹集资金支持农牧业产业结构调整、高原现代生态畜牧业示范园区建设、特色规模种养产业培育和新型农牧区经营主体的发展、小型农田水利建设等，加快了农牧业生产方式的转变，实现了农牧区发展、农牧业增效、农牧民增收的目标。

社会保障覆盖面不断扩大，公共服务能力显著提升。多年以来，海北州始终把改善民生作为推动民族团结进步事业的一个重点工作，切实提高民生保障水平。一是认真落实相关政策，努力提高人民群众的幸福感。稳步推进医药卫生体制改革，制度覆盖城乡居民，基本药物零差率制度实现了县、乡、村全覆盖，公共卫生均等化水平明显提升；县级公立医院和基层医疗机构医疗服务能力显著提高，不断惠及民生。2013 年，积极落实配套资金 1285 万元，提高了新农合医疗和城镇居民医疗保险补助标准，统一了城镇

居民与农牧民医疗保险补助政策。截至2014年4月，全州新农保参保率为98.7%，城镇居民参保率为98.98%。二是着力落实各项民生政策，强化公共服务水平，努力提高自我发展能力。筹措配套资金兑现了建立乡镇工作岗位补助、调整基层组织运转经费和社区两委成员报酬补助标准等省上已明确的各项民生指标政策。实施积极的就业政策，投入资金支持农牧民技能培训，通过鼓励创业努力解决就业困难问题。三是创造性地开展寺院及僧侣的社会保障工作。全州“十二五”期间州各级财政划拨专项资金解决寺院路、水、电等基础设施建设。坚持将公共服务覆盖至寺院的创新做法，使社会保障扩展至寺庙及教职人员，调动其维护社会稳定与民族团结的积极性。四是坚持群众路线，加大扶贫力度，确保教育优先发展，进一步改善人民群众居住条件。从2013年开始，全州分3年时间重点实施基础设施、剩余劳动力转移等民生工程。安排资金1亿元支持推动各类教育均衡发展，落实了教师培训资金等，进一步提高了教育教学质量。狠抓保障性住房建设，切实解决低收入人群住房难问题。出台了《海北州城镇保障性住房管理暂行办法》，以确保住房分配公平、公正。

经过不懈努力，全州经济社会持续快速发展，农牧民生活水平显著提高，社会保障水平不断提升，城乡发展差距逐步缩小，为民族团结创建工作向纵深推进奠定了坚实的物质基础。

（四）创新管理方法，完善机制体系，维护社会稳定

海北州在以往实践经验的基础上，近年来开拓创新管理方法，逐步建立健全了科学规范、切实可行、有序运行的长效机制，推进了海北州高标准、高质量创建全国民族团结进步示范州。一是建立健全科学有效的协调机制、诉求表达机制、矛盾调处机制、权益保障机制，按照“预防为主、教育疏导、依法处理、防止激化”的原则，充分发挥统战、政法、综治等部门的作用，定期查找影响民族团结进步示范区建设方面的突出矛盾、问题以及各类隐患，保持和发展了民族团结进步、社会和谐稳定、群众安居乐业的大好局面。如2013年，海北州共排查出各类矛盾纠纷1034件，调处成功1015

件，调处率为98%，其中84%的矛盾纠纷在乡村得到化解。二是完善了创建工作领导机制、考核机制、督查机制和考评机制。各级党委、政府明确职责任务，层层成立民族团结进步工作领导机构，将民族团结进步示范区建设工作纳入本地区、本部门和各级领导干部政绩考核体系中，形成了协调高效、齐抓共管的格局。健全了领导督查机制、督查工作机制，有效地促进了创建工作的整体推进。采取自下而上、层层考评和逐级上报、审批、挂牌的方法，将考评结果向全社会公示。三是专题研究部署，安排分解任务，切实增强了宣传教育引导、基层党员干部队伍建设、寺院管理、平安建设、领导干部直接联系服务群众、创建联席会议等机制的系统性。四是不断创新社会管理机制，建立了较为完善的社会化管理信息平台，在全州农牧区和寺院全面推行网格化管理模式，实现了维稳工作由较多依靠应急处置向更好依靠长效处置机制的转变。祁连县还全面推行了“网格化管理、组团式服务”的责任捆绑管理模式，将法律援助、文化教育、医疗服务等纳入组团式服务的基本内容，实现为群众精细、方便、快捷地服务。五是建立和完善民族团结和睦指数统计监测制度，将“是否发生重大民族纠纷事件”等情况纳入全州小康社会统计监测体系。

（五）强化基层建设，推动主动参与，提升联系纽带

海北州坚持重心在基层、关键在基础的原则，强化基层建设，充实基层工作力量，提升了基层工作水平。一是州、县两级党委常委分头进行蹲点调研，及时指导基层工作，有效解决“三基”问题。有效整合州、县直机关的人才、技术力量，深入开展机关干部和领导干部联系基层、服务群众活动，实实在在为基层办好事、实事。与此同时，强化对基层干部的培训，组建州、县两级寺院管理机构，设立州、县、乡镇、社区、村民族团结进步创建活动专项经费，并列入州县地方财政预算。2013 年，举办了全州 30 个乡镇党委书记、214 个行政村党支部书记、131 座宗教寺院寺管会主任民族团结进步等内容的培训班，其中行政村党支部书记培训属于首次，夯实了民族团结进步的重要基础。二是推动了创建工作

进学校、企业、寺院、社区、村社等“八进”活动，把创建示范州与“文明海北”、“平安海北”、“五好基层党组织”等创建活动紧密地结合起来，形成了各方面参与、各角度切入、各领域推进的工作体系。三是各县、乡积极探索出了“面对面、零距离”进村入户大走访、“三老”宣讲团、“双承诺”活动、“分线工作法”、“442”矛盾纠纷排查化解原则等创新做法。

二　民族团结进步创建的海北经验

（一）加强领导，领导干部明确责任调查研究联点帮扶，是开展好民族团结进步活动的组织保障

民族团结创建工作包含内容涉及广泛，开展工作千头万绪，只有加强领导，切实增强“统”的功能，才能在较短时间调动起各方面参与示范州创建活动的积极性、主动性。这是海北州十几年民族团结进步创建活动实践中总结出来的鲜活经验。被确定为全国创建民族团结进步示范州以后，全州采取一系列创新举措，形成党政一把手总负责，主要领导亲自抓、分管领导主动抓、联点领导经常抓、所有部门具体抓的工作机制，为创建示范州工作搭建起了强有力的组织体系，切实保障了创建工作的深入性、有效性和良性运转。特别是州级领导干部直接联系服务群众工作机制的建立，减少了试点政策落实过程中的中间环节，使创建工作在不到一年的时间内，取得了实实在在的效果，为实现“两年创先进”的试点目标打下坚实基础。

（二）重心下移，宣传先导筑牢各民族团结奋斗的思想基础，是开展好民族团结进步活动的基本前提

海北州是一个以藏族为主的多民族聚居地区，也是一个多宗教地区，州委州政府在宣讲党的路线方针政策时着力筑牢各民族共同团结奋斗的思想基

础。一是加强宣传队伍建设，深入群众之中，注重舆论先导、阵地建设、营造氛围，积极培育社会主义核心价值观。在继续采用群众大会、干部工作座谈会、悬挂横幅、书写墙体标语等传统宣传教育方式基础上，制作编印出了一套群众接受和喜爱的宣传民族团结进步读本和校本教材，创作和编排出了一批专题片、文艺节目和宣传牌，真正使宣传教育工作做到了有的放矢、贴近实际、注重实效，扩大了覆盖面，提高了知晓率，为搞好创建奠定了广泛的群众基础。二是重心下移，从基础工作抓起，区分对象、区分层次，针对不同群体，选择不同的内容，采取不同的措施，分层施教，大力宣传“三个离不开”思想，增强了各族人民对伟大祖国、对中华民族的认同。开展了“七进课堂、六进寺院、五进社区、四进农牧区和厂矿企业”分层宣教活动，通过“民族团结宣传大篷车”、学生与家长“同做共答民族团结进步知识作业题”等群众喜闻乐见的形式，凝聚了全州各族各界群众的思想共识。2013 年，在第一轮涉藏维稳宣传教育引导工作中，对干部职工、在校师生和宗教教职人员宣传面达到 100%，对农牧民群众和企业员工的宣传面达到 90%，使各族干部群众自觉维护法律尊严、人民利益、民族团结和祖国统一。

（三）健全制度，立法先行创新体制机制，是开展好民族团结进步活动的根本保证

只有用制度管人管事，才能有效避免决策的随意性、执行政策的盲目性；只有创新体制机制，才能使创建活动高效运转。而地方法律法规的制定，不仅是《民族区域自治法》赋予民族自治地方的神圣权力，也是把民族团结进步创建活动这个构建和谐、促进发展的载体和手段落实到经济社会发展全过程的根本保证。海北州在创建全国民族团结进步示范州过程中，十分注重健全相应的制度，做到了凡一项政策举措的出台必以制度为先。在订立制度时，尤其重视调查研究，使各项制度最大可能兼顾到最广大人民群众的利益诉求，切实减少了制度执行中的障碍和阻力。正是在长期的制度积累的基础上，海北州创全省之先河，充分发挥人大及其常委会职能，制定

《海北藏族自治州民族团结进步条例》，从地方立法层面为创建活动提供了实实在在的法制保障。

（四）统筹谋划，加强经费支持明确“五位一体”责任考核，是开展好民族团结进步活动的必要条件

海北州在民族团结进步示范州创建过程中注重各部门协调配合、统筹谋划，使各项工作得以有序开展；根据创建指标体系要求，整合资金，加大财政对事关国计民生项目的支持力度；考核制度跟进，确保各项工作保质保量完成，为创建工作有效推进创造了必要条件。一是健全组织机构，加强协调配合，发挥对民族团结进步创建的统筹谋划作用。成立了州县主要领导为组长的民族团结进步创建领导小组及办公室，健全了民族团结进步创建工作领导协调机制。加强领导组织建设，发挥其在民族团结进步创建工作中的组织协调作用。明确了党委政府各职能部门在推进民族团结进步创建工作中的任务和职责。结合职能权限，选准落脚点和突破口，加强协作配合，共同推进民族团结进步创建工作。州委常委会定期研究民族团结进步创建工作，确定了一系列推进落实具体工作的措施，提出了明确的工作思路，有效地促进全州民族团结进步示范州创建工作形成“党委领导、政府负责”的工作格局。二是加大对民族团结进步示范州创建工作的财力支持力度。整合不同项目来源资金，发挥其对民族团结进步示范州创建工作的统合聚集效应。海北州向新农村新牧区示范村和规划整治村、高原现代生态畜牧业示范区建设等投入大量财力，有效地改善了基层群众生产生活，推动了地方经济发展。投入大量资金解决无电地区牧民收听收看广播电视难问题和贫困人口住房难的问题。根据州县财力将民族团结进步示范州创建工作所涉及的办公经费、新增人员工作报酬等费用纳入预算管理，确保按时足额下拨有关单位和工作一线。设立专项资金支持三调联动大调解等活动，确保各种社会矛盾及时发现、及时解决。三是明确“五位一体”责任考核，加强考评，落实责任。将民族团结进步指标纳入县、乡（镇）领导班子、领导干部的任期目标和考评体系，作为党政主要领导政绩考核的主要内容，

严格落实责任奖惩。考评体系的建立使民族团结进步示范州创建工作形成了条块有人管、层层抓落实、人人担责任的良好工作局面。

（五）排查矛盾，解决问题与经济发展改善民生相结合，是开展好民族团结进步活动的有效方法

围绕社会矛盾排查工作，及时发现、解决不利于民族团结的社会问题；改善民生，保障各民族人民群众合法权益，使改革发展成果惠及最大多数普通群众，有效地从源头上避免了民族矛盾纠纷，获得了各族群众的普遍赞同与支持。一是以社会矛盾排查为手段，及时发现问题、解决问题。全州各级党委、政府高度重视矛盾纠纷排查化解工作，采取有力措施，认真组织实施，州委、州政府主要领导亲自听取汇报，亲自推动工作开展。全州领导干部下沉一级调处矛盾工作，实现联点包片责任制。落实了领导干部大接访制度，将矛盾纠纷排查化解工作纳入了年度目标考核范围。督导组深入全州各县、各单位督导检查，有力督促工作落实。各县、各部门对矛盾纠纷每月进行一次拉网式排查，敏感节点提前排查分析，认真执行审核备案制度。集中开展“大接访”活动，由州级领导带队深入基层开展工作，确保信访案件及时、有效办结。根据创建全国民族团结进步示范州活动的总体部署，在全州重点打造平安建设亮点工程，提高了基层平安创建的整体水平。着力从重点人员排查帮扶管控、突出问题集中整治、矛盾纠纷排查化解、社会治安综合治理、基层组织建设5个方面着手落实，打牢了维护稳定的根基。二是发展经济，改善民生，使各族人民群众共享发展成果。多措并举使海北实现了城乡经济跨越发展，各族群众生活质量大幅提高，各民族间形成了牢固的联系纽带，从而避免了影响社会稳定的重大民族纠纷的出现。坚持群众路线，扎实办好各项惠民工程，最大限度地提升群众幸福指数。海北州各级党委政府在民族团结进步活动中坚持“小财政办大民生”，将各项创建工作的根本放在了如何保障群众权益和创新群众工作方面，真正从源头上、根本上、基础上解决社会问题，减少社会矛盾。拿出更多精力和财力解决就业、教育、住房、医疗社保等基本民生问题，许多民生建设走在全省前列。通过积极改

善民生，加快推进基本服务均等化，切实保障了海北社会管理创新综合试点工作的扎实推进。通过改善民生、不断满足人民群众对社会发展的新期待，为民族团结进步示范州创建工作打下了坚实的物质基础。

（六）典型示范，推广基层创新做法以点带面覆盖全州，是开展好民族团结进步活动的特色举措

典型是一面旗帜，榜样是一种力量。海北州在创建全国民族团结进步示范州过程中，积极挖掘和树立民族团结进步先进典型，发挥“点亮一盏灯、照亮一大片”的作用，产生了良好的示范效应。一是坚持舆论引导示范带动，大力开展民族团结进步先进单位和个人评比表彰活动。在全州范围内深入开展争创民族团结进步示范县、示范乡镇、示范村（社区）、示范单位、示范寺院和先进个人活动，先期建立一批创建先进示范点，每年对符合条件的乡村、单位、寺院进行命名挂牌，在全社会营造争当民族团结进步典型的良好氛围，提高了创建工作的影响力。二是发挥典型引路和示范带动作用，对海北民族团结进步示范州建设工作的深入开展产生了积极的促进作用。通过先进典型现身说法，深入进行党的民族理论、民族政策和民族区域自治制度的学习教育，党员干部深刻认识到各民族团结友爱是中华民族的生命所在。三是在全社会把学习先进典型与深入开展维护民族团结教育、大办促进民族团结进步的实事好事结合起来。把学习先进典型的事迹与落实标本兼治、重在治本的措施结合起来，统筹抓好硬道理与硬任务，实行维护稳定责任制和责任追究制，加强维护稳定力量建设，着力改善和保障民生，夯实维护稳定的基础。

三　主要启示与相关建议

（一）主要启示

结合州情实际，海北州在党委政府高度重视和组织领导下，注重发挥基

层干部群众首创的主动性，不断创新方式方法，长期营造了良好的社会氛围，探索出一条具有海北特色的社会治理典型示范路子，对青海创建民族团结先进区具有以下启示。

1. 以各民族共同发展引导民族关系的和谐发展

海北州始终把解决少数民族和民族地区与全省发展不平衡、发展差距拉大、公共服务欠账多的问题作为民族工作的主要任务，并对民族问题的长期性、特殊性和复杂性有着清醒的认识，始终从多民族共存聚合的基本州情出发，把平等互信作为民族团结的政治基础，把各民族的注意力都凝聚在发展上，在让少数民族群众切实感受到党和政府关怀的同时，注重构建平等、团结、互助、和谐的社会主义民族关系。

2. 以中国特色社会主义和“四个认同”引领创建活动

在全州全面深入宣讲中国特色社会主义的“三个自信”、社会主义核心价值以及“四个认同”，广泛普及民族理论、民族政策，不断提高宗教事务管理法制化、规范化水平，尊重、保护与宗教有关的民俗文化，完善义务教育体系，提供更多的社会关怀和公共服务，打牢了民族团结的思想基础，增强了各民族对伟大祖国的认同感，不断引导宗教与建设中国特色社会主义事业相适应。

3. 以创新体制机制构建民族工作大格局

基于民族工作的重要性，海北州坚持从全局出发，统筹兼顾，健全组织机构，加强协调配合，创新工作体制机制，加大少数民族人才培养力度，将懂民族政策、了解民族情况、熟悉民族工作作为领导干部选拔任用的重要标准之一，充分发挥了少数民族干部在示范州创建活动中的带动引领作用，从而形成民族工作的强大合力。

4. 以疏导和化解为主线从基层和源头妥善调处矛盾

加强基层社会综合治理能力建设，坚持民族工作社会化，最大限度地激发社会力量支持和参与民族团结创建示范州活动，强化基层组织发挥更多作用，随时关注各民族群众的合理诉求和特殊需要，以基层实践解决问题的思路与方法处理各民族之间和民族内部产生的矛盾、纠纷和冲突，对卓有成效的典型做法以点带面地上升到体制机制层面，形成了从基层和源头妥善解决矛盾的良好氛围。

（二）相关建议

建议把海北州作为全省创建民族团结进步先进区的典型示范州，以典型引领推进全省创建工作取得实效。

1. 充分发挥全国民族团结示范州的示范引领作用

进一步发挥各级党委政府在示范州建设中的组织推动作用，将创建全国民族团结示范州与全省民族团结进步先进区建设相结合，针对海北州在创建活动中存在的实际困难和问题，建议对海北州给予财力、编制、人才等方面的更多政策支持，使之更好地开展创建工作，并对海北州在基层实践中的有效做法和治理经验，特别是拥有较为牢固的全民创先的思想、工作和社会基础，给予充分肯定并在全省进行推广，发挥好示范引领作用。

2. 着力构建示范州建设的长效机制

示范州建设是一项长期任务和系统工程，需要标本兼治和综合施策，建立健全长效机制才能取得长治久安。长期以来，海北州尽管已经形成了有效的创建机制，但由于经济社会发展基础薄弱，生态环境治理任务较重，发展平衡性、协调性、可持续性尚需要进一步增强，基层党组织建设以及社会主义核心价值体系和“四个认同”思想等方面都需要进一步巩固，建议着力加强海北州创建工作长效机制的建立和完善。

3. 进一步强化固本强基和实践创新

海北州党委政府始终强调重心下移、固本强基和基层实践创新，这也是海北州创建民族团结示范州最重要的经验之一。但由于基层工作力量不足，基层条件较为艰苦，基层干部待遇较低，而源头治理、动态管理和应急处置等工作体系建设任务较为繁重，民族团结示范州创建工作在基层尚面临诸多难题。因此，海北州应积极争取国家相关部委及省委省政府的支持，进一步推动基层矛盾排查、社会管理和公共服务进入新阶段，尊重和发挥好基层群众的首创精神，不断夯实基层基础。

参考文献

苏海红等："青海加强和创新社会建设与社会管理研究"，2011 年青海省社科基金重大招标课题。

陆学艺等：《中国社会建设与社会管理：探索·发现》，社会科学文献出版社，2011。

丁元竹：《建立和完善基层社会管理体制的几点思考》，《国家行政学院学报》2010 年第 5 期。

周义程：《基层政府的角色与社区自治》，《中国社会科学报》2012 年 7 月 6 日。

B.25
青海区域特色科技资源开发与创新研究

冀康平 *

摘　要：特色科技资源是引领特色经济的强大动力，对特色经济发展和区域竞争力提升起决定性作用。本文通过对青海省特色科技资源开发主要特征，开发特色科技资源加快民生改善、促进社会发展，开发特色科技资源促进区域科技合作等方面的论述，针对青海资源特色鲜明、优势明显的特点，提出青海资源禀赋特性决定青海的科技发展，同时也必须以特色资源为出发点，把潜在的科技资源和生产要素转化为现实竞争力，以产业化为重点开展特色科技资源创新，使特色科技资源形成具有高附加值的特色产业，才能实现青海特色科技资源开发与创新的战略意义。

关键词：青海区域　特色科技资源　开发与创新

特色科技是用科技手段催生特色资源开发，不断创新和推广先进技术，用科技创新的方法推动特色资源优势转化为经济优势的科技支撑形式。特色科技资源是引领特色经济的强大动力，对特色经济发展和区域竞争力提升起决定性作用。依靠特色科技，才能有效促进产业升级，延伸产业链，提高生

* 冀康平，青海社会科学院经济研究所研究员，研究方向：资源、环境经济。

产效率，形成特色经济比较优势，最终形成特色产业。青海资源特色鲜明，优势明显，资源品种比较齐全，从资源加工角度看，各类资源加工生产之间，还具有互补配套的优势。青海资源禀赋特性决定了青海的科技发展也必须以特色资源为出发点，把潜在的科技资源和生产要素转化为现实竞争力，以产业化为重点进行特色科技资源创新，使特色科技资源形成具有高附加值的特色产业，才能实现青海特色科技资源开发与创新的战略意义。

一　青海省特色科技资源开发的主要特征

通过打造特色科技，可增加特色经济的科技含量，拉长产业链，发掘新用途，增加新品种，提高资源利用率，满足社会发展不断增长的需求，促进区域经济比较优势形成。特色科技资源开发在促进科技进步、调整产业结构、增加农民收入、改善群众生活、推动社会发展等方面表现出以下主要特征。

（一）开发特色科技资源促进了生态环境保护

随着资源环境在国民经济运行中地位的日益凸显，如何在资源有效利用和环境保护的基础上实现经济社会的可持续发展成为人们不断思考的问题。“绿色经济”、“生态经济”以至于“低碳经济”，无一不记录了人们探寻人类社会可持续发展的足迹。

青海省主要的工业企业大都是资源型加工企业，重化工业发展比较迅速，大规模基础设施建设不可能停止，能源的大量需求和快速增长一时难以改变。从产业结构上看，有两个突出特点：一是工业占国民经济比重大。2012 年，规模以上工业增加值占 GDP 的比重为 47.6%，比 2005 年提高 17.8 个百分点。二是工业内部主导行业以高耗能行业为主且集中度高。近年来，青海省利用自然资源优势发展的支柱和优势产业多为高耗能行业，主要以炼焦、基础化学及合成材料、水泥、黑色冶炼、有色冶炼、火力发电六大高耗能行业为主，使青海经济和能源结构的“高碳”特征十分突出，CO_2

排放强度相对较高，节能减排形势非常严峻，转变发展方式压力增大，实现人口、经济、资源、环境发展任务十分艰巨。因此，青海省必须以特色科技资源开发带动经济发展低碳循环模式，促进生态环境保护，实现经济社会可持续发展。

太阳能、风能均属于无污染能源，对满足能源需求、改善能源结构、减少环境污染、促进经济社会绿色发展具有十分重要的意义，既符合国家产业政策，又代表了未来发展的方向，前景广阔。绿色发展的本质是无污染，生态化，表征为节约能源资源，建设环境型友好社会，主要体现在生产（产业）、流通（贸易）、消费（生活）、分配等经济环节。因而，绿色发展的几种形式都期待新能源产业。工业经济转型、发展循环经济，实现绿色增长是青海未来经济发展的奋斗目标，这些力量的汇集和叠加，使发展新能源成为引领青海经济实现绿色发展，真正走健康、优质、可持续发展道路的重要引擎。而且新能源产业是科技含量高、综合效益好、带动系数大的战略性新兴产业，发展新能源能合理调整能源结构、经济结构和消费结构，转变经济发展方式，实现可持续发展和环境保护，有利于拉动资源开发的升级，打造青海未来的核心竞争力。

青海太阳能发电站大部分在柴达木盆地。目前，柴达木盆地太阳能电站总装机容量已达到169.3万千瓦，占全省的84.5%。太阳能发电站全部覆盖的荒地、沙地、戈壁等，是减少沙尘的一种有效方法，有利于防沙，对改善环境和提高环境效益有积极的意义。同时，太阳能发电不会产生任何污染，环保性能好，有利于改善青藏高原生态环境。

（二）开发特色科技资源可加快民生改善、促进社会发展

开发特色科技资源，能够改善广大农牧民的生活生产条件，促进经济和社会发展。青海省在电网无法延伸也无水利资源的地区，通过建设太阳能光伏电站和风光互补电站，将新能源引入人民生活，解决大电网延伸不到地区的用电问题，利用便携式小功率光伏系统，解决青海的6万余无电散居户家庭生活用电问题，使世代游牧的各族群众用上了洗衣机、电饭锅、冰箱等家

用电器，生活质量有了很大提高；使居住在偏远农牧区的群众看上了电视，听到了广播，开阔了视野，解决群众看电视难、获取外界信息难的问题，为群众致富架起了信息桥。祁连县八宝、阿柔、默勒、峨堡等乡镇的夜晚还亮起了既节能又环保的太阳能路灯。目前，青海农牧区的112个无电乡全部建成太阳能光伏电站，解决了908个无电村农牧民的生活用电问题，覆盖农牧民人口50多万，推动了地方经济社会发展，促进了人民群众物质生活水平的提高。近几年也加快了利用青海丰富风能资源的步伐，积极发展风能发电，使青海偏僻的农村、牧区群众用电更加方便。

与此同时，太阳能光伏灌溉提水项目也在积极进行，采用微喷灌系统进行草原灌溉的都兰县2兆瓦光伏灌溉提水项目进展顺利，微喷灌系统不受地形的限制，而且节水，是一种适合草原的较好的灌溉方式，受到当地牧民的欢迎。该项目建设推广后将形成“新能源利用—草原灌溉—牧区供水—牧民生产生活条件改善—生态系统保护和恢复”的发展模式，对加快荒漠化土地治理与综合开发利用，改善农牧区农业灌溉和人畜用水条件，加快荒漠化土地治理等将发挥良好的示范带动作用。

青海的特色生物资源开发，提高了特色生物资源的利用率和产品的附加值，加大了资源开发力度，增加了农民收入，实现了企业经济效益的最大化和资源利用的最大化。总之，特色科技资源的开发不仅解决了边远牧区牧民的基本生活用电问题，改善了牧区人民的生活，提高企业收入，还有利于资源可持续发展和保护草原生态，符合当前节能减排、低碳的环保理念。

（三）开发特色科技资源促进了区域科技合作

充分利用青海省资源优势，在特色资源开发中广泛开展科技合作与交流，以特色科技创新项目为纽带，开展与高等院校、科研院所的合作，吸引其来青海省参加或创办各类技术研究开发中心，与其他省市开展跨区域合作。加快了人才、资金、技术设备的引进，实施了一批有关科技创新能力的重大项目，建立了稳定的科技合作单位。随着青海盐湖资源综合项目开工建设，科技需求剧增。对此，青海通过科技项目招标和科技合作，吸引了众多国内高端技术力量参与青海特色资源开发的科技攻关，强化盐湖科技工作。中南大学、清华大学、中科院盐湖所联合开展镁资源综合利用，攻克了一批制约盐湖开发及综合利用关键技术，促进了产业升级，带动了盐湖开发创新体系建设、科技人才队伍培养。青海盐湖工业集团股份有限公司与华东理工大学合作，共同完成的“盐湖钾镁资源高效与可持续开发利用关键技术”获得2011年度国家科学技术进步二等奖。

2014年3月14日，经国家自然科学基金委员会与青海省政府友好协商，双方就共同开展柴达木盐湖化工科学研究有关事宜达成一致意见，决定由国家自然科学基金委员会和青海省政府共同出资设立“柴达木盐湖化工科学研究联合基金”。根据协议，5年期间双方各出资5000万元，设立总额1亿元的柴达木盐湖化工科学研究联合基金。基金利用青海省盐湖科技资源集中的优势，吸引、培养和集聚一批高层次科技人才，针对制约我国柴达木盐湖资源开发和盐湖环境演化中存在的重大和关键科学问题开展基础研究工作，提升我国盐湖科学研究水平和产业的原始创新能力，促进我国盐湖产业的可持续发展，充分发挥国家自然科学基金的导向作用。按照“联合、开放、高层次”的运作方式，面向全国，引导全国科学家围绕青海柴达木盐湖化工领域和国家、区域发展战略需求，从国家层面凝练科学问题，遴选和支持优秀的学术思想和项目，资助科学家进行创新研究，同时，带动青海的基础研究水平，提升青海的研发能力。

在国内合作方面，青海省科技厅和华北电力大学签署了战略合作框架协议，双方就大力支持青海省能源产业发展，发挥华北电力大学的人才、技术优势，结合与青海省经济发展密切相关的电力产业发展问题，加快相关新技术、新工艺、新装备的联合攻关及推广应用，大力支持青海省新能源产业发展，推动青海省新能源基地建设达成了广泛的合作共识。近年来，青海省和中科院加强科技合作工作，对新能源新材料开发等领域的关键技术予以重点开发支撑。同时，国电龙源、国投华靖、华能、中广核等一批具有国内领先水平的大型发电集团正在青海建设太阳能发电站，青海省政府与中国广东核电集团有限公司还签署了新能源产业战略合作协议。这些企业充分发挥人才、技术、资金和管理等方面的优势，加强合作，全力推动了青海省新能源的利用与开发，为青海省建设资源节约型和环境友好型社会做出积极贡献。

二 青海特色科技资源开发的主要成效与创新方向

青海资源丰富，太阳能、风能、盐湖资源都是青海的优势资源，因此，在特色科技资源开发中，近几年来结合资源特色，因地制宜，发挥自身在特色资源方面的天然优势，充分体现了资源有效配置的原则。

（一）新能源开发

近年来，经济发展所需的常规能源日益枯竭，导致煤炭石油和天然气等化石能源开采数量的减少以及投机资金的操作，国际能源价格起伏动荡，供给日趋紧张。同时，长期的开采及消费过程中与日俱增的化石燃料所造成的环境污染已经对地球生态平衡和人类生存带来严重的危害，这意味着仅仅依靠石油、煤炭等常规能源，难以支撑人类社会的可持续发展。在这一背景下，能源短缺和环境污染的双重压力迫使世界各国高度重视可再生能源的开发利用，各国不约而同地开始重视新能源的研究，在开发清洁能源、提高能源利用效率、减少排放等方面，展开了新一轮的竞争。我国也不例外，国家提出和颁布了一系列针对发展新能源的具体支持办法。加快跟进国家转型发展步伐，布局谋划新能源发展，大力发展新能源，促进产业结构调整和发展方式转变，把新能源培育成青海又一特色优势产业和战略性新兴产业，建立循环经济的低能源消耗模式是青海实施新能源发展战略的重要选择和今后一个时期的主要任务。

1. 太阳能资源开发

太阳能资源作为最为丰富的可再生能源之一，有其独特的优势和巨大的开发利用潜力。太阳辐射能的年资源量比风能、生物质能、水能、地热、潮汐能高数千乃至上万倍。据计算，太阳在 1 秒内发出的能量相当于 1.3 亿吨标煤燃烧时所放出的热量，而到达地球表面的太阳能相当于目前全世界所有发电能力总和的20万倍。与其他能源相比，太阳能有许多优点，如安全可靠、无噪声、无污染、无须消耗燃料、可以方便地与建筑物相结合等，这些优点是常规能源无法比拟的。因此，太阳光伏、光热发电具有最广阔的发展前景，以太阳能为代表的可再生能源已成为当代新能源开发的重要方向之一。

青海的太阳能光伏应用起步较早，是我国最早开始太阳能研究及推广应用的省份之一，已有20多年的发展历史。据不完全统计，青海省光伏企业在西部的无电地区已累计建成太阳能光伏电站200多座，装机容量超过5000千瓦，推广户用太阳能光伏电源近40万套，装机容量3000千瓦，一些光伏应用产品还远销国外。2009年以来，青海凭借自身的区位优势和自然环境优势，努力打造千万千瓦级太阳能发电基地。国内一批资金雄厚、技术先进、机制健全的企业纷纷登陆青海，签订的太阳能光伏电站建设意向项目和建成项目总装机容量已超过2吉瓦。已开工建设19个并网光伏电站，容量300兆瓦，截至2013年8月，已有5个光伏发电项目实现了并网发电，并网容量达到70兆瓦。目前，在建的并网系统工程40座，建设容量1420兆瓦。太阳能开发利用及其产业正在快速成长为青海省新的特色优势支柱产业。

2. 风能资源开发

青海属风能较丰富的地区，处于东南沿海、内蒙古、新疆之后。据2006年青海省风能资源普查，风能资源总储量为4.119亿千瓦，估算风能资源技术可开发量约0.121亿千瓦。至2010年，青海已有两个风电场预可研建设项目通过审核；已有3个风电场可行性研究建设项目通过审核；已有1个风电场建设项目通过相关部门核准，装机容量为4.95万千瓦；规划建设风电厂29个，装机容量预计可达到987万千瓦，计划2030年底建成。这标志着青海省风电开发进入实质性阶段。

（二）镁资源开发

柴达木盆地察尔汗盐湖是全球镁资源储量最大的内陆钾镁盐湖之一，随着钾资源开发利用且多年稳定生产，镁资源的综合开发利用逐渐被重视，受镁资源科技“瓶颈”制约，以盐湖资源为龙头的循环经济产业链链接不畅使其发展受阻，并影响到盐湖资源开发的可持续发展及盐湖生态环境的改善。

“十一五”以来，青海省加快了盐湖镁资源综合开发利用的步伐，重点支持了青海盐湖集团、西部镁业、藏格钾肥等企业，并联合清华大学、中南大学、中科院盐湖所等科研机构，开展了一系列技术难题攻关，逐步完善了镁资源开发利用的工程化技术，为大规模开发利用盐湖镁资源提供了必要的科技支撑。华东理工大学和青海盐湖工业股份有限公司联合组建了国家盐湖资源综合利用工程技术研究中心。中心针对盐湖产业的科技开发前沿，盐湖资源综合循环利用，盐湖资源特色产业链的重大关键、基础、共性技术难题，通过自主研发、产学研结合、消化吸收再创新和国际交流合作等多种途径，对盐湖资源开发进行系统化、配套化和工程化的研究。

（三）高原特色生物资源开发

为加快支持生物资源开发，青海省通过支持企业开展技术创新和提供高原特色资源开发专项资金，先后支持了160余个科研项目，开发出了一系列高科技产品，高原特色生物资源有效利用率显著提高，高原特色生物资源的科学合理开发的格局初步形成。

1. 特色生物果浆资源开发

青海省生态林浆果资源研究开发随着超临界二氧化碳萃取、喷雾干燥等生物技术的成功应用，产业化取得重大进展，先后开发出了沙棘系列产品以及枸杞、胡萝卜、洋葱、红景天等系列果蔬粉及超微粉碎蜂花粉等高科技产品，特色生物资源的产业化体系基本形成。根据初步统计，目前青海沙棘产业总产值已达到3亿多元。枸杞产业目前建立了可以大面积推广的浆果资源园林和原料基地建设成套技术，形成50项科研成果，申请52项专利，制定各类标准18个，10个原料基地取得有机产品认证，全面带动了浆果资源七大类50多个产品的综合利用和产业集群的形成。

2. 中藏药资源开发

青海大力促进中藏药产业现代化水平建设，研发出一批中藏药产品，创建了一批知名品牌，中藏药产业科技快速发展，创新能力水平有较大提高。一是中藏药科学技术研究开发体系和技术推广体系正在逐步成长，科技创新体系正在形成，创新能力在全国排名有所提高；二是中藏药产业形成了具有科技创新能力的科技队伍；三是中藏药科技资金投入和科研基础设施具备了实验条件和基本的研究开发设施；四是中藏药产业形成了一定的科技创新产出能力和贡献能力；五是中藏药产业发展的科技创新环境进一步改善，促进了中藏药科技创新能力的提高。

（四）特色科技资源创新

尽管青海在开发特色科技资源方面取得了不菲的成效，但要使特色科技资源得到最大的开发，并成为区域科技与经济发展的重要力量，还需加大特色科技资源创新。

特色科技资源创新就是要把青海特色资源优势变成经济技术优势，应用高新技术、研发特色资源开发具有自主知识产权的生产技术，开发具有较高含量和经济附加值高的特色新产品。围绕特色资源开发，发展壮大特色资源产品开发和产业化的企业和科研机构，着眼于特色科技应用和创新，建设特色资源开发基地。

特色资源开发企业是主体，技术是企业生存和发展的根本动力。特色资源科技开发企业要不断加强科技创新，摒弃封闭保守的科研手段，建立“社会化、开放式”的科研开发体系，最大化地利用社会资源和一些高级研究院所，与985大学结成紧密合作伙伴，或建立产学研联盟，加快特色科技资源创新。

在新能源方面，太阳能光伏发电技术是集半导体材料、电力电子技术、现代控制技术、蓄电池技术及电力工程技术于一体的综合性技术，太阳能光伏发电还存在较多的不足，太阳能发电系统在未来的领域中仍需要不断地探索与完善。比如，晶体硅电池的制造过程高污染、高能耗；多晶硅生产过程产生大量有害物质的回收处理；延长储能电池使用寿命和解决污染问题；使用后回收过程存在废弃物污染问题等，这些关键技术还有待于科技创新与开发。

盐湖镁资源开发目前仅在镁系阻燃剂方面力度比较大，活性氧化镁、硫酸镁、碳酸镁、碱式碳酸镁等下游产品还未开发。盐湖镁资源镁电解设计与生产技术、电解卤化物直接生产镁锂、镁锶系列合金工艺技术、氯氧镁水泥材料技术、氯氧镁材料改性、高性能氯氧镁复合材料成型技术等还有待开发。

特色的生物资源要进一步扩大应用范围，提高产品附加值，提高生物保健品产业的技术水平和经济效益。积极利用现代生物技术，以保健品和药品两大系列为目标，研发具有较高科技含量、无污染的系列产品；开展资源深加工和综合利用，完善沙棘、枸杞产业链，特别是沙棘、枸杞等有效成分提取与转化。

三　特色科技资源开发的政策建议

虽然青海当前的科技竞争力相对落后，但是特色科技资源丰富，具有较大的开发空间，为有效地发挥本地区的特色科技资源潜力，应采取积极有效的应对策略，建议从以下几方面对特色科技资源开发进行巩固加强。

（一）发挥基金的引导作用，推动特色科技产业发展

特色科技资源开发的科技投入和科技创新风险大，从事这些活动的企业需要资金支持，特别是处于成长阶段的特色产业更需要资金的支持。当前，国家层面和地方政府层面都设立了科学技术发展专项基金，如国务院决定设立的科技型中小企业技术创新基金、财政部设立的国家中小企业发展基金、青海省中小企业技术创新基金、农牧业科技创新基金、国家自然科学基金委员会与青海省政府共同出资设立“柴达木盐湖化工科学研究联合基金”等。促进青海特色产业发展，需要更大规模的资金投入，在保证各财政支持特色产业发展的基础上，各类基金要重点支持具有特色优势的新能源原材料及后续产业、特色生物资源的特色农林牧业及农林牧产品精深加工及中藏药医药

产业、盐湖特色资源开发。指导现有科技型创新基金向特色科技资源开发的企业和产业倾斜，从财力资源上为特色科技资源提供保证。

（二）争取国家差别化政策，拉动特色科技产业发展

青海特色科技资源开发，主要依靠自身的努力，同时中央的政策支持也不可或缺。因此，要争取中央政府给予青海特色科技资源开发的政策倾斜，把差别化政策作为特色科技资源开发支持的重点。大力争取国家科技投入制度层面（如科技重大专项的立项）的特殊政策、差别化政策，给予特色科技资源开发中比东部发达地区更加优惠的财政、金融、税收、股权激励、科技、人才、土地、成果转化、商业模式等方面的政策。以更加倾斜的政策，促进以特色资源研究开发为基础，依靠特色科技资源开发激活青海特色经济，大力发展特色科技产业。

（三）促使国有资本向特色产业聚集

尽管青海特色资源优势产业呈现良好的发展态势，但总体而言，由于综合开发能力相对较低，产业集中度不高，难以形成特色资源开发优势，不能充分发挥应有的经济效益。因此，在大力推动民营资本发展的同时，还需要推进国有资本向带动性强的特色优势产业集聚，尤其是向那些技术创新能力较强，且具有较强带动能力的特色优势产业集聚，力争培育一批对区域经济发展能够提供重要支撑和带动力的企业，形成一批拥有自主知识产权和品牌优势的龙头企业，增强企业的综合竞争力和抵御风险的能力。因此，要制定一些相应的支持政策，做好服务功能，加大资源整合力度，引导生产要素向龙头企业集聚，逐步提升企业竞争力和特色产业的发展规模。

（四）做好区域协调，推动特色科技产业发展

加快开发青海特色科技资源，不仅仅对青海科技与社会发展具有积极作用，而且是实现东西部区域协调发展、缩小地区差距的重要路径。因此，青海特色资源开发不能仅仅是特色资源所属地区青海的个别行动和任务，而应

打破区域限制，协调多方力量，共同促进其开发与发展。例如，青海太阳能发电的迅猛发展，使青海太阳能发电的主要地区海西州电力就地消纳存在一定困难。尽管海西州已成为全省工业发展的重点区域之一，但海西州高载能产业很少，产业结构决定本地电力消耗能力有限。因此，青海的太阳能资源科技开发不仅仅只是太阳能富集省份的责任，还必须实现跨省、跨地区及全国电力市场接受太阳能发电的统筹规划。从甘肃、宁夏等地的经验看，建设特高压工程，把电力送到负荷中心，实现全国电力市场更大范围的资源配置。对青海太阳能发电资源进行科技开发，也可以参照这样的做法，使青海太阳能真正成为国家的太阳能电力能源。

（五）加强与发达地区的科技交流与合作

青海特色科技资源开发需要一个开放的环境，只有让青海特色科技资源走出青海，才能得到最深入的开发。青海的特色资源在开发前，只是以一种潜在的资源存在，只有在开放的环境中培育、生长，才能作为一种比较优势存在，最终拉动青海经济的发展。因此，在特色科技资源开发中，要依托发达地区和高新技术产业区的科技辐射力，扩大外界对青海经济社会及科技发展的了解，组织好科技人才和科技干部的交流，引进外部优势智力和财力，力争在部分关键技术领域取得突破，并带动相关产业的快速发展，扶植和推动青海特色科技资源开发。

参考文献

青海省科技厅：《青海省科技厅和华北电力大学签署了战略合作框架》，2010 年 8 月。

《国家自然科学基金委员会与青海省人民政府签署柴达木盐湖化工科学研究联合基金协议》，国家自然科学基金网，2014 年 3 月。

星子：《国际科技合作有效促进青海省新能源经济发展》，《青海日报》2009 年 9 月。

青海省科技厅：《青海省生态林浆果资源研究开发及产业化取得重大进展》，2011 年 10 月。

皮书起源

“皮书”起源于十七、十八世纪的英国，主要指官方或社会组织正式发表的重要文件或报告，多以“白皮书”命名。在中国，“皮书”这一概念被社会广泛接受，并被成功运作、发展成为一种全新的出版型态，则源于中国社会科学院社会科学文献出版社。

皮书定义

皮书是对中国与世界发展状况和热点问题进行年度监测，以专业的角度、专家的视野和实证研究方法，针对某一领域或区域现状与发展态势展开分析和预测，具备权威性、前沿性、原创性、实证性、时效性等特点的连续性公开出版物，由一系列权威研究报告组成。皮书系列是社会科学文献出版社编辑出版的蓝皮书、绿皮书、黄皮书等的统称。

皮书作者

皮书系列的作者以中国社会科学院、著名高校、地方社会科学院的研究人员为主，多为国内一流研究机构的权威专家学者，他们的看法和观点代表了学界对中国与世界的现实和未来最高水平的解读与分析。

皮书荣誉

皮书系列已成为社会科学文献出版社的著名图书品牌和中国社会科学院的知名学术品牌。2011 年，皮书系列正式列入“十二五”国家重点图书出版规划项目；2012~2014 年，重点皮书列入中国社会科学院承担的国家哲学社会科学创新工程项目；2015 年，41 种院外皮书使用“中国社会科学院创新工程学术出版项目”标识。

中国皮书网

www.pishu.cn

发布皮书研创资讯，传播皮书精彩内容
引领皮书出版潮流，打造皮书服务平台

栏目设置：

- □ 资讯：皮书动态、皮书观点、皮书数据、皮书报道、皮书发布、电子期刊
- □ 标准：皮书评价、皮书研究、皮书规范
- □ 服务：最新皮书、皮书书目、重点推荐、在线购书
- □ 链接：皮书数据库、皮书博客、皮书微博、在线书城
- □ 搜索：资讯、图书、研究动态、皮书专家、研创团队

中国皮书网依托皮书系列“权威、前沿、原创”的优质内容资源，通过文字、图片、音频、视频等多种元素，在皮书研创者、使用者之间搭建了一个成果展示、资源共享的互动平台。

自2005年12月正式上线以来，中国皮书网的IP访问量、PV浏览量与日俱增，受到海内外研究者、公务人员、商务人士以及专业读者的广泛关注。

2008年、2011年中国皮书网均在全国新闻出版业网站荣誉评选中获得“最具商业价值网站”称号；2012年，获得“出版业网站百强”称号。

2014年，中国皮书网与皮书数据库实现资源共享，端口合一，将提供更丰富的内容，更全面的服务。

法律声明